ブルボン朝
フランス王朝史3

佐藤賢一

講談社現代新書
2526

目次

はじめに　ブルボン家とは何か　9

ブルボン朝の成立／ブルボン家の歴史／ユグノーの王

第一章　大王アンリ四世（一五八九年～一六一〇年）　20

ベアルン男／アルブレ家／農民の王／新教派と旧教派／パリへ／フランス王家で育つ／王妃マルゴ／捕われの日々／ギュイエンヌ州総督として／フランスを睨みながら／フランス王になれるのか／とんぼ返り／ナントの勅令／国家の再建／離婚、再婚／ラヴァイヤック

第二章　正義王ルイ十三世（一六一〇年～一六四三年）――131
『三銃士』／摂政マリー・ドゥ・メディシス／母子戦争／二人三脚／強権支配／三十年戦争／王を継ぐ者、宰相を継ぐ者

第三章　太陽王ルイ十四世（一六四三年～一七一五年）――183
王は踊る／マザラン／フロンドの乱／貴族のフロンド／青春の帝王学／親政宣言／コルベールとルーヴォワ／戦争の栄光／宮殿がほしい／ヴェルサイユという発明／絶対王政とは／得意の絶頂／最後の戦い

第四章　最愛王ルイ十五世（一七一五年～一七七四年）――276
大人気／大いにお励みになられたく／フルリィ枢機卿／オーストリア継承戦争／ポンパドール夫人／文化大国／女宰相／ショワズールとデュ・バリー

第五章　ルイ十六世（一七七四年～一七九二年）――335
パッとしない王／アメリカ独立戦争／財政再建／全国三部会／フランス革命／ヴァレンヌ事件／王の逆襲／裁かれる王

第六章　最後の王たち　394
ルイ十七世／流謫の王／うらめしや、ナポレオン／ルイ十八世／シャルル十世／ルイ・フィリップ

おわりに　国家神格化の物語　433
王たちのデータ／ブルボン朝の功績／ブルボン朝の限界

主要参考文献　445

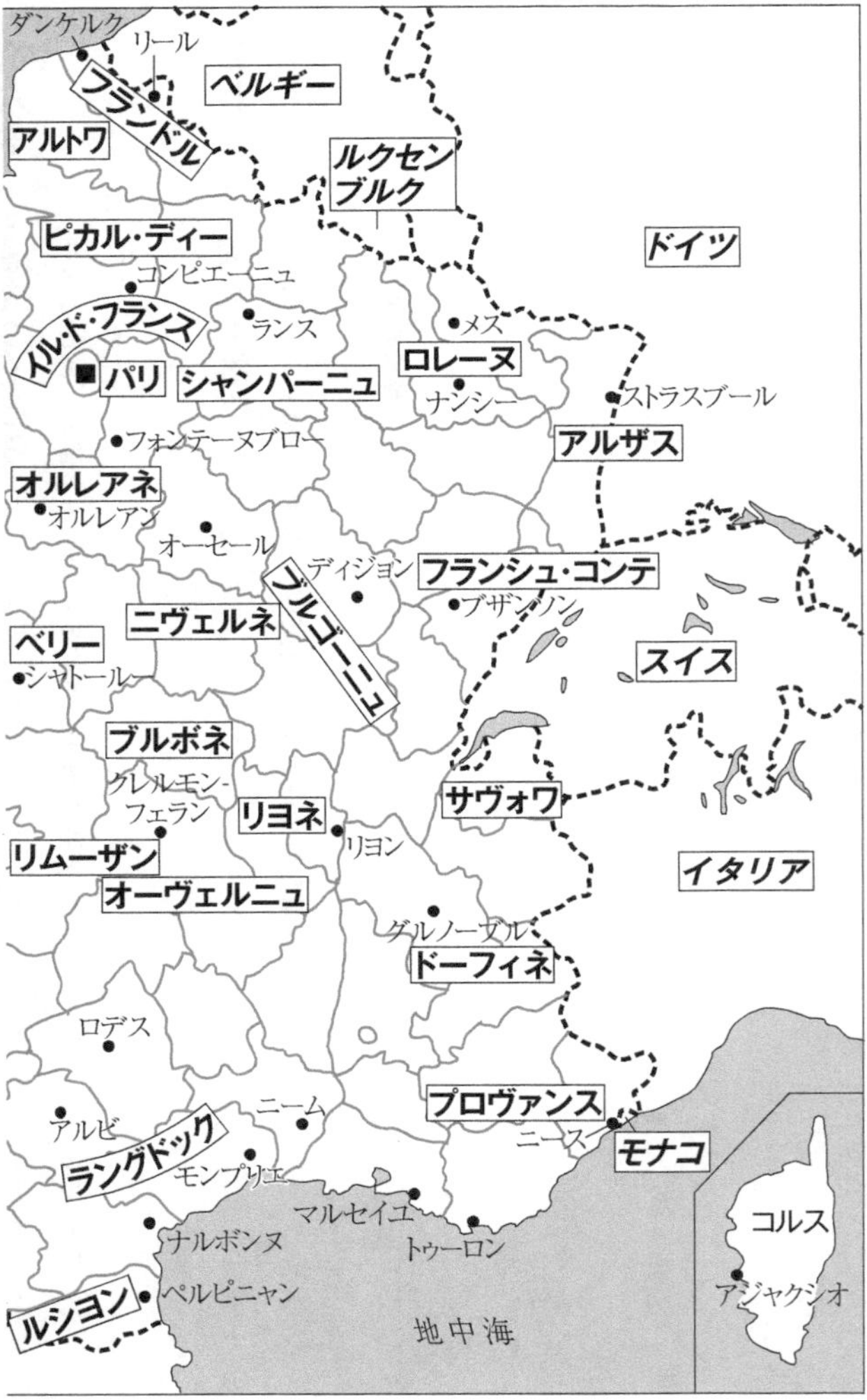

ダンケルク
リール
フランドル
ベルギー
アルトワ
ルクセンブルク
ドイツ
ピカル・ディー
コンピエーニュ
イル・ド・フランス
ランス
メス
ロレーヌ
パリ
シャンパーニュ
ナンシー
ストラスブール
フォンテーヌブロー
アルザス
オルレアネ
オルレアン
オーセール
ディジョン
ブルゴーニュ
フランシュ・コンテ
ブザンソン
ニヴェルネ
ベリー
スイス
シャトールー
ブルボネ
クレルモン-フェラン
リヨネ
サヴォワ
リヨン
リムーザン
イタリア
オーヴェルニュ
グルノーブル
ドーフィネ
ロデス
プロヴァンス
ニーム
アルビ
ニース
モナコ
ラングドック
モンプリエ
マルセイユ
トゥーロン
コルス
ナルボンヌ
アジャクシオ
ルシヨン
ペルピニャン
地中海

現在のフランス（太字は地方名）

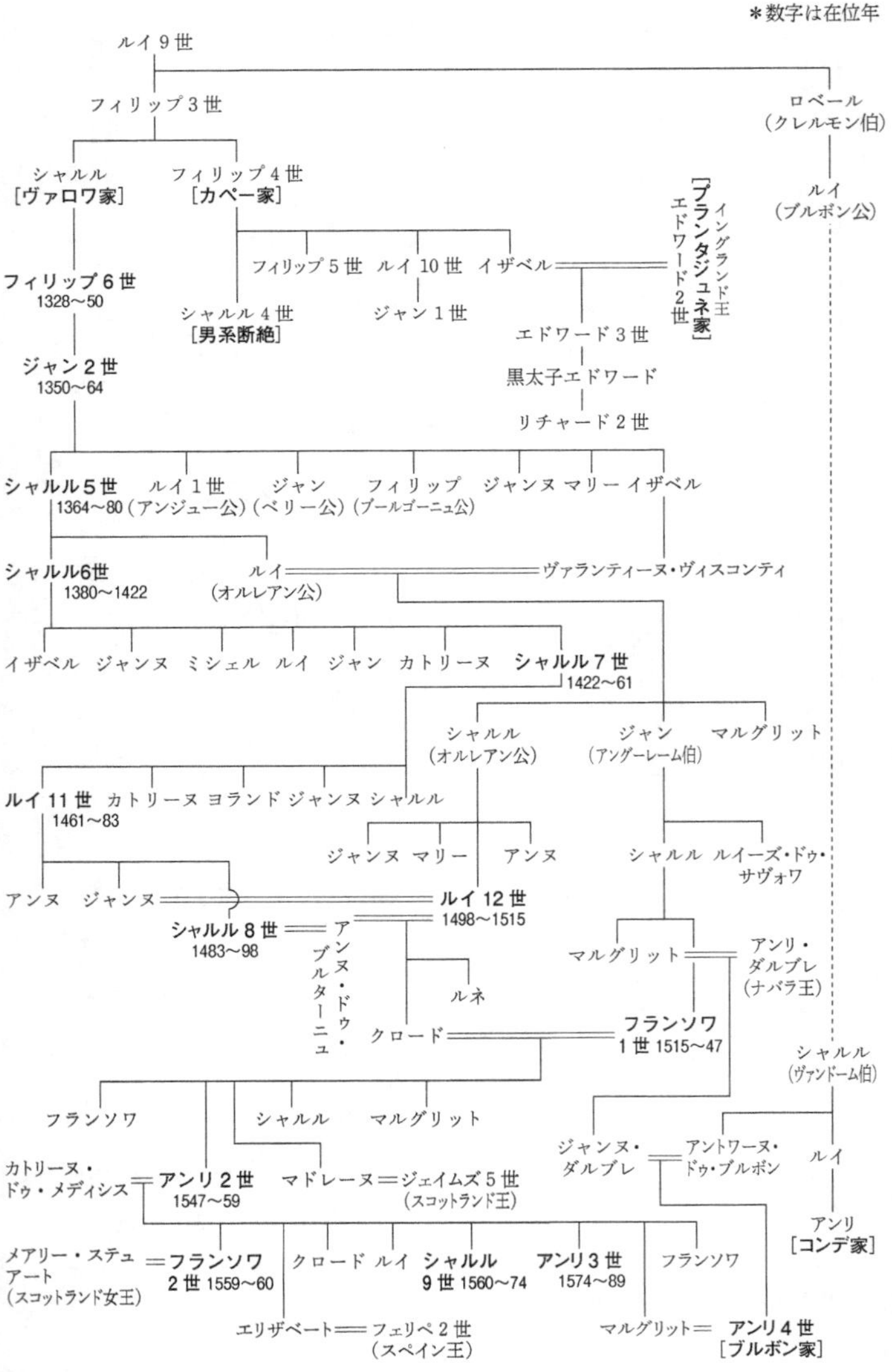

ヴァロワ朝からアンリ4世までの系図

はじめに、ブルボン家とは何か

ブルボン朝の成立

一五八九年八月二日、三十五歳のアンリ・ドゥ・ブルボンはフランス王に即位、以後アンリ四世を称した。前日の八月一日、前王アンリ三世がジャック・クレマンという若い修道士に短剣で背中を刺され、そのまま絶命したからだ。

このアンリ三世の崩御《ほうぎょ》で、ヴァロワ朝は断絶した。一三二八年から二百六十一年間もフランスに君臨してきた王朝は、本当に絶えてしまった。そのとき王位継承順位の第一位にいたのが、王族のアンリ・ドゥ・ブルボンで、フランス王アンリ四世となってブルボン朝を創始したと、歴史書の類には事もなげに書いてある。が、実はサラッと進んだわけではない。王朝の交替が事件にならないわけがない。

フランク王国と呼ばれた時代から数えると、フランスではこれまで王朝の交替が三度あった。最初がメロヴィング朝からカロリング朝への交替で、これは宮宰《きゅうさい》という高級官僚による王位簒奪《さんだつ》だった。二度目がカロリング朝からカペー朝への交替で、これも主筋を退けたのだから簒奪王朝といえなくないが、一応は諸侯による選出の形を採っている。三度目がカペー朝からヴァロワ朝への交替だったが、これは血統に基づく継承だった。

十四世紀初頭、フランス王フィリップ四世の三人の息子が、それぞれルイ十世、フィリップ五世、シャルル四世として即位しては間もなく崩御、このためカペー朝の直系がいなくなった。そこでフィリップ四世の弟だったヴァロワ伯シャルルの息子、同じくヴァロワ伯を称していたフィリップが、フィリップ六世としてフランス王に即位したのだ。

このヴァロワ朝の始祖はフィリップ四世の甥に当たり、ルイ十世、フィリップ五世、シャルル四世からは従兄弟になる。直系でなく傍系とはいえ、まごうかたなき王族だ。本家が絶えたので分家が継いだ。それだけの話であり、王朝の交替などと大騒ぎするほどではないようだが、これが揉《も》めた。我こそカペー朝の直系、フィリップ四世の直孫なのだと声を上げた男がいたからだ。

イングランド王エドワード三世で、フランスから嫁《とつ》いできた母イザベルは、確かにフィリップ四世の娘だった。しかし、女系だ。いや、男系でなければならないなんて決まりは、どこにもない。そうやってエドワード三世が、フィリップ六世と王位を争ったことが、世にいう「百年戦争」の一因、少なくとも開戦のきっかけになっている。

戦争までして、ヴァロワ朝は王座を確保した。痛い目に遭わされたため、三代目のシャルル五世は女系相続を否定するサリカ法典を法源に、フランス王家の王位継承を法制化した。これで曖昧なところがなくなった。

シャルル六世、シャルル七世、ルイ十一世、シャルル八世と続いたヴァロワ朝は、実はそこで直系を絶やしている。十五世紀末葉の話だが、そのとき継承順位の第一位にいたのが、シャルル五世の次男王子で、シャルル六世の弟ルイを祖とするオルレアン公家の三代目、ルイだった。フランス王家の分家、それもヴァロワ朝が始まったときより、さらに代を遡《さかのぼ》る分家だったが、今度は何の異議もなかった。

オルレアン公ルイはフランス王ルイ十二世になったが、この王も最後まで男子がなかった。王位継承順位第一位にいたのが初代オルレアン公ルイの次男、ジャンを祖とするアングーレーム伯家の三代目フランソワで、分家の分家ということだが、これも問題なくフランス王フランソワ一世になった。ヴァロワ・オルレアン朝の成立とか、ヴァロワ・アングーレーム朝の始まりとか、律儀に区別する史家もいるにはいるが、一体に歴史書ではヴァロワ朝が続いたということで処理されている。

法が命じる王位継承なのだから、問題などありえない。特記するまでもないということだが、同じ法に基づいた王位継承でも、ブルボン朝の場合は少し違う。ヴァロワ朝が続いたことにはできない。ヴァロワ家がフランス王家から分かれる以前に、すでに分かれていた分家だからだ。

ブルボン家の歴史

ブルボン朝の成立から四百年も遡る十三世紀、カペー朝の第九代にルイ九世というフランス王がいる。その六男にロベールという王子がいた。一二六九年にパリ北方のボーヴェ地方でクレルモン伯家を立ててもらったが、末子《ばっし》なので中身は大した領地でなかった。さすがに可哀想だということで、配慮されたのが旨味のある縁談であり、一二七二年にシャロレー伯ジャンの娘、ベアトリス・ドゥ・ブールゴーニュと結婚することができた。

名乗りは父親がブールゴーニュ公家から分家した人だからだったが、それだけに、やはり大した財産がない男である。こちらでも持っていたのが母親のアニェスで、ブルボンの女領主だった。「ボルボン」というのが、古代ガリア人の言葉で温泉の神のことだが、そこに名前を由来するブルボンは中央フランス、いわゆる中央山地にある大領だった。

そこは「ブルボネ」とも呼ばれて、今日まで地方名として残るほどだが、一人娘のベアトリスはこの領地の女相続人になっていた。相続したものを持参されて、クレルモン伯ロベールは、義母が亡くなり、妻の相続が確定した一二八三年から、兼ブルボン卿を称することができた。これがブルボン家の始まりなのだ。

二代目が夫婦の息子のルイで、はじめクレルモン伯にしてブルボン卿を名乗った。一三二七年、フランス王家からブルボン公の称号を与えられ、また同時にラ・マルシュ伯にも叙せられた。ここにブルボン公家が成立する。次の世代はルイの長男ピエールがブルボン公を継ぎ、次男ルイ二世がラ・マルシュ伯になった。

先代ルイにはジャック・ドゥ・ブルボンという弟もいた。領地に恵まれないので奉公に励み、本家のフランス王家で大元帥になった。しかも一三五七年になって甥のルイ二世が亡くなったので、ラ・マルシュ伯を継げることになった。我々が続けて追いかけなければならないのは、フランス王家からみれば分家の分家ということになる、このラ・マルシュ伯家である。

ジャックの次は、長男ピエールがラ・マルシュ伯になったが、早世したので、次男ジャンが後を継いだ。このジャンが結婚したのが、ヴァンドーム女伯カトリーヌだった。夫婦の子供は、長男ジャックが父のラ・マルシュ伯を継ぎ、次男ルイが一四一二年に母から譲られて、ヴァンドーム伯になった。我々が追いかけるのは、今度はこのヴァンドーム伯家である。王家からすれば、分家の分家の、また分家ということになる。

ルイの息子がジャン・ドゥ・ブルボンで、一四四六年にヴァンドーム伯を継いだ。その息子がフランソワで、一四七八年にヴァンドーム伯になった。そのまた息子のシャルルも一四九五年に後継したが、その位を一五一五年にフランス王フランソワ一世が、ヴァンドーム公に格上げしてくれた。このシャルルがボーモン女公フランソワーズ・ダランソンと結婚して、生まれたのがアントワーヌ・ドゥ・ブルボンだった。

アントワーヌは一五三七年に父からヴァンドーム公の位を、一五五〇年に母からボーモン公の位を受け継ぎ、結婚したジャンヌ・ダルブレが一五五五年からナバラ女王を称すると、その共同統治者としてナバラ王も名乗るようになった。その息子がアンリ・ドゥ・ブルボンで、これが一五八九年にフランス王に即位するアンリ四世なのである。

ようやく辿《たど》り着いた。カペー王朝から分かれたのは、なんと十代も遡る三百年前だ。それもフランス王家の分家のブルボン公家から、さらに分かれた分家のラ・マルシュ伯家、そこから再び分かれたヴァンドーム伯家の流れなのであり、要するに末端の家系である。

フランス王家といえばブルボン朝――そんな思いこみもあるなか、ちょっと驚いてしまうくらいの末端ぶりだが、もちろん、そんなことは王位継承に関係ない。同時代の十六世紀を生きた人々にも、ヴァロワ朝が万が一にも絶えたなら、そのときはブルボン朝ときちんと認識されていた。

ブルボン公家のほうはといえば、八代ピエール二世まで続いたが、そこで男子に恵まれなかった。いたのが娘のシュザンヌ・ドゥ・ブルボンで、結婚したのがモンパンシェ伯シャルル・ドゥ・ブルボンだった。

モンパンシェ伯家はブルボン公ジャンの次男ルイに始まる分家で、ジルベール、その息子のルイと来て、その弟のシャルルが一五〇一年に継ぐところまで来ていた。これがシュザンヌの夫として、ブルボン公家も継ぐ形になっていたが、一五二一年にシュザンヌが亡くなると、シャルルの本家相続をフランス王フランソワ一世は認めなかった。ブルボン公家の分は、直系が絶えた時点で没収、ブルボン公領は王領に併合だと宣告したのだ。

ブルボン公家は断絶である。これを不服として、シャルル・ドゥ・ブルボンが反乱を起こしたため、一五二七年にはモンパンシェ伯家も取り潰しの扱いとなった。いや、モンパンシェ伯家自体は、一五三九年に復活した。フランス王は格上げまで施しながら、シャルルの妹ルイーズをモンパンシェ女公としたのだ。ルイーズと結婚したのがロッシュ・シュール・ヨン大公ルイ・ドゥ・ブルボンで、これはヴァンドーム伯ジャン二世の次男である。ブルボン本流により近いモンパンシェ家だったが、ここで末流に吸収された。

分家の分家で、ヴァンドーム伯家よりは本流に近いラ・マルシュ伯家もあったが、こちらも十四世紀のジャック二世の時点で娘しか継ぐ者がいなくなり、これと結婚したアルマニャック伯家に吸収されている。

結局のところ、残ったのはブルボン・ヴァンドーム家の一門だけだった。一五二五年からブルボンの嫡流とされるようになったヴァンドーム公家、その分家でアントワーヌ・ドゥ・ブルボンの弟ルイが一五四六年に立てたコンデ大公家、それ以前に分かれたロッシュ・シュール・ヨン大公家、そのまた分流として再び分かれたモンパンシェ公家である。ブルボン家の一門でも残ったのはブルボン・ヴァンドーム家の一門だけ、いや、フランスの王族としても、王家の他にはブルボン・ヴァンドーム家の一門だけになっていた。

それだけに貴重である。フランスにおける政治的な地位も上昇した。十六世紀前半のシャルル・ドゥ・ブルボンは、パリ市総督、ピカルディ州総督と要職を歴任している。後半のアントワーヌ・ドゥ・ブルボンも、ギュイエンヌ州総督とギュイエンヌ提督を兼任した。この父と同じにアンリ四世となるアンリ・ドゥ・ブルボンも、それ以前はギュイエンヌ州総督の要職を与えられ、フランスですでに重きをなしていたのだ。

ユグノーの王

もちろん王位継承者の地位も認められていた。アンリ三世の御世では、ことさら注目された。この王には同性愛者の噂があり、真偽はともあれ、現実に子供はなかったからだ。弟はいたが、そのアンジュー公フランソワも一五八四年六月十日に他界した。もう他に嫡出の男子はいない。ヴァロワ王家には分家も絶えて久しい。

残る王族はブルボン・ヴァンドーム家の一門だけで、それも数えられるほどだった。ヴァンドーム公家を継ぐアンリ、二代目コンデ大公のアンリ、先代アントワーヌのもうひとりの弟で、聖職者となっていたブルボン枢機卿シャルル、あとはロッシュ・シュール・ヨン大公家も絶えたので、モンパンシェ公フランソワと、本当にそれだけなのだ。

一門の長アンリ・ドゥ・ブルボンこそ次の王と、それは自明の話だった。その証に、あるいは裏返しにというべきか、王弟アンジュー公フランソワが亡くなるや、まだアンリ三世が生きているのに、早々と「フランス王アンリ四世」に反対する運動が起きた。

一五八四年九月、十二月と繰り返された密談の参加者は、ギーズ公アンリと、ブルボン枢機卿シャルルの名代メーヌヴィル、スペイン王フェリペ二世の名代タクシならびにモレオだった。十二月三十一日に結ばれたジョワンヴィル条約では、ナバラ王アンリの王位継承を認めない、ブルボン枢機卿をアンリ三世の後継者とする、それにスペイン王が支持と支援を与える、等々が定められた。

聖職に進んだブルボン枢機卿を、わざわざ還俗《げんぞく》させて、「シャルル十世」を名乗らせようという話だ。もう六十一歳という、当座は凌げても、また次の王位継承者に困るような男を担いで、まさに苦肉の策なのだ。が、そこまでするほど、アンリ・ドゥ・ブルボンだけは嫌だったのだ。

一五八八年十月にはブロワで全国三部会が開かれた。全国三部会というのは、身分制の議会のことだ。これがギーズ公らに焚《た》きつけられて、十八日に「一体勅令」を成立させた。王家が定めた相続法を曲げるもので、やはりアンリ・ドゥ・ブルボンの王位継承権を否定した。

一五八九年八月、アンリ三世が暗殺され、アンリ四世の即位が宣言されても、認めない者たちは認めない。予定通りシャルル十世の擁立を強行して、何がなんでも認めない。こうまでの反感は、ぜんたい何故の話なのか。

ブルボン朝が成立した十六世紀後半のフランスは、実のところ宗教戦争の時代だった。前半に始まる宗教改革を受けて、王国は新教派、旧教派に分かれる内乱に見舞われていた。その渦中で万人が認める王族の血統、明白な王位継承順位まで否定されて、フランス王家は神に翻弄されていたともいえようか。

アンリ・ドゥ・ブルボンは「ユグノー」と呼ばれた新教派の首領だった。少なくともそうみなされて、「ユグノーの王」では駄目だと、熱烈な旧教派からは目の仇にされていた。ブルボン朝が克服しなければならなかったのは、まずそれだった。

ブルボン朝　フランス王朝史3

第一章　大王アンリ四世（一五八九年〜一六一〇年）

ベアルン男

一五五三年十二月十三日の午前二時頃、アンリ・ドゥ・ブルボンはベアルン副伯領の首邑《しゅゆう》ポーに生を受けた。ベアルンはフランス南西部、もうスペイン国境も近いというピレネ山麓にあり、はっきりいえば僻地《へきち》だ。

王族の血筋、フランス屈指の貴種というからにはパリとか、でなくとも周囲の離宮、せいぜい離れてロワール地方の城館で生まれているかと思いきや、体高二メートルのヘラジカだの、体長一メートルの大ヤマネコだのが闊歩《かっぽ》する森と隣り合わせという、なんとも野趣に溢れる山里の生まれなのだ。

母親のジャンヌ・ダルブレがポー城に入ったのは、十二月四日のことだった。暮らしていたのでなく、わざわざ来た。何故そんな難儀な真似をしたかといえば、そこが実家だったからだ。つまりは里帰り出産で、当時のフランスでもない話ではない。が、決まり事というわけでもない。ジャンヌの場合は別して避けるべきだったかもしれない。

実は二年前にも男児を産んでいた。このときは北東フランスのピカルディー地方、夫のアントワーヌ・ドゥ・ブルボンが持っていたクシー城で出産した。やはりアンリと名づけられた子供——生後すぐボーモン公に叙せられたため、アンリ・ドゥ・ボーモンと通称される子供は、そのまま北部で育てられた。ところが、である。

わずか二歳にして神の御許に召されてしまった。一五五三年の八月二十日の話で、ブルボン家代々の墓所であるヴァンドームのサン・ジョルジュ参事会教会に埋葬されたのが、九月二十一日のことだった。

ギリシア神話のマルス神に扮したアンリ４世
（ジャコブ・ビュネル画）

もちろんジャンヌも参列したが、それが十二月にはポーにいた。当時の劣悪な交通事情から逆算して、もう葬儀の直後には旅に出なければならなかった。悲しみに暮れ、しかも身重であるにもかかわらず、ジャンヌ・ダルブレは二週間もの長路をベアルンの実家まで帰ったのだ。

当然ながら、自ら望んでの話ではなかった。それはジャンヌの父親、アンリ・ダルブレの強い希望だった。懇《ねんご》ろに整えられたポー城の一室で、幸い男児は無事に生まれた。大喜びの祖父は生まれたばかりの孫息子を連れ出すと、ニンニクの塊を舐めさせ、土地の葡萄酒を飲ませようとしたという。

「おまえは本物のベアルン男《ベアルネ》になるんだからな」

そう声まで張り上げたと伝えられるが、いくらか説明が必要だろう。

ベアルンはもう少し広い括《くく》りでいえば、ガスコーニュという地方に入る。「バスコニア（バスク人の国）」が語源で、「ガスコーニュ公領」が置かれた時代もあったが、十一世紀からはその名を用いた領地も行政区もなくなり、専ら慣習的に用いられてきた地名である。

アキテーヌ公領、フランス王家に支配されて後のギュイエンヌ州に含まれる南半分、ガロンヌ河以南のピレネ山脈にいたる地域が、古よりガスコーニュと呼ばれていたのだ。

このガスコーニュに暮らす人々、ガスコーニュ人、フランス語にいうガスコンというのが、また出色だった。恐らくは山がちな厳しい自然環境、さらに戦の絶えない過酷な政治環境に育まれたものだろうが、ガスコンといえば猪突猛進《ちよとつもうしん》の熱血漢で知られていた。底なしの精力で疲れ知らずに動き回り、それは頭蓋の中身も例外でないということで、狡智に長けた喰えない連中と、余所では悪口されることも多い。

ベアルンがガスコーニュの一角であれば、またベアルネも最たるガスコンである。母親のジャンヌ・ダルブレ然り、祖父のアンリ・ダルブレ然り、その血を受け継ぐアンリ・ドゥ・ブルボン然りで、皆がガスコンであり、ベアルネなのだ。

北で軟弱に産み育てられ、また死なされては堪《たま》らない。南で産ませて、たくましきベアルネ、したたかなりしガスコンとして育て上げる。それくらいのつもりでアンリ・ダルブレは本物のベアルネになれといったのだろうが、当然ながら面白くない者もいる。

赤子がガスコンであり、ベアルネであるのは半分だけで、もう半分は父親のアントワーヌ・ドゥ・ブルボンから受け継いだ、北フランスの血統である。こちらはこちらで王族のプライドがある。北フランスの人間は弱いとも、南に比べて劣るなどとも考えていない。

ブルボン家の嫡子《ちゃくし》であるからには、ブルボン家の領内で産み育てるのが本当だ。実際、そう考えたアントワーヌ・ドゥ・ブルボン、ジャンヌ・ダルブレにしても、最初はベアルン行きを断ることにした。それをアンリ・ダルブレは頑として容れなかったのだ。

娘が北で出産するなら、よし、妻をなくして久しいことだし再婚してやる、これからでも子供を儲けてやるとまでいった。自分が死んでも、おまえたちに財産はやらん。このままなら一人娘のジャンヌに、ひいては婿のアントワーヌに渡されるものを、別な子供に相続させる。そう脅され、アントワーヌとジャンヌの若夫婦は折れたのだ。

「おまえは本物のベアルン男になるんだからな」

アンリ・ダルブレが待望の孫息子にかけた言葉には、ただガスコンたれというには留まらない、もう一枚の事情があったということだ。

アルブレ家

ジャンヌ・ダルブレ、アンリ・ダルブレといってきたが、こちらの家門はアルブレである。アンリ四世の父方ブルボン家については前で触れたので、ここでは母方のアルブレ家について、いくらか触れておくことにしたい。

その歴史はランド地方に始まる。ランド地方はやはり南ギュイエンヌ、ガスコーニュの大西洋沿岸部で、ボルドーから南に下る一帯にあたるが、そこにラブリ城を構える一貴族というのが、そもそものアルブレ家だった。これが少しずつ勢力を拡大して、十三世紀までには大西洋からガロンヌ河にかけた大領を誇るようになる。

ときにアキテーヌ地方、あるいはギュイエンヌ地方は、十二世紀の昔からフランス王とイングランド王が領有を争ってきた土地だった。ことに十四世紀、百年戦争の時代は熾烈の度を増した。地元勢力の少なからずがフランス王家を敵視していて、アルブレ家も最初はイングランド王の陣営だった。

フランス王の陣営に転向したのが、シャルル五世時代の後期からである。フランス王家の優勢が明白になった頃で、そのままシャルル六世時代には、当主のシャルル・ダルブレがフランス大元帥になっている。

シャルル七世時代にかけても王宮に出入りを続け、人脈も広くなった。一四七〇年にアラン・ダルブレが結婚したのが、北フランスの名族シャティヨン・パンティエーヴル家のフランソワーズだった。持参されたのがペリゴール伯領とリモージュ伯領であり、これでアルブレ家の勢力はガスコーニュを越えて、北ギュイエンヌ、さらに中央フランスまで拡がったことになる。

十五世紀の末には、同じガスコーニュの有力家門、フォワ伯家を吸収した。一四八四年にジャン・ダルブレが結婚したのが、伯家の女相続人カトリーヌ・ドゥ・フォワだったのだ。脱線になるが、ここでフォワ伯家について触れておく。本領のフォワ伯領はピレネ山麓の東よりに位置している。西にあるのがベアルン副伯領ということになる。

十三世紀のフォワ伯ロジェ・ベルナールは、ベアルン副伯領の女相続人マルグリットと結婚した。二人の子供の代からは、フォワ伯兼ベアルン副伯を称するようになるが、名乗りは父方のフォワのままだ。が、フォワ城からポー城に住まいを移して、本拠地はベアルンのほうに据えられた。なぜベアルンか。アルブレ家に先がけて、フォワ家もベアルンにこだわるわけだが、何故こうまでベアルンなのか。

ひとつにはベアルンの立地がある。ピレネ山脈そのものである高ベアルンは、プールタレ峠に通じるオサウ渓谷、ソンポール峠に通じるアスプ渓谷、ナバラのロンカル渓谷を経てラ・ピエール・サン・マルタン峠に通じるバレトゥー渓谷と、スペインに通じる要路を擁する。また山麓の低ベアルンも、ポー河、オロロン河の二大河川をはじめとする水運に恵まれ、意外なほど耕地も広く、したがって人口も多い。本拠に選ばれて然るべき条件は揃うのだが、なお決定的とはいいがたい。

もうひとつにはベアルンの特権的な地位があった。そこは宗主を持たない土地、独立の領国だった。フランス王国にも、スペインのアラゴン王国にも含まれず、副伯領と格付けは低いながら、それ自体が王国と同じ扱いになる土地なのだ。

フランス王またはスペイン王に介入されることがない。より具体的にいえば、忠誠義務違反を問われ、領国没収を宣告され、軍事侵攻されることがない。少なくとも正当な権利としては、何人たりとも踏みこめない。ベアルンでなら名実ともに、一国一城の主になれるのだ。諺ができるほど、気位が高くなるのも道理である。

「ベアルネは貧乏でも、頭は下げない（Lou Bearnes est pauvre, mes nou cap baxe）」

このベアルンに腰を据えて、代を重ねた十五世紀の伯が、ガストン・ドゥ・フォワである。ガストンは一四三四年、ナバラ王国の王女レオノラと結婚したが、このレオノラが一四七九年、兄弟姉妹の死没でナバラ女王に即位することになった。

もう晩年の話で、老女王は王座について十五日で崩御、すでに息子のガストンもなく、孫のフランソワ・ドゥ・フォワが後を継ぐことになった。「ナバラ王フランシスコ」だが、この王も一四八三年に早世した。唯一残された妹のカトリーヌ・ドゥ・フォワが、「ナバラ女王カタリーナ」になったが、この女性と結婚したのが先に述べたジャン・ダルブレなのだ。

話をアルブレ家に戻すと、前でフォワ伯家を吸収したといったが、それだけではなかった。結婚した一四八四年、ジャン・ダルブレは「ナバラ王フワン」として、新妻と一緒にスペインのパンプローナで戴冠式を挙げた。実はこのときナバラ王国まで手に入れたのだ。

とはいえ、王国はかねて政情不安に悩まされていた。つけこまれ、一五一一年にはスペイン王フェルナンドの侵攻に見舞われた。ピレネの南側はすっかり征服されてしまい、一五一二年にはナバラ王国のスペイン併合が宣言される。アルブレ家に残されたのは、ピレネの北側の「低ナバラ」、往々フランス語で呼ばれる「低ナヴァール」だけだった。スペ

1. 低ナヴァール王国
2. ベアルン副伯領
3. フォワ伯領
4. ビゴール伯領
5. アルブレ公領
6. リモージュ副伯領
7. ペリゴール伯領
8. アルマニャック伯領
9. フェザン伯領
10. ロデス伯領
11. キャトル=ヴァレー副伯領
12. ロマーニュ副伯領
13. ヴァンドーム公領
14. マルル伯領
15. アランソン公領
16. ボーモン伯領

ヴァンドーム家の領地とアルブレ家の領地

インによる併合を否認、なお自らを「ナバラ王」と称するものの、ほぼ名ばかりの状態である。あきらめずにピレネの南側に出兵、奪還戦争を繰り返すものの、スペインの王国を取り戻すのは至難の業で、端的に結果をいえば、ついぞ達せられなかった。

なんだか落ちぶれたようだが、それもナバラ王としてみれば、という話である。なおアルブレ家は一大勢力だった。大西洋岸の故地に始まり、ペリゴール公領、リムーザン副伯領、フォワ伯家が領していたベアルン副伯領、ビゴール伯領、フォワ伯領と手に入れ、さらに低ナヴァールまで支配している。フランスの諸侯としてみるならば、文字通りに屈指の権門なのである。いや、他の諸侯の取り潰しが続いて、気がつけば最後の諸侯だ。国内の統一を進めるフランス王家からみれば、最後の外様ということになる。

これは無視できない。ジャンとカトリーヌの息子がアンリ・ダルブレだが、この時代に家格が「アルブレ公」に格上げされた。フランス王フランソワ一世の計らいで、なるほど一五二七年に嫁いできたのが、姉王女マルグリット・ドゥ・ヴァロワだった。

再婚で、前夫が王族のアランソン公である。これがギュイエンヌにおける権門、アルマニャック伯家を吸収していたので、マルグリットが持参してきた財産は、アランソン公領に加えて、リマーニュ伯領、フェゼンサック伯領、キャトル・ヴァレ副伯領、アルマニャック伯領、ロデ伯領と数えた。全てを一身に集めて、もはやアルブレ家の実力は、ドイツやイタリアの小国の王であれば、それを遥かに凌ぐくらいなのである。

さておき、このアンリ・ダルブレとマルグリット王女の一人娘が、ベアルンに里帰り出産したジャンヌ・ダルブレということになる。今にも生まれようとしていたのは、これだけの大領を行く行くは受け継ごうという子供だったわけだ。

少なくとも祖父にとっては、そういう孫である。婿のアントワーヌ・ドゥ・ブルボンは確かに王族で格は高いが、それも王女を妻に迎えたアンリ・ダルブレにすれば、恐れ入るような相手ではない。でなくても外様の気概があり、末の親藩なにするものぞと思う。

実際、ブルボン・ヴァンドーム家など何を持っているというのか。ヴァンドーム公領にボーモン公領、それにクレルモンとソワソンから成るマルル伯領だけではないか。いや、それだけでもフランス屈指の大領主になるのだが、アルブレ家に比べられないことは確かだ。鼻息荒いアンリ・ダルブレにしてみれば、娘が産むのはブルボン・ヴァンドーム家の跡継ぎである前に、アルブレ家の跡継ぎだったのだ。

悔しいが、アントワーヌ・ドゥ・ブルボンも容れるしかない。順当に運べば息子に渡る前に妻に渡り、その配偶者として自分もナバラ王を名乗り、アルブレ家の大領を手に入れられるからである。

その見込みで王家からもギュイエンヌ州総督、ギュイエンヌ提督と、こちらの南フランスにポストを与えられている。王族ブルボン家といい、ヴァンドーム親王家の長というが、実質的にはアルブレ家の入り婿なのである。このあたりの屈託が見方によっては、この後の人生に、さらには息子の人生に影を落とさないでもなく……。

農民の王

一五五四年三月六日、赤子のアンリ・ドゥ・ブルボンはポー城の礼拝堂で洗礼を受けた。授けた聖職者がアルマニャック枢機卿ジョルジュで、代父は二人である。ひとりが祖父のナバラ王アンリ、もうひとりが叔父のヴァンドーム枢機卿シャルル・ドゥ・ブルボンが代理となる形で、フランス王アンリ二世が名前を連ねることになった。どちらも名前はアンリで、赤子の名前はアンリにしかなりようがない。代母はアンリ・ダルブレの妹、ローアン伯の未亡人となっていたイザボー・ダルブレが務めた。

すぐ領主の称号も与えられ、アンリ・ドゥ・ブルボンはベアルン副伯太子にしてボーモン公になった。赤子はそれからもベアルンに暮らし続けた。母親のジャンヌ・ダルブレは息子の洗礼後ほどなく、北にいる父親アントワーヌ・ドゥ・ブルボンの下に戻り、一五五五年二月に弟ルイ・シャルル、一五五六年四月に妹マドレーヌ、一五五九年二月に妹カトリーヌと産み続けた。アンリだけがベアルンで祖父の手に委ねられたままだった。

いや、ナバラ王アンリ二世は一五五五年五月に亡くなった。アントワーヌとジャンヌが跡を継ぎ、ナバラ王とナバラ女王を称したが、それならばと南に来るわけではない。アンリもヴィアヌ王太子という、ナバラ王国の継承者に与えられる称号を加えられた。名実ともに南の子で、それからもベアルン暮らしは変わらず、ただ祖父の死後は分家のミヨサンス卿ルイ・ダルブレに預けられた。

暮らすことになったのは、ポーから南に十五キロほどのコアラーズ城である。ルイ・ダルブレの妻がシュザンヌ・ドゥ・ブルボン・ブッセといい、ブルボン家の血筋だったことで、父親のアントワーヌ・ドゥ・ブルボンも納得したということのようだ。

一五五六年の末には両親がやってきた。三歳のアンリが物心ついていたとすれば、これが記憶に残る初対面ということになる。初めてといえば、ベアルンからも初めて出された。連れられて、リモージュ、ヴァンドームと領地を巡り、一五五七年二月にはパリでフランス王アンリ二世に謁見《えっけん》している。このまま家族と暮らせるかと思いきや、それも数ヵ月の話で、その年の暮れにはベアルンに戻された。また両親だけ北に帰っていった。

王も女王も留守なので、アンリは一五五八年九月からナバラ王国の摂政《せっしょう》の任についた。ベアルンには三部会もあったが、そこにも君主の代理として出席している。もちろん四歳半の子供は形ばかりの出席であり、実際の仕事はミヨサンス卿ルイ・ダルブレ、アルマニャック枢機卿、オロロン司教ら在地の重臣たちが果たす。

等身大のアンリ少年はといえば、世人に「農民の王（roi des paysans）」と呼ばれていた。摂政としてポー城に詰めることもあったが、おおよそはコアラーズ城であり、そこで以前と変わらず、ミヨサンス卿夫妻の扶育に委ねられていたのだ。

後に側近となる武人にして文人のアグリッパ・ドービニェによれば、アンリ少年は「裸足で帽子もかぶらず、農民の子供たちがそうして育てられるように、なにか修学するでもなく」という風だった。「ベアルン式に育てられ、寒さも暑さも、尋常ならざる労苦にも、あらゆる類の痛みにも負けない身体を作った」のであり、まさに亡き祖父アンリ・ダルブレの希望の通りだ。

実際のところ、アンリ少年は土地の子供たちを引き連れて、小川を越え、ピレネの支脈を走り回り、ウサギやダマジカを狩り出す毎日だったという。荒々しくも雄大な自然に囲まれ、まさに自由闊達《かったつ》、伸び伸びと長じていく。また身分だ職業だとこだわることなく、誰とでも分け隔てなく付き合うといった一面も含め、後の天衣無縫のキャラクターを予告して、妙に納得させられる子供時代である。

他面、この時代の常識からは、やや掛け離れていたといわざるをえない。無関係ではあるまいと思わせながら、両親には距離を置かれた感もある。アンリ・ダルブレのなしようが癪《しゃく》に障《さわ》り、あげく子供まで疎ましくなったのか。この時代の王侯貴族の親子関係を、今の感覚で捉えることはできないとして、なお父アントワーヌ、母ジャンヌ、ともにアンリには少し冷たい気がするのだ。

とはいえ、この淋しい幼少時代が後の人生に影を落とすことになったとか、難ある性格に捻じ曲げられてしまったとか、そういう話は皆無である。やはりといおうか、アンリ・ドゥ・ブルボンはベアルネであり、生まれも育ちも骨太な、たくましきガスコンなのだ。悩まない質というか、ちょっとやそっとのことではウジウジ、クヨクヨしたりしない。そんな暇があるなら、楽しいことを探しに、さっさと外に出かけるといった手合いなのだ。

もっとも両親とて、アンリのことを完全に忘れたわけではなかった。一五六〇年一月になると、北フランスにいるアントワーヌ・ドゥ・ブルボンから、ラ・ゴーシュリーなる人物が遣わされてきた。アンリももうすぐ七歳、もう就学年齢だ。学校に通うのでなければ、家庭教師をつけられる。その家庭教師がラ・ゴーシュリーだったが、聖書主義だとか、予定説とか、ジャン・カルヴァンだとか、テオドール・ドゥ・ベーズだとか、そんな話ばかりだとなれば、さすがのアンリも難しい顔になったろうか。

新教派と旧教派

実際のところ、時代は大きく動いていた。起きていたのが宗教改革で、フランスにもルター派、なかんずくカルヴァン派の教えが流れこみ、多くを改宗させていた。

それはフランス王国の政治を左右するような有力者においても変わらない。コリニィ提督ガスパール・ドゥ・シャティヨン、ダンドロ歩兵隊総司令フランソワ・ドゥ・シャティヨン、コンデ大公ルイ・ドゥ・ブルボン、そしてナバラ王アントワーヌ・ドゥ・ブルボン、ナバラ女王ジャンヌ・ダルブレ——と、そこにはアンリの両親も名前を連ねていた。夫婦ではアントワーヌのほうが先で、早ければ一五五〇年代の初めには新教に傾倒していたとされる。ひとつには戦場をともにしていたシャティヨン一族の影響であり、もうひとつには弟のコンデ大公ルイの影響である。

コンデ大公は一五五一年、エレオノール・ドゥ・ノワイエと結婚したが、この細君が確信的なプロテスタントだった。感化が夫に及び、さらに義理の兄に及んだということで、アントワーヌ・ドゥ・ブルボンは一五五七年に正式な改宗まで遂げている。

一五五八年一月には、パリに四千人のユグノーを引き連れて、プレ・オ・クレールで讃美歌を歌う大集会を組織するなど、かなり目立った行動さえ記録に残している。一五二七年に嫡流が廃絶されるなど、ブルボン家の勢威凋落が否めないところ、向後は新教を看板に家門の再興、さらに隆盛を図りたいというような考えも、ないではなかったらしい。純粋な信仰心というより、政治的な計算もあってということだ。

この夫の影響で、ジャンヌ・ダルブレも新教の考え方に傾倒した。一五五五年の末くらいからと伝えられるが、いったん惹かれ始めれば、そこはマルグリット・ドゥ・ヴァロワの娘である。ナバラ王に嫁いだフランス王女は、『エプタメロン』の作者として歴史に残る才媛であり、モー学派を庇護して、フランスにおける初期の宗教改革運動を支援したことでも知られている。

この母親譲りで、ジャンヌ・ダルブレも知的素養は抜群だった。新しい信仰の価値を理解するほど、たちまち確信的な境地にいたった。父のアンリ・ダルブレが亡くなっても、息子のアンリが二歳になってもベアルンには寄りつかず、あるいは新しい教えを守り、かつ広めるのに忙しくて、家族のことなど二の次三の次になっていたのかもしれない。

話をフランスに戻せば、当然ながら新教に靡《なび》かない者もいた。というより、王国の大半が未だ旧教カトリックに留まっていた。特に庶民は無頓着で、わざわざ改宗しなかっただけなのだが、なかには旧教にこそ忠実たれと声を高くする一派もいた。

いうまでもなく新教には反感を、さらに敵意を抱く。かねて政争を繰り広げてきた敵味方の関係に重なれば、さらなる対決を促す新たな火種になったりもする。折悪くも、それを鎮火する力を、フランス王家が減退させた時期だった。

フランス王アンリ二世は、一五五九年六月三十日の騎馬槍試合で重傷を負い、そのまま七月十日に崩御した。後を受けたフランス王フランソワ二世は、まだ十五歳だった。すでに結婚はしていて、スコットランド女王メアリー・ステュアートを妃に迎えていたが、摂政としてスコットランドを治めている母親は、名前をマリー・ドゥ・ギーズといった。

フランスの権門ギーズ公家の出身で、その弟のギーズ公フランソワ、聖職に進んでいたロレーヌ枢機卿シャルルらが、王妃の外戚《がいせき》として権力を掌握することになった。この一門が熱心な旧教派で知られていた。新教派の弾圧に乗り出すことは間違いないとされた。

新教派は身構えた。ベアルンのアンリ少年のところに家庭教師が送りこまれたのは一五六〇年一月、丁度この頃の話である。もうすぐ七歳だからというだけでなく、それは新教の教えで一族の結束を固めなければならないという、危機感からの手配だったかもしれない。反ギーズの旗頭とみなされたのが、やはり権門のブルボン家であり、その長であるナバラ王アントワーヌ、そして弟のコンデ大公ルイだったからだ。

三月十九日、起きたのがアンボワーズ事件だった。新教派にフランソワ二世の身柄を略取、旧教派から引き離す計画があるとして、その一団をギーズ公が先制攻撃で討ち果たした。五十二人が処刑されたが、追及の手は弛《ゆる》められず、黒幕はコンデ大公ルイ・ドゥ・ブルボンだとして、十月三十一日には逮捕を強行してしまう。

ヴァンドームおよびボーモン公
シャルル・ドゥ・ブルボン
(1489～1537)
＝フランソワーズ・ダランソン

ナバラ王
アントワーヌ・ドゥ・ブルボン
(1518～1562)
＝ジャンヌ・ダルブレ

フランス王アンリ4世
(1553～1610)

初代コンデ大公
ルイ・ドゥ・ブルボン1世
(1530～1569)
＝エレオノール・ドゥ・ロワ

アンリ・ドゥ・ブルボン1世
(1552～1588)
＝シャルロット－カトリーヌ・ドゥ・ラ・トレモワイユ

アンリ・ドゥ・ブルボン2世
(1588～1646)
＝シャルロット－マルグリット・ドゥ・モンモランシー

ロングヴィル公夫人
アンヌ－ジュヌヴィエーヴ・ドゥ・ブルボン

大コンデ、ルイ・ドゥ・ブルボン2世
(1621～1686)
＝クレール－クレマンス・ドゥ・マイエ－ブレゼ

コンティ大公
アルマン・ドゥ・ブルボン

アンリ－ジュール・ドゥ・ブルボン
(1643～1709)
＝アンヌ・ドゥ・バヴィエール

ルイ・ドゥ・ブルボン3世
＝マドモワゼル・ドゥ・ナント　ルイーズ－フランソワーズ・ドゥ・ブルボン
(ルイ14世とモンテスパン夫人の正嫡の娘)

ルイ－アンリ・ドゥ・ブルボン
(1692～1740。1723～1726、ルイ15世の宰相)
＝マリー・アンヌ・ドゥ・ブルボン－コンティ

ブルボン－コンデ家系図

宗教の大義を翳《かざ》して、王族さえ容赦しない。いくらなんでもひどすぎるが、それでも未熟なフランス王は、ギーズ一門に文句ひとついえなかった。が、ほどない十二月五日の話である。病弱でもあったフランソワ二世が急死した。子がなかったので、すぐ下の弟王子がシャルル九世として即位した。

メアリー・ステュアートはフランス王妃でなくなった。その外戚というギーズ一門の地位も霧散した。新教派にしてみれば、旧教派による迫害を恐れなくてよくなった。のみならず、新教派の天下に一変するかもしれなかった。

新しいフランス王は十歳で、若年どころか未成年である。摂政を立てなければならないが、それは普通は王族だ。候補に挙がったのが、ナバラ王アントワーヌだった。ブルボン家の長であり、四十二歳という年齢からしても適任だ。これが新教徒だというのだから、新教派は万々歳だが、それが誰にとっても望ましいわけではない。

アンボワーズ事件
(ジャック・トルトレルとジャン・ペリスシンによる版画)

ブルボン一門の復讐が始まるのではないかと、今度はギーズ一門はじめ旧教派が身構える。やられてなるものかと陰謀が企てられれば、また争いになる。宗派の抗争が鎮まるどころか、輪をかけて激しくなる。

初代コンデ大公ルイ・ドゥ・ブルボン
（フランソワ・クルエの工房）

摂政候補は、もうひとりいた。王母カトリーヌ・ドゥ・メディシスだった。元の王妃で、夫のアンリ二世が戦場に出たとき、その留守に摂政を任された経験もある。ルイ九世の摂政ブランシュ・ドゥ・カスティーユ、フランソワ一世の摂政ルイーズ・ドゥ・サヴォワなど、王母が登板した前例とて挙げられる。年齢も四十一歳と、こちらも資格十分だった。

このカトリーヌ・ドゥ・メディシスが前に出てきた。揉めたくないと、あえて摂政を名乗らず、「統治担当（gouvernante）」の名目で政治を執ると、新教派と旧教派の融和政策を打ち出したのだ。ナバラ王アントワーヌ・ドゥ・ブルボンは、どうするか。

異を唱えて、摂政の位を要求することもできたが、国王総代（lieutenant general du roi）のポストを与えられると、それであっさり引き下がった。カトリーヌ・ドゥ・メディシスに、弟のコンデ大公は釈放する、スペインに占領されたナバラの奪還戦争に王家が力を貸さないでもない等々と囁かれて、あっさり懐柔された格好だ。

　新教派としては、がっかりである。ナバラ王は「完全にヴィーナスの餌食にされた」と、カルヴァンまでが非難した。それは、もはや公然の秘密だった。カトリーヌ・ドゥ・メディシスは「遊撃騎兵隊（escadron volant）」と呼ばれる女官団を従えていた。

　美女という美女が集められ、それが要人のところに送りこまれる。寝技から何から駆使させながら、ある種の密偵仕事をさせたので、「遊撃騎兵隊」の名前がある。そのひとり、ルイーズ・ドゥ・ラ・ベロディエールこと、通称ラ・ベル・ルーエが、ナバラ王アントワーヌ・ドゥ・ブルボンに差し向けられていた。

　もう数年の関係で、実は隠し子までいた。後のルーアン大司教シャルルのことだが、これが嫡子のアンリ・ドゥ・ブルボンより一歳上だった。亡き兄アンリは二歳上だったから、妻の妊娠中に働いた浮気ということらしい。

カトリーヌ・ドゥ・メディシス
（フランソワ・クルエ画）

　そのとき以来の愛人に口説かれれば、ナバラ王とて摂政の位をあきらめる。のみならず、宥和政策の名の下に俄《にわか》に旧教よりの態度を示す。その息子として、アンリ・ドゥ・ブルボンの日常も、ここで大きく転換する。アントワーヌはベアルンにいる息子を、パリに呼び寄せることにしたからである。

王宮で暮らさせればよい。パリで最高の教育を受けさせたほうがよい。王子や大貴族の御曹司たちと一緒に学校に通えばよい。そう親切ごかしたのは、いうまでもなくカトリーヌ・ドゥ・メディシスである。要はナバラ王家の跡継ぎを人質にしておきたいという話だが、気づかずに乗せられたか、気づいてあえて受けたのか、いずれにせよアントワーヌ・ドゥ・ブルボンは、またやられてしまったわけだ。

パリへ

八歳の少年には否も応もない。アンリは八月二十一日には、もうパリに到着した。両親と会うのは久しぶりのことだ。嬉しくないわけがない。いいつけは守ってきたと、褒《ほ》められることさえ期待していたかもしれない。つまりは新教の教えのことだ。

母のジャンヌ・ダルブレも、一五六〇年十二月二十五日には新教に改宗していた。一五六一年七月十九日には、新教をベアルンの公式宗教にするとも宣言した。宗主のいない領国では、フランス王が認めるも認めないもなく、領主の自由にできたのだ。

アンリにすれば、かねて学びなさいといわれていた宗教が、自分が暮らしている土地の宗教になったということだ。やはりこれなんだと誇らしくも胸を張り、パリに乗りこんできたところ、なんだか様子がおかしかったのだ。

父母の間に冷ややかな空気が流れていた。八歳のアンリが理解できたかは怪しいながら、いうまでもなく、アントワーヌの浮気が明らかになったからだ。ジャンヌはアルブレ家の大封《たいほう》を相続した家付き娘で、しかも母親が王女で、王家の血も引く。当然プライドが高く、この種の屈辱を受け流すことができないのだ。

処世の方便でなく、心からの帰依で宗教に傾倒したからには、多分に潔癖症でもある。不貞そのものが、もう汚らわしく感じられて仕方がない。ラ・ベル・ルーエの色じかけで夫が旧教に甘くなったのだと思えば、こちらは意地でも新教の教えを貫きたくなる。

プロテスタントへの肩入れが加速したのはそのせいなのだと、母親の心理をやはりアンリは看破できたわけではない。少なくとも上辺は、ジャンヌに矛盾があったわけでもない。新教に励みなさいと、それは前から命じられてきたことだ。息子として戸惑わずにいられなかったのは、むしろ父アントワーヌのほうだった。

一生懸命に学びなさいと、ベアルンに家庭教師まで派遣したくせ、パリに来てみると、新教に帰依するアンリにいい顔をしない。入り婿の夫は、追い詰められた挙句に逆上した。妻に詫びて、新教の教えに戻るでなく、かえって旧教に奔《はし》った。一五六二年二月十四日、ナバラ王アントワーヌ・ドゥ・ブルボンは、正式にカトリックたるを表明したのだ。

もう、わけがわからない。正しいのは旧教なのか、新教なのか。父なのか、母なのか。パリで新生活を送るうちに、なんとなくみえてくるわけでもない。フランス王の宮廷は旧教を奉じていながら、新教に厳しく当たるでもなかったからだ。王母カトリーヌ・ドゥ・メディシスは、両派の融和政策を進めていたのだ。

その成果のひとつが、一五六二年一月に出された「一月勅令」である。都市の外側と私邸のなかと限定つきながら新教を認め、一国に二宗派の同居を許した西ヨーロッパ初の画期的な法令だった。ああ、そうか、どちらでもよいのだと、疑問が解消されるでもないのだから、アンリの悩みは深くなる。

一月勅令は旧教派には許しがたい。反故《ほご》にしなければならないと、ギーズ公フランソワが動いた。その事件は三月一日、シャンパーニュの領地ジョワンヴィルからパリに向かう途上のヴァッシーで起きた。集会中の新教徒が、ふとしたことからギーズ公の一行と乱闘になった。「ユグノー」は怪我人多数、死者だけでも七十四人――これを聞いて、フランス全土の新教徒は憤激したのだ。

三月末までには全土的な蜂起になった。これを鎮める王軍は、実質的には旧教軍である。フランス史上で「宗教戦争（Les guerres de religion）」と呼ばれる内乱、ドイツのそれと区別するために「ユグノー戦争」とも呼ばれる四十年の闘争が幕を開けた。

それはアンリにとって、遂に迎えた父母開戦でもあった。ヴァッシーの直後、三月初めのことと伝えられるが、父アントワーヌ・ドゥ・ブルボンは母ジャンヌ・ダルブレを、領地のヴァンドームに下がらせた。パリから追いはらい、自城に軟禁しようとしたというべきかもしれないが、一方でアンリのほうはパリに留めた。

出発間際、ジャンヌは息子に新教に忠誠を誓わせた。長々と説教して、聖餐式《ミサ》だけは絶対に出てはならないと厳命した。これが別れにかける母の言葉かと思ってしまうが、それを聞こうとするから子供のほうは不憫《ふびん》なのだ。

ナバラ女王がパリを離れてしまうや、今度はナバラ王だった。父は家庭教師ラ・ゴーシュリーをクビにすると、旧教派のジャン・ドゥ・ロッスを新しい家庭教師につけた。のみならず、アンリにも聖餐式に出るように、つまりは旧教に改宗するように求めたのだ。

それだけは嫌だと抵抗しながら、八歳の子供ながらにアンリは何を思ったことか。ようやく両親と楽しく暮らせると思ったのに……。ベアルンでもいいいつけを真面目に守って、褒められるかと思うくらいだったのに……。

宗教戦争も火の手を高くするばかりだった。まずは大義の取り合い、つまりは王の身柄の取り合いで、三月二十七日、ギーズ公、モンモランシー大元帥、サン・タンドレ元帥による「三頭政治」、それにナバラ王までが一緒になって、シャルル九世とカトリーヌ・ドゥ・メディシスをパリに誘拐同然に連れてきた。

旧教派に先んじられた新教派は、軍勢を転回させた。一緒に方針も転換させて、四月二日にオルレアン、十六日にルーアンと落手、さらにギュイエンヌ、ラングドック、ドーフィネに展開して、各地の要衝を押さえていく。率いていたのが「フランス改革派教会総守護」を名乗るコンデ大公、さらにコリニィ提督、ダンドロ歩兵総司令らだったが、支援していたのはナバラ女王ジャンヌだった。

ヴァンドームにいたジャンヌ・ダルブレは、ヴァンドーム参事会教会を襲った。ブルボン・ヴァンドーム家の先祖の墓を暴き、副葬品として棺桶に入れられていた宝物を売り払うことで、軍資金に替えたのだ。そんなもの、死者には必要ないからだ。愚かしいカトリックの、単なる因習にすぎないからだ。

旧教派も引かない。その軍勢は五月六日、新教派の手からオルレアンを奪い返した。パリでは、子供のアンリも窮地に追いこまれていた。周囲の大人たちに力ずくで聖堂に引きこまれ、有無をいわせず聖餐式に参列させられたのだ。六月一日の話で、つまりアンリは改宗させられてしまった。母との約束を守ることはできなかった。

骨肉の争いは続く。叔父のコンデ大公は九月二十一日、イングランド女王エリザベス一世とハンプトン・コート条約を結んだ。派兵されたイングランド軍が九月二十七日、ルー

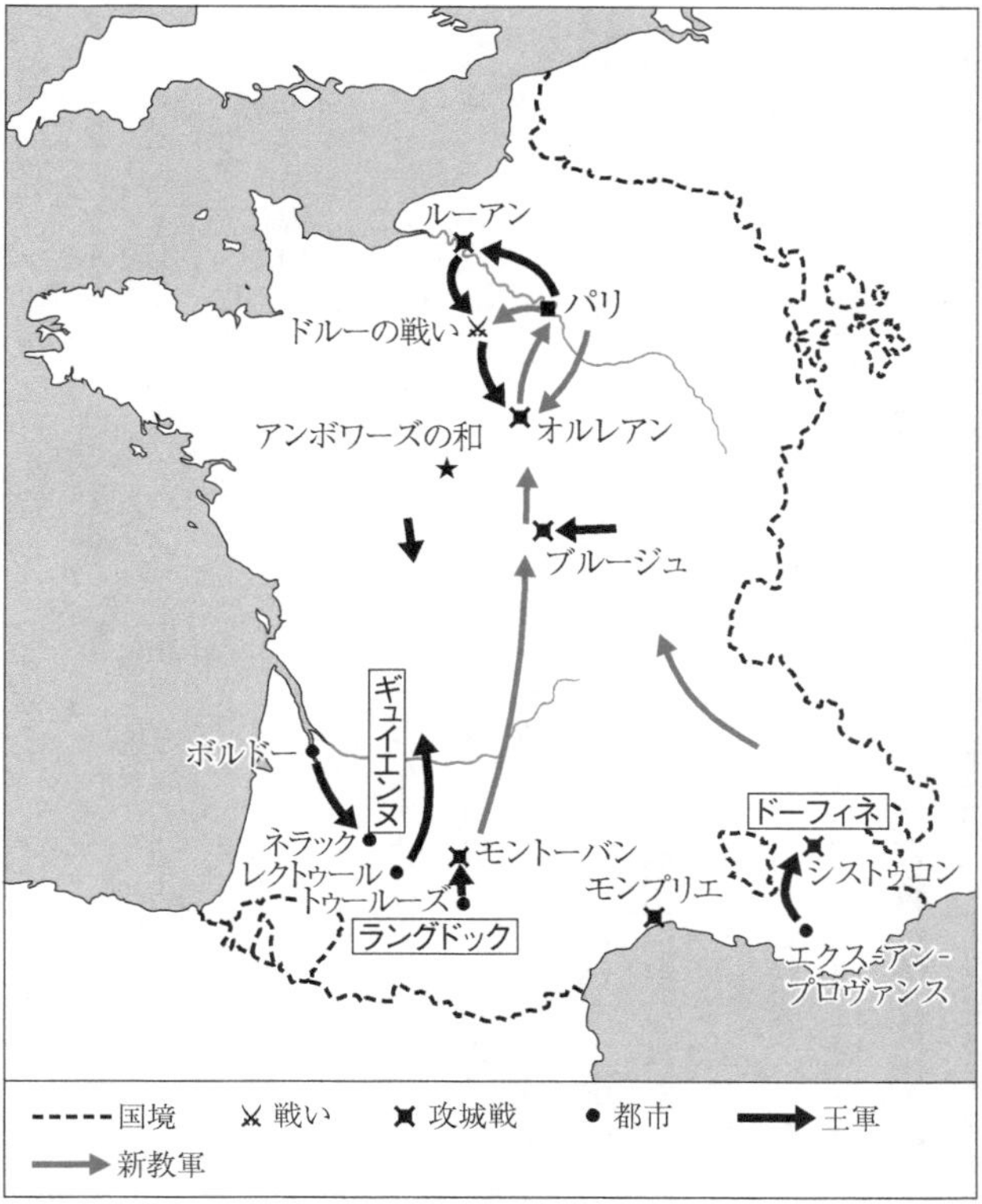

第１次ユグノー戦争（1562 年〜1563 年）

アンで旧教派の王軍を迎え撃つ。それを率いていたのが国王総代、ナバラ王アントワーヌ・ドゥ・ブルボンなのである。

この父が十月十六日の午後を少し回る頃、ひとり陣営を出たのは、小用を足すためだった。そこに流れ弾が飛んできた。左肩に当たったが、致命傷ではなかった。ただ難しい場所で弾丸を摘出できなかった。

傷が感染症になって、あれよという間に絶命に運んだ。ナバラ王アントワーヌは末期に妻のジャンヌを呼んだが、女王は来なかった。愛人ラ・ベル・ルーエは呼んだら来てくれて、そこで絶命となった。十一月十七日午後九時のことである。

ルーアンは十月二十六日に陥落、王軍の手に戻った。十二月十九日にはドルーの戦いも勝利して、新教軍のコンデ大公を捕虜に取るなどしたが、王軍のほうでもサン・タンドレ元帥が陣没、モンモランシー大元帥は新教軍の捕虜に取られた。一五六三年二月五日にはオルレアンの戦いになったが、その包囲陣で今度はギーズ公フランソワが暗殺された。指導者が軒並み戦闘不能で、もう戦争を続けられる状態ではない。三月十七日に、アンボワーズの和が結ばれた。十九日には集会は「パリの他は城外市のみ」とやはり制限つきながら、新教を認めた勅令も出された。第一次宗教戦争は、これで終結した。

アンリは死んだ父の後釜で一五六二年十二月二十六日、ギュイエンヌ州総督を拝命した。フランス王、というよりカトリーヌ・ドゥ・メディシスの厚遇は、いうまでもなく宮廷に引き止めておくためのものだ。アンリは名目上の任官で、代理として実務に就いたのは、旧教派の軍人モンリュックだった。

ナバラ女王ジャンヌ・ダルブレはといえば、ヴァンドームを出て、ベアルンのポーに向かった。息子を連れていけないと悟ると、新教派の家庭教師ラ・ゴーシュリーを王宮に戻した。アンリは再びプロテスタントになった。もう二度目の改宗ということになる。

フランス王家で育つ

家庭教師がついただけでなく、アンリは一五六二年から二年ほど、パリのナヴァール学寮にも通学した。ナヴァール学寮は「ナバラ女王フワナ」こと、フランス王フィリップ四世の王妃ジャンヌが、十四世紀初頭に建てた名門である。勉強したのは初学の文法課程にすぎなかったが、そのこと以上に学びとなったのは、ともに通う学友がいたことか。

二歳上のアンリ・ダンジューや三歳上のアンリ・ドゥ・ギーズ——前者はアンジュー公の位を与えられた王弟であり、後に自身がフランス王アンリ三世になる。後者はギーズ公アンリとなって、旧教派の首領となる人物である。

パリのみならず、サン・ジェルマン・アン・レイ、フォンテーヌブロー、ヴァンセンヌと近隣の離宮を移動しながら、ともに宮廷に暮らしていれば、そこにシャルル九世も加わる。フランス王とはいえ、アンリより三歳上にすぎないのだ。さらに王女がいて、有力貴族の子女がいて、つまるところアンリが属していたのは、数年後そっくり政治世界になるような子供世界だった。

テュイルリの馬場で馬術を習い、さらに剣術、狩猟と日々を送るなかで、ギーズ公アンリとは仲が悪かったし、アンジュー公アンリとは親しかった。シャルル九世とは「球戯《ポーム》」と呼ばれたハンド・テニスの仲間だった。それやこれやを通じて人を知り、また処世を身につけていく——とはいうが、よくぞ普通に生活できたものである。

いつまでも八歳でないというが、日々成長するほどに、多感な時期を迎えるばかりだ。父は死に、母は遠く領国に下がり、御付の者がいたにせよ、気分としては余所の宮廷にひとりきりなのだ。そこが洗練の場でもあれば、ニンニク臭いガスコン訛りの少年は、野卑な田舎育ちとも揶揄《やゆ》される。宥和《ゆうわ》の美名の下で、そこは新教派と旧教派がピリピリしながら、常に向き合う世界でもある。

特に繊細な質でなくとも、あるいは心を病むのでないかと恐れさせる。が、そこがアンリ・ドゥ・ブルボンなのだ。肉親なんか物心ついた頃から、いないことのほうが多かったと、まるで平気な顔である。図太いガスコンは、いじけるでなく、くじけるでなく、ひとり思い悩むわけでもない。

ベアルネの気位は、自分はフランスの田舎者なのではなくて、独立の外国から来たのだと胸を張らせる。宗派の違いなど、すっかり忘れてしまえる特技も持つようだったが、それはベアルネとかガスコンとかいうよりは、父親アントワーヌ・ドゥ・ブルボンから受け継いだか。

うわあ、フランス王宮は女の子が綺麗じゃないかと、アンリの初恋が記録されるのは、この時期である。相手はシャルロット・ドゥ・ラ・トレムイユという、大貴族の令嬢だった。残念ながら相手にされず終いで、後には従兄弟のコンデ大公アンリと結婚されてしまうが、なおイジイジ内に籠もるような様子は皆無なのだ。

それどころか、外に出ていく。アンボワーズの和平と勅令の後、フランスは落ち着いていた。これを好機とフランス王家は、一五六四年一月から「大行脚(Grand Tour)」にとりかかった。フランス中を周遊して、若き国王シャルル九世の顔見世をして歩き、それと同時に先々の国境地帯で外交も行おうという試みだが、これにアンリも同行させられた。

とりたてて嫌だとか、辛いとかは思わなかったに違いない。あちらこちらみて回れて、むしろアンリは嬉しかったろう。それだけではない。六月一日、東フランスのマコンまで来たところでは、ナバラ女王ジャンヌの一行が合流してきた。

二月二日に「領内における信教の自由」を宣言したばかりで、変わらず熱烈な改革派だったが、和平が結ばれている今は関係がない。フランス王家も、つまりはその実権を握るカトリーヌ・ドゥ・メディシスも大歓迎したが、こちらは腹に一物ないではない。

七月九日、リヨンのペストを逃れて、宮廷がクレミューに来たところで、ジャンヌ・ダルブレは息子と一緒にベアルンに帰ることを願い出た。それが許されなかった。十五万リーヴルの手当を出すから、このままヴァンドームにおいでなさいと、カトリーヌ・ドゥ・メディシスはピレネの奥地から、かえって引っ張り出そうとしたくらいだ。

八月十四日、あきらめたナバラ女王は息子を置いて、ひとまず大行脚から分かれた。アンリはがっかりしたろうか。いや、例の調子で割に平気だった気もするが、いずれにせよフランス王家の旅は続き、さらに南に下っていく。

十月十七日に到着したのが、サロン・ドゥ・クロー、今はサロン・ドゥ・プロヴァンスと呼ばれている小都市だった。在住の占星術師がミシェル・ドゥ・ノートル・ダム、つまりは予言者ノストラダムスだ。

カトリーヌ・ドゥ・メディシスは意外やオカルト好きで、たっての望みで立ち寄ることになった。もちろん王母は息子たちの未来を聞いたが、ひょんなことから話が「ナバラの王子」に飛んだ。それにノストラダムスが興味を示したのだ。回想録作者のピエール・ド

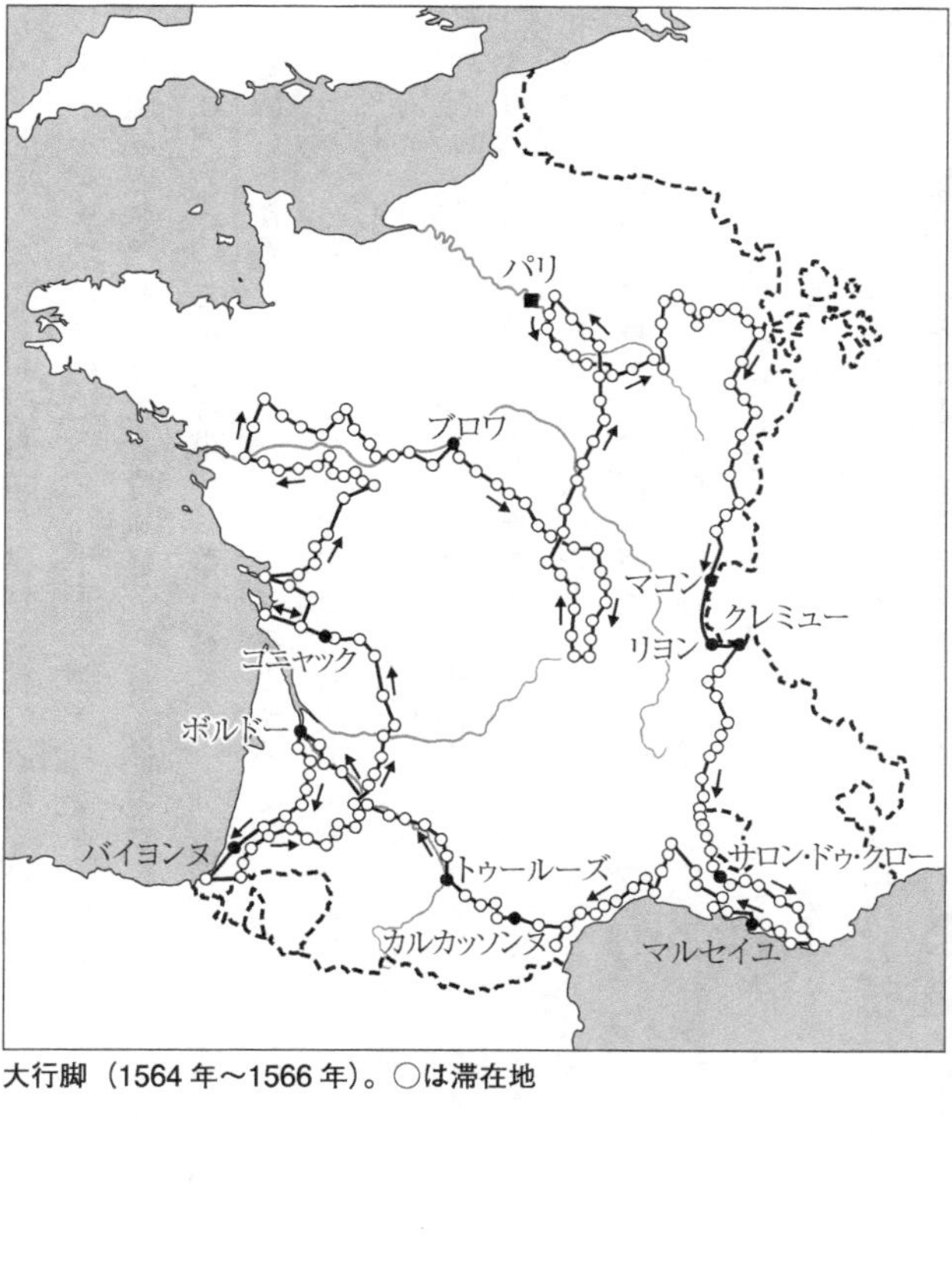

大行脚（1564 年〜1566 年）。○は滞在地

ゥ・レトワールは、その邂逅《かいこう》を次のように伝えている。

「王子が起き抜けで裸でいて、下着が渡されるというときに、ノストラダムスが部屋に招き入れられた。その身体を時間をかけて、じっくりと検《あらた》めた末に、傅《も》り役にいったことには、この方は全てを受け継がれるでしょう、神の恩寵によりて、そのときまであなたが生きておられたなら、あなたはフランスとナバラの王を主人に持つことになりましょうと」

作り話のようだが、このときのことは長じてからのアンリも覚えていて、あのときは裸でいたので鞭で叩かれるのかと思ったよと、冗談口にした後日談がある。

王家の大行脚だが、マルセイユで地中海を眺めてから、方向を西に転じた。一五六五年に入り、一月十二日に到着したのがカルカソンヌで、もう遠くにピレネの山嶺が覗《のぞ》きみえる。アンリには四年ぶりの故郷だ。トゥールーズをすぎればギュイエンヌ地方で、そこは名目上とはいえ自身が州総督を務めている土地だった。

アンリはフランス王家から一日分だけ先行することを許された。このときボルドーで出会った熱心な高等法院官僚が、『エセー』で有名になるモンテーニュである。五月二十九日に進んだバイヨンヌでは、フランス王の姉であるスペイン王妃を迎えた大祝祭が催された。衆目が集まる一大イベントだったが、アンリにすれば自らの名において、土地の全ての貴族を集結させたことのほうが大きかった。そこは、もう自分が領主の土地なのだ。

七月に進んだのがアルブレ公領の都ネラックだった。ナバラ女王ジャンヌ・ダルブレが宮廷を置く都市でもある。フランス王家を迎えて、七月二十八日から三十一日まで四日間の宴となったが、アンリにすればまた母親と会えたことが嬉しい。

フランス王家と別れて、しばらく一緒にすごすことまで許されると、歓喜したのはジャンヌ・ダルブレのほうだった。が、それは母親としての喜びとは少し違う。さらに南下して、息子のために懐かしきベアルンに向かうのでなく、ナバラ女王は急ぎ北上、ポワトゥー地方の都市コニャックに入城した。いたのがコンデ大公をはじめとする新教軍の指揮官たちで、この機会を使って面々にアンリを引き合わせたのだ。

なんだか、きな臭くなってきたが、とりあえずのアンリはフランス王家の大行脚に再合流した。一五六五年十二月初め、ブロワでの話で、このロワール河畔から中央フランスの山岳地帯を巡り、五月にパリに帰りついて、二十八ヵ月の旅は終幕となった。

そのパリにも、まだジャンヌ・ダルブレは一緒だった。サン・ジェルマン・アン・レイ、さらにルーヴルと王宮に滞在し、あるいは市内に有する居館に逗留し、七月にベアルンにおける旧教禁止令を出したのも、そのパリからである。

波風立たないわけではなかった。不穏な空気も色濃くなってきた。今のベルギー、オランダにあたる低地地方が、そこを領するスペイン王家に反旗を翻していた。それは独立戦争であると同時に、スペインが旧教、低地地方が新教であることから、宗教戦争でもあった。フランスにも火の粉は飛ぶ。同じ信仰で結ばれたプロテスタントたちが、フランス王の介入を求め始める。

しかし、カトリーヌ・ドゥ・メディシスにはスペインと戦う気などない。新教派が騒ぎ立てるほど、ジャンヌ・ダルブレとアンリの母子は宮廷で肩身が狭くなる。ならばとパリを辞したいと申し出ても、せっかくの人質を王家が自由にするわけがない。

一五六七年一月、ジャンヌ・ダルブレは小旅行を願い出た。息子のアンリには、まだ訪ねたことのない領地がある、それをみせたいのだといって、ピカルディ地方のマルル伯領、ラ・フェール伯領と、ブルボン・ヴァンドーム家ゆかりの領地を回る。それならメーヌ地方にもあると、いったんパリに戻ってから、ヴァンドーム公領、ボーモン公領、サント・シュザンヌ領、ラ・フレーシュ領にも向かう。

それが低地地方の反乱が活発化、スペインのアルバ公が鎮圧戦を始める時期に重なった。フランス王家の目も刹那《せつな》は東に向いた。このときだった。ナバラ王家の母子は数日滞在したラ・フレーシュ領を出発した。どこに向かうといって、北ギュイエンヌのポワトゥー、さらに南ギュイエンヌのガスコーニュだった。

カトリーヌ・ドゥ・メディシスに断りもなく、知らぬ顔して帰郷を遂げた。一五六七年二月には、ベアルン副伯領の都ポーに到着した。危険人物と目されるナバラ女王、長らく人質だったアンリ、ともにフランス王家といえども容易に手を出せない土地に、まんまと逃亡してみせたのだ。

アンリには五年ぶりの故郷である。八歳の子供は、もう十三歳になっていた。

王妃マルゴ

久方ぶりの故郷は荒れていた。ナバラ王家の留守に乗じて、一月から土地の旧教派が反乱を起こしていたからだ。前年七月、ジャンヌ・ダルブレが発した旧教禁止令に反発したもので、わけても低ナヴァールの抵抗は激しかった。

一五六七年二月、平定に差し向けられたのは、戻ったばかりのアンリだった。軍勢を率いて、鎮圧戦の指揮を取れというのが、母女王の命令だった。十三歳の少年に任せられる仕事でないが、そこは大人の補佐がつく。大事はアンリという、この土地の次代を担う男子が出馬するということで、実際その姿をみただけで叛徒は自ら四散したという。統治というものの要諦《ようてい》を、垣間みせられるような逸話である。

さておき大局も動き始めた。アルバ公のスペイン軍はブリュッセルに入城、そこから徹底的な弾圧を開始した。ホルン伯、エグモント伯と低地地方の要人が逮捕されると、それを盟友としていたフランスの新教徒たちは一気に沸騰した。九月二十八日に起こしたのが、モー事件だった。

それはフランス王シャルル九世の誘拐未遂事件である。まず王の身柄を押さえる、そのうえでスペインに宣戦布告させるという論法で、コンデ大公はモーに滞在していた宮廷に襲撃を企てたのだ。これを六千のスイス傭兵の槍の穂先で払い払い、王家は必死の思いで逃げた。二十八日には何とかパリに逃げ果《おお》せ、そこでシャルル九世の怒りが爆発した。

コンデ、それにコリニィ、ダンドロら新教派の指導者たちを直ちに大逆罪に問うたが、面々が大人しく出頭するはずもなく、そのまま第二次宗教戦争になった。十一月十日のサン・ドニの戦いでは王軍が新教軍を圧倒した。ただモンモランシー大元帥は戦没し、そのかわりに王弟アンジュー公アンリが「王国における国王総代」として軍を率いた。

戦闘は各地で一五六八年三月まで続いた。三月二十三日にはロンジュモーの和が結ばれたが、誰の目にも平和は長続きしそうになかった。フランス王家はもはや融和政策を捨てていた。ロレーヌ枢機卿が宮廷に復帰、シャルル九世の周囲はカトリック色が濃くなっていた。新教派は危機感を強めないではいられなかった。

コンデ大公とコリニィ提督は八月二十三日、大西洋岸の港湾都市ラ・ロシェルに入り、二十五日には新たな戦争を宣言した。第三次宗教戦争の始まりである。九月二十八日、ラ・ロシェルに援軍として六千のガスコーニュ兵が到着したが、それをピレネ山麓から引率したのが、ナバラ女王ジャンヌ・ダルブレと息子のアンリ・ドゥ・ブルボンだった。

アンリも十五歳である。形ばかりの指揮でなく、今度こそ本物の戦いだ。勢いこんだが、戦闘はラ・ロシェルの外で展開した。新教軍は十月からニオール、フォントネー・ル・コント、サン・メクサン、アングーレームと周辺都市を落としていった。そこにアンジュー公アンリと、この若きサン・ドニの覇者に率いられる王軍が来着した。

一五六九年三月十三日に迎えたのが、ジャルナックの戦いだった。勝利は王軍の手に捥ぎ取られた。アンリは戦闘に参加できなかったが、ジャルナックの惨敗で叔父のコンデ大公が戦没したため、自動的に新教派の首領という形になった。

戦闘は続いた。七月二十四日、コリニィ提督の新教軍はポワティエの包囲にかかった。この要塞都市を守っていたのが、旧教派の急先鋒で知られたギーズ公フランソワの息子、十八歳のギーズ公アンリだった。猛反撃に見舞われて、さすがの提督も九月七日に包囲を解いた。十月三日にはモンコントゥールの戦いを迎えるが、この野戦でも新教軍は、アンジュー公アンリが率いる王軍に手ひどく負かされてしまう。

モンコントゥールの戦いには、アンリも従兄弟のコンデ大公アンリと一緒に馳せ参じた。が、戦闘が始まる直前に後方に下げられた。貴公子たちは安全な場所に確保すると、それがコリニィ提督とジャンヌ・ダルブレの方針だった。新教派の旗頭となるべき王族を、コンデ大公ルイに続いて失うわけにはいかなかったのだ。

十月十六日、今度は王軍がサン・ジャン・ダンジェリを包囲、十二月三日に陥落させた。が、その後は一進一退の攻防で、一五七〇年八月八日にはサン・ジェルマンの和が結ばれることになった。新教徒にラ・ロシェル、モントーバン、ラ・シャリテ、コニャックの「四安全地帯」が与えられる妥協をもって、第三次宗教戦争は幕となった。

尻切れ蜻蛉《とんぼ》な感が否めない。第三次宗教戦争が急に収束した背景には、フランス王宮における旧教派の失速があった。理由はズバリ醜聞沙汰で、若きギーズ公アンリがやってしまった。一五七〇年六月二十日の朝だった。王妹マルグリットに手を出した現場を、シャルル九世やカトリーヌ・ドゥ・メディシスに押さえられてしまったのだ。

ギーズ公アンリは領地に退いた。王女のほうは泣いたかといえば、いつまでもメソメソしている玉ではなかった。数多の男性遍歴で知られ、淫婦、毒婦、悪女の名をほしいままにする「王妃マルゴ」こそ、このマルグリット王女のことなのだ。

ギーズ公との醜聞が十七歳のときの話だが、すでに複数人と関係があり、そうした男たちのなかには兄のシャルル九世やアンジュー公アンリ、弟のアランソン公フランソワまで含まれていたというから驚く。こんな娘だからこそ早く結婚させなければならないと、そ

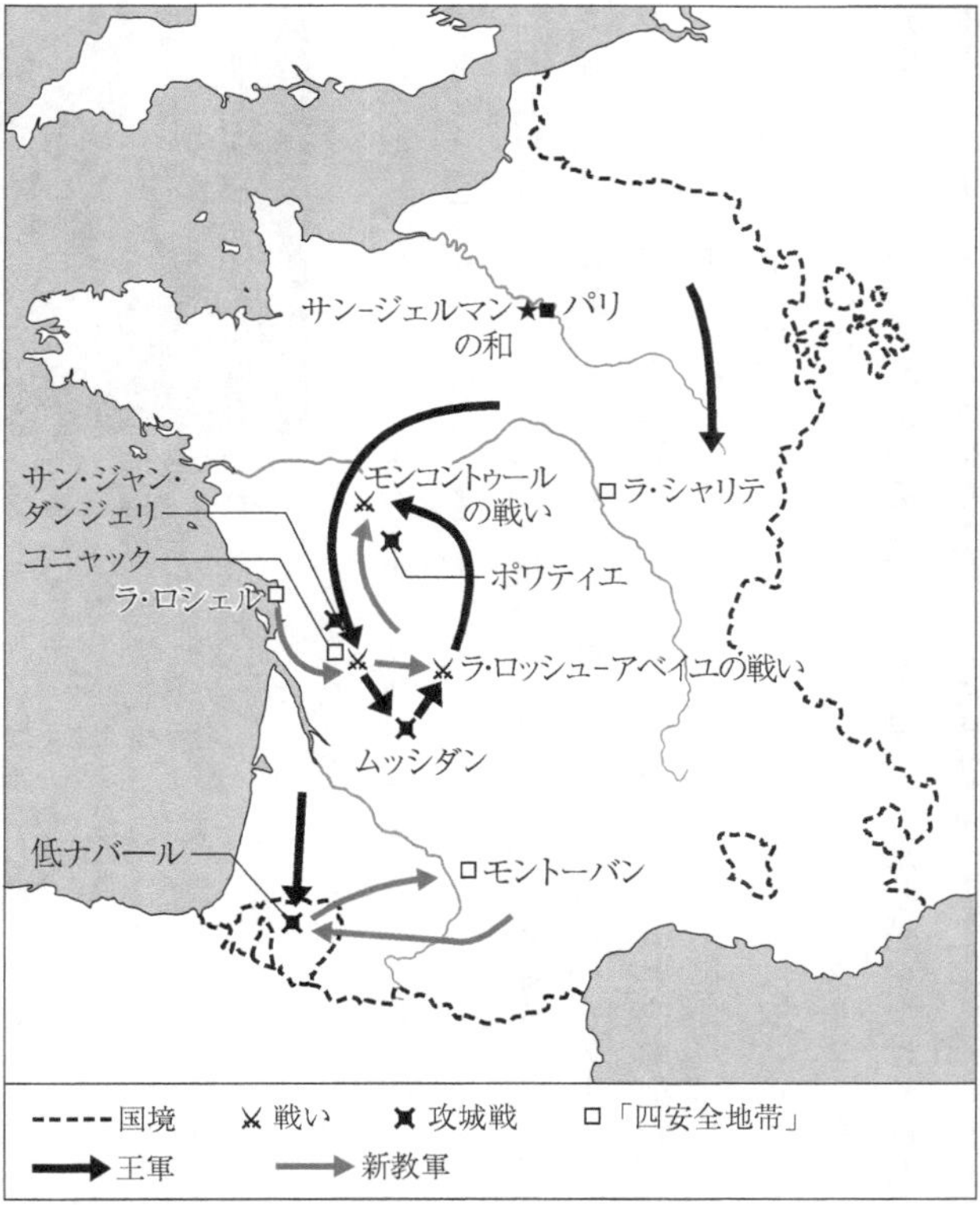

第 3 次宗教戦争（1568 年～1570 年）

マルグリット・ドゥ・ヴァロワ（王妃マルゴ）
（フランソワ・クルエ画）

れが兄弟ならざる母親の発想になる。

カトリーヌ・ドゥ・メディシスが目をつけたのが他でもない、アンリ・ドゥ・ブルボンだった。親王の血筋であり、家格は申し分ない。まだ三歳の頃の話になるが、両親に連れられて、アンリ二世に初謁見を果たしたとき、この故王に朕《ちん》の息子になるか、それが嫌なら朕の娘、そなたと同い年のマルグリットと結婚して、義理の息子になるかと問われ、子供ながらに承諾した記録もある。

他に嫁ぎ口があれば、故王の冗談口と流せる程度の話だが、こうなってみれば故王が自ら結んだ正式な婚約なのだと押し出せる。是非にも進めたいというのは、アンリ・ドゥ・ブルボンは新教派の若き首領であり、この縁談をまとめられれば、フランス王家はプロテスタントを懐柔できるからである。

一五七一年十一月、カトリーヌ・ドゥ・メディシスは取りかかった。ナバラ王家の側でも、話を受けるのは母親だった。縁談にはジャンヌ・ダルブレも基本的に賛成だった。ただ旧教徒と新教徒の結婚であり、教義の違いを乗り越えなければならない。直接会談で細部を詰めようということになり、二人の母親は一五七二年三月にロワール河畔の都市ブロワで会談した。

プロテスタントはカトリックの教会に入れないので、結婚式はノートルダム大聖堂の前庭で行う。司るのがブルボン枢機卿だが、プロテスタントが認めないカトリックの聖職者としてでなく、新郎の叔父、つまりは単なる肉親として居合わせる。そのあと聖餐式が挙げられるが、堂内に進むのはカトリックの新婦だけで、プロテスタントの新郎は外で待つ、等々、等々。

なんとか婚約がまとまり、四月十一日には結婚契約書も作られた。あとは結婚式を挙げるだけだ。五月二十三日、アンリはポーを出発したが、その途上に飛びこんだのが、母が死んだとの報せだった。六月四日から結核が悪化、ジャンヌ・ダルブレは肋膜炎《ろくまくえん》を併発して、九日に息を引き取ったというのだ。

ナバラ女王の崩御を受け、その継承者のアンリはナバラ王になった。七月一日、ヴァンドームにある墓所で葬儀を済ませると、八日にはパリに進んだが、本心をいえば結婚式どころではなかったろう。弔事《ちょうじ》から、すぐ慶事で、気持ちがついていかないだけではない。母は死の直前まで、カトリーヌ・ドゥ・メディシスと会っていた。ジャンヌ・ダルブレの末路はフランス王母による毒殺ではなかったかと、噂が立たないではなかった。

それでもアンリは堪《こら》えた。ガスコンは精神が頑強だからだ。ベアルネはひとに弱味などみせないのだ。その結婚には新教派と旧教派の和解がかかっていた。結婚するのは、自分ひとりでもなかった。従兄弟のコンデ大公アンリもパリに来て、八月十日に旧教派の要人の娘で、ギーズ公の一族でもあるマリー・ドゥ・クレーヴと式を挙げていた。

気が進むも進まないもない。ナバラ王アンリも八月十八日、マルグリット王女と結婚した。かなり変則的な式になったが、とにもかくにも夫婦になった。コリニィ提督暗殺未遂事件が起きたのは、四日も続いた披露宴の最終日、八月二十二日のことだった。

ガスパール・ドゥ・コリニィは新教派の指導者のひとりである。五十を超えた年齢から、実質的な最高指導者といってよい。この提督が和平を受けて、一五七一年九月から宮廷に復帰していた。たちまちシャルル九世の信任を得て、「父上」と呼ばれるほどになった。よいことに、コリニィは低地地方に介入しよう、スペイン王を打倒しようと、若きフランス王を口説いた。あわや宣戦布告と思われた矢先に、暗殺が試みられたのだ。

提督は一命を取りとめたが、ナバラ王の結婚式でパリに来ていた多くの新教徒たちは騒然となった。一触即発の雰囲気のなか、先に動いたのは旧教派のほうだった。八月二十四日、聖バルトロマイの祝日の深夜早暁、フランス王が命令した。翻意したのか、脅迫されたか、あるいは追い詰められて錯乱したのか、シャルル九世が叫んだと伝えられる。

「生き延びた者が後から朕を非難できないよう、ユグノーはひとり残らず殺してしまえ」

コリニィ提督は屋敷を襲われ、今度こそ殺された。のみならず、新教徒という新教徒が問答無用に虐殺された。数日で二千人から四千人が殺されたとされる、悪名高い「サン・バルテルミーの大虐殺」である。

アンリはどうなったか。八月二十四日の夜はルーヴル宮で新妻マルゴと一緒にいた。虐殺が始まると、宮廷にいた「ユグノー」たちも次から次と犠牲になった。若夫婦の部屋にも逃げこんでくる者、それを追いかけてくる者といたようだ。こんなところまで血塗れである。マルゴは近衛隊長を呼び、興奮した旧教派を追いはらい、ミヨサンス卿や侍従頭アルマニャックなど、ナバラ王家に仕える者たちを助けた。

結婚する年齢だから大人だが、アンリ・ドゥ・ブルボンは身長百六十四センチ、さほど体躯は大きくなかった。その気なら寝台でも、箪笥でも、長持ちでも、マルゴの部屋に好きなだけ隠れていられたろうが、この安全な場所からアンリは出ていった。これから球戯をするというのが、そのときの口上だった。

なるほど向かったのが球戯仲間、シャルル九世の部屋だった。アンリはフランス王の保護下に入れられた。マルゴが兄王に嘆願したとの説もあるが、行われたのは保護というより脅迫だった。王はアンリとコンデ大公の二人を並べて、カトリックに改宗しろ、さもなくば虐殺のなかに放り出すと迫ったのだ。

サン・バルテルミーの大虐殺
（フランソワ・デュボワ画、部分）

改宗などできないと、それがコンデ大公アンリの答えだった。信仰に殉じる者として当然の答えだが、シャルル九世はさらに脅した。三日以内に応じなければ絞首刑だと、ナバラ王アンリはといえば、こちらは陛下の仰せに従いますと即答だった。

つまりは改宗に応じた。あっさり応じた。やはり図太いガスコンゆえか、かれこれ改宗も三度目だったからかもしれないが、いずれにせよ十九歳の若者が信仰の問題に決断を迫られて、逡巡する様子もなかったのだ。

コンデ大公は三日どころか九月十二日まで粘りながら、とうとうプロテスタントの信仰を捨てた。が、即答したアンリの改宗はといえば、それより遅い九月二十六日になった。ふてぶてしいにも程があるというか、カトリックになるからには事前に勉強しなければならないとか何とかで、のらりくらりと先延べしたのだ。

恐らくは情勢を読んでいたのだろう。あげく、やはり改宗したほうが利口と判断したのだ。十月十六日にはナバラ王として、領国における旧教の再建も宣言した。その批准をベアルン三部会は拒否したが、そのことまでアンリは計算していたのかもしれない。

これから、いくらでも取り返せる——実をいえば「サン・バルテルミーの大虐殺」は評判が悪かった。諸国は非難の声を上げたのだ。アンリの改宗も節操ないと責められるより、この暴力の前では無理もなかったと同情される。プロテスタントに戻り、新教派の指導者に返り咲くことは十分に可能だ。それならば今は身の安全のため、せいぜいカトリックになりすますことなのだ。

その判断も、その選択も、間違いというわけではない。いや、しごく正しいといっていいが、それをアンリは母親に死なれ、結婚式を血で汚され、多くの仲間が殺されていくなかで、淡々とこなしていった。図太いガスコン、たくましきベアルネといってみるが、ちょっと普通でない感もある。

捕われの日々

いわずもがなで国内のプロテスタントたちは、「サン・バルテルミーの大虐殺」に報復を誓う。もう直後から牙城《がじょう》のラ・ロシェルに集まり始める。王軍も動いた。十一月には港湾都市が包囲され、第四次宗教戦争の始まりとなった。

最初の指揮官は任地を奪われたラ・ロシェル総督、アルマン・ドゥ・ゴントー・ビロンだったが、一五七三年二月からはアンジュー公アンリに替わった。その麾下《きか》にナバラ王アンリもいた。後から言い訳できるからと、「ユグノー」たちに銃も撃つ。きちんと戦っていれば、フランス王家からも文句は出ない。かえって引き揚げを促された。

五月十一日にアンジュー公アンリがポーランド王に選ばれていた。ヤゲロー朝が断絶すると、その空いた王座にカトリーヌ・ドゥ・メディシスは最愛の息子を押しこもうとした。が、可否を握るポーランド議会は、フランス王家の「サン・バルテルミーの大虐殺」を問題視していた。弁明を試みる立場上、もう新教徒と戦うわけにはいかなかったのだ。

七月のうちにブーローニュの和が結ばれ、第四次宗教戦争も終幕となった。アンリはフランス王宮に戻った。戻りたくなどなかったが、御暇《おいとま》して新教派に奔るなど、王家が許すわけもなかった。戦いたくないからこそ、ナバラ王アンリという新しい指導者を与えるわけにはいかなかったのだ。

かくなるうえは逃げるしかない——と、それがアンリの置かれた状況だった。が、その逃亡もひとりでは容易でないと、見出した協力者がアランソン公フランソワだった。フランス王家の末子で、それゆえの待遇の悪さに普段から不満を隠さず、この頃からは低地地方に野心を抱くようになっていた。スペインから独立した暁には、そこの君主に収まりたいというのだ。

これまたフランス王家が許すような話でなかった。好んで厄介に巻きこまれるつもりは、シャルル九世にも、ましてカトリーヌ・ドゥ・メディシスにも皆無なのだ。勝手に先走られないよう、常に見張っておかなければならないと、アランソン公フランソワも王子の身ながら軟禁状態に置かれていた。いいかえればナバラ王アンリと同じに、宮廷から抜け出す好機を狙っていたのだ。

最初のチャンスは一五七三年十二月に訪れた。ポーランドに出発するアンジュー公アンリを、宮廷全体が国境まで見送りに出ることになった。こっそり逃げ出すには、うってつけだ。帰路、ソワソンからコンピエーニュを移動中に列を逸れて、低地地方の有力者ナッサウ伯とスダンで落ち合い、ドイツ傭兵に守られながら逃亡する。かかる計画をアンリとフランソワは立てたが、決行直前で惜しくも露見してしまう。

次の機会が、一五七四年二月二十二日である。新教派がクー・デタを計画していた。王家がいるサン・ジェルマンを襲い、カトリーヌ・ドゥ・メディシスを殺し、シャルル九世を誘拐する計画だが、これに便乗しようというのだ。が、またも寸前で阻止されて、アンリとフランソワはパリに軟禁されるどころか、郊外ヴァンセンヌ城の牢に監禁された。

三度目が三月で、再びシャルル九世の誘拐が企てられたが、またカトリーヌ・ドゥ・メディシスが突きとめた。四月三十日、実行犯として逮捕、処刑されたのがアランソン公の腹心二人、ジョゼフ・ボニファス・ドゥ・ラ・モルとアニバル・ドゥ・ココナである。ラ・モルは、ナバラ王妃マルゴの愛人だったといわれる。十九世紀の文豪デュマが『王妃マルゴ』の素材にしたのが、この事件である。

四度目が七月十三日だった。実は五月三十日に、シャルル九世が崩御していた。二十四歳の若すぎる死だったが、その葬儀が七月十三日で、場所が王家の菩《ぼ》提寺《だいじ》があるパリ北方サン・ドニだった。外出＝逃亡の好機と決めつけるも、先刻承知と監視がきつくて、またも思いを果たせない。うまく行かない。敵は手強い。国王不在で、再び摂政となったカトリーヌ・ドゥ・メディシスは、本当に簡単な相手でないのだ。

一五七四年九月、ポーランド王アンリが兄のフランス王位を継ぐため、フランスに戻ってきた。宮廷全体が今度はリヨンまで出迎えた。ナバラ王アンリも、アランソン公フランソワも同道して、新王アンリ三世を迎えた。ランスでの戴冠式にも、王妃になるルイーズ・ドゥ・ヴォーデモンとの結婚式にも出席したが、二人とも逃亡など企てなかった。大人しくして、大それた試みなど、すっかり放念したかのようにみえた。

そう思わせて油断させる作戦で、直後にアランソン公フランソワは動いた。一五七五年九月十五日、パリにいたが、変装し、夕闇に紛れ、愛人の馬車で西のサン・トノレ門を潜り抜け、郊外で三百人の兵団と合流を果たしたのだ。

以後アランソン公フランソワは「ポリティーク派」の首領となる。穏健派カトリックだが、宗派にこだわるのでなく、政治や政策を優先させる考えなので、「ポリティーク派」である。政治的成功が最優先というからには、自分は報われていないと思う不満分子の顔も持つ。一緒に出世する腹から、アランソン公の野心こそ望むところという一派である。

さておき、王宮にはナバラ王アンリだけが残された。二人まで逃すかと、カトリーヌ・ドゥ・メディシスは締めつけを強くした。全員カトリックという精鋭兵士を常に張りつけ、それと同時に懐柔を試みた。かつて父親のアントワーヌ・ドゥ・ブルボンを籠絡した「遊撃騎兵隊」だが、そこから今また差し向けられたのは、ソーヴ男爵夫人シャルロット・ドゥ・ボーヌだった。「掌に収まるおっぱい」の美しさが売りという柳腰なタイプだ。

アンリも簡単に靡いた。というより、どまんなかだったらしく、のめりこんだ。宮廷には妻のマルゴもいたが、全く御構いなしだった。お互い様の自由な夫婦で、こちらにもラ・モルという愛人がいたことは先にも述べた通りだが、そのマルゴをしてソーヴ男爵夫人のときは、このままでは夫は身体を壊すのではないかと、心配の念を筆に残さしめている。それくらいにメロメロにされてしまい、もはやアンリは完全に骨抜きの体《てい》なのだ。

アランソン公フランソワのほうは、ポリティーク派を率い始めていた。コンデ大公アンリも、これに合流した。ナバラ王と一緒に捕われていた従兄弟は、一五七三年にピカルディ州総督の位を与えられた。管区のアミアンに赴任するふりをして、まんまと国境を越えていたが、そこからドイツ傭兵を率いて帰国したのだ。

第五次宗教戦争が始まっていた。わけても一五七五年の暮れ頃から戦火が激しくなり、ドルマンの戦いでは、王軍を率いたギーズ公アンリが「向う傷（le Balafre）」になった。大怪我で運びこまれたのがシャトー・ティエリであり、いそいそと見舞いに行くのがナバラ王アンリだった。

すっかり骨抜きにされた。新教派が戦っているというのに、旧教派の首領を気遣うのだ。このお人よしに関しては心配いらないと、あるいは刹那に監視が弛んだのかもしれない。一五七六年二月一日、ナバラ王が逃亡したとの噂が流れた。

実際、パリに姿がみえない。宮廷は騒然となったが、二月二日にはアンリ三世とカトリーヌ・ドゥ・メディシスがいた部屋に、「お探しの人を連れてきてあげました」などと惚《とぼ》けた台詞で、本人が戻ってくる。

ナバラ王アンリは、やっぱり心配いらない。新教派に戻るつもりも、戦場に帰るつもりもない。まっさきに向かうのは、ソーヴ夫人の寝台だ。皆が安心した二月三日、アンリはパリ北東サンリスのほうに狩りに出るといって、ルーヴル宮を出発した。

誰も咎《とが》めない。ソーヴ夫人がパリにいれば、夜には帰ってくるだろうと決めつける。しかし、なのだ。いったん城外に出ると、向かったのは西の方角のアランソンで、そこからアンリはメーヌ、アンジュー、ポワトゥーと南下していった。

とうとう逃げた――まさにアンリ一流の昼行灯《ひるあんどん》作戦だった。もう大丈夫、もう骨抜きだと、念入りなほど周囲に信じこませてから、さっと遁走したのである。

あれだけ入れこんだ愛人さえ放り出し、薄情といえば薄情だが、そこは愛人に囚われ続け、遂には身を滅ぼした父アントワーヌとは違う。一度は戻って安心させ、二度目に勝負をかけるというのは、かつて母ジャンヌ・ダルブレも使った手であり、そこは狡智に長けるガスコンの血のなせる業だったかもしれない。

ギュイエンヌ州総督として

ナバラ王アンリは六月十三日、ポワトゥーのニオールでカトリックを棄教した。二十三歳にして、四度目の改宗である。二十三日には牙城ラ・ロシェルに入城、かねてからの目論見の通り、新教派の指導者に返り咲く。アランソン公フランソワのポリティーク派と合わせて、両派は勢いづくばかりだ。

アンリ三世は折れるしかなかった。五月六日に結ばれた和平は「ムッシューの和平（La paix du Monsieur）」と呼ばれるが、その大文字から始まる「ムッシュー」とはアランソン公フランソワのことである。ボーリュー勅令で明文化されたところ、「ムッシュー」はアンジュー、トゥーレーヌ、ベリーを新たに親王領として与えられ、以後は「アンジュー公」の名乗りを用いることになった。

新教派の処遇についても、パリと宮廷がある都市以外なら、どこでも信仰の自由が認められる、安全地帯は八都市に増やされる、新教徒の高等法院が認可される等々、大幅な権利拡大となった。アンリ三世のフランス王家、それに増してギーズ公の旧教派にとっては、敗北以外のなにものでもなかった。

旧教派は巻き返しにかかる。ひとつが旧教同盟の立ち上げで、パリ、そしてフランス北東ピカルディの都市ペロンヌで、カトリック死守の旗が揚げられた。年末十二月六日に開幕されたブロワ全国三部会でも、主導権を握ったのは旧教派だった。この議会の名において、先のボーリュー勅令を廃止、つまりは新教派に有利な法制化を反故にしたのだ。王が

アンジュー（アランソン）公フランソワとされる肖像画
（作者不詳）

出した勅令なのだから、王の顔も丸潰れになったが、アンリ三世には術がなかった。

術があるのは、新教派である。ブロワ全国三部会の反動許すまじと、続々と武器を取り出す。わけても活発なのがギュイエンヌで、十二月のうちに諸都市の占領を始めた。自重など誰の頭にもなかった。我らが指導者が帰ってきたと、興奮していたからだ。

ギュイエンヌはナバラ王アンリが総督を務める州だった。南部のガスコーニュでは、ほとんどの領国を束ねる諸侯の顔も持つ。そのアンリが帰ってきた。ラ・ロシェルにいたが、そこからコンデ大公がドイツ傭兵を待機させるピカルディに回るでも、オランダと連携が取れるスダンに向かうでもなく、まっすぐギュイエンヌに帰ってきたのだ。

新教派の攻勢が旧教派の応戦を招き、一五七七年三月には公然と第六次宗教戦争になった。ここで出てくるのが、五十八歳のカトリーヌ・ドゥ・メディシスだった。老練にして、ますます精力的、しかも狙いが的を射ている。四月、王母は末息子アンジュー公フランソワ、モンモランシー・ダンヴィル元帥ら、ポリティーク派の指導者たちに接近した。これを懐柔して王軍に引き抜くことで、新教軍を孤立に追いや

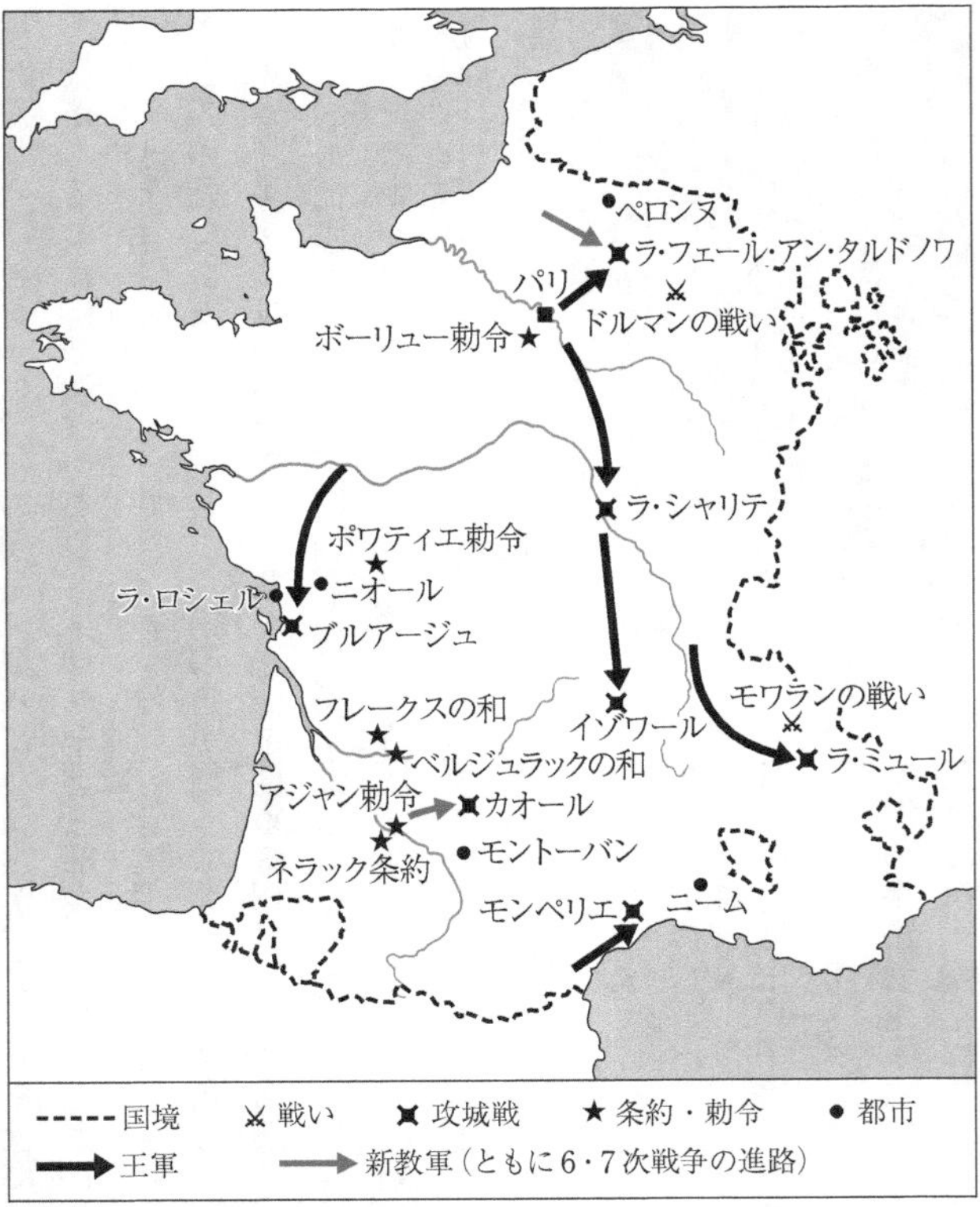

第5次〜第7次宗教戦争関連図（1574年〜1580年）

ったのだ。

アンジュー公フランソワが率いる王軍は、五月にラ・シャリテ、六月にイゾワール、八月にブルアージュと、ロワール地方で新教派の拠点を次々陥落させていく。モンモランシー・ダンヴィルは南フランスで、「ユグノー」から十七の都市を奪った。

九月十七日にはベルジュラックの和が結ばれ、第六次宗教戦争は早々に幕を引いた。十八日に発布のポワティエ勅令では、信仰の自由が認められるのはバイイ管区ごと一都市のみ、八安全地帯が認められるのは六年間だけと、新教派は前より後退を余儀なくされた。

してやられた。アンリも多少は賢くなったつもりでいたが、カトリーヌ・ドゥ・メディシスは年季が違う。まだ五分では戦えない。そこでアンリが心がけたのは、ギュイエンヌ州という基盤を固めることだった。

総督として州を押さえること、最大限に押さえることが、かねて党派の指導者に不可欠の条件だった。旧教派を率いるギーズ家の一党にせよ、ギーズ公アンリがシャンパーニュ州総督、弟のマイエンヌ公シャルルがブールゴーニュ州総督、一族のオマール公とメルクール公も、それぞれピカルディ州総督、ブルターニュ州総督と就いている。ポリティーク派のモンモランシー・ダンヴィルも、ラングドック州総督だ。新教派のナバラ王アンリもギュイエンヌ州総督として、他に遅れるわけにはいかなかったのだ。

というのも、内乱状態のフランスでは王家の支配が地方に及ばず、それを州総督は実質的に私物化することができた。任地で軍隊を集めるも、その指揮官を任命するも、それらを都市や城に駐屯させるも、それを養うために徴税徴発を行うも、全て随意だったのだ。

もちろん政治力による。州総督だからといって、州の支配を約束されているわけではない。王家とて奪われるままでよいと考えていたわけでなく、州総督代理とか、州における国王総代とかの肩書で、権限が競合する行政官を送りこんでくる。ブールゴーニュ州にソー・タヴァンヌ、ラングドック州にジョワユーズといった風である。これら競合相手に総督は州の一角、ことによると州の半分までも押さえられてしまう場合があるのだ。

総督のアンリ・ドゥ・ブルボンが長らく不在だったため、ギュイエンヌ州にも国王総代としてモンリュック、ヴィラール、ビロン、マティニョンと派遣されていた。穏健派カトリックだが、国王アンリ三世に忠義を尽くして、必ずしも新教派に味方するわけではない。

ナバラ王は在地の諸侯である分、他の州総督に比べても支配を築きやすかったが、そこに胡坐《あぐら》を搔くことは許されない。アンリはギュイエンヌのなかでも南辺のベアルン、生まれ故郷のポーに下がるのでなく、ガロンヌ河中流域のアジャン、でなくとも近郊の自城ネラックに拠点を据えた。そこから努めたのは、まずは州内における秩序の回復だった。

ギュイエンヌ州においては、いや、ガスコーニュでも、ベアルンのなかにおいてさえ、宗派は一枚岩ではなかった。ナバラ女王ジャンヌ・ダルブレ、さらに遡るマルグリット・ドゥ・ヴァロワの時代から新教が広められたが、なお旧教が根強いのだ。カトリックが強い地域、プロテスタントが強い地域とあるほどに、かえって不和は助長される。

この現実に向き合うに、アンリは自らが新教派の指導者であることにこだわらなかった。一五七七年四月一日に出したのが、「我らは皆がフランス人であり、同じ祖国に共生する同胞である」と始めるアジャン勅令であり、もって「互いに友好的に暮らし、かつ振る舞い、争わず、傷つけず、挑発せず、悶着を避け、各々の宗教を尊重して邪魔することなく、財産を保証し、一方が他方を煩わせることのないよう」と呼びかけたのだ。

王家によるポリティーク派の引き抜きが画策された頃の話で、直接的にはギュイエンヌまで割られるのでは堪らない、ここではプロテスタントとカトリック、少なくとも穏健派カトリックとの連携を維持したいと考えてのことだ。が、宗教は宗教であり、それとは関係なく政治をやろう、国を成り立たせようというのは、以後においてもアンリの根本的な考え方になっていく。

それは人生から導き出した摂理だったか。両親からして宗教で不和になったが、それは本当の理由ではなかった。結婚相手も別な宗教だったが、それを理由に互いに距離を置いたわけではない。違うのだ。宗教は人間が争うべき理由ではないのだ。

事実、ギュイエンヌにいたアンリの周囲にはモンゴメリー、アグリッパ・ドービニェ、ラ・ヌー、テュレンヌといったプロテスタントもいれば、アンリ・ダルブレ・ミオサンス、グラモン、デュラス、ロクロールといったカトリックもいた。旧教派は敵だというが、それらは同郷人で、さらにいえば親類や子供時代の友人たちだ。敵であるはずがない。敵になりたくもない。かかる直観もまたアンリの思想を固めていったかもしれない。

かくて籠もったギュイエンヌだったが、ナバラ王が出てこないならばと、一五七八年、なんとカトリーヌ・ドゥ・メディシスがやってきた。しかも妻のマルゴまで一緒だった。夫婦が別々に暮らすことになって、さぞや淋しかったことでしょうと親切ごかして、この政略結婚をまだ利用しようというのだ。

ソーヴ男爵夫人も連れてきて、こちらからも再び絡め取ろうとする。いや、アンリだけではない。カトリーヌ・ドゥ・メディシスは、ギュイエンヌでは改革派の請願を聞くと打ち上げた。先の和平に不満を抱いている新教派を、直接交渉で懐柔しようというのだ。

なんと手強い――カトリーヌ・ドゥ・メディシスがパリを出発したのが八月二日で、九月十八日にはボルドーに到着した。ナバラ王アンリは行かなかった。拠点のアジャンからは遠いと口実すると、王家の母娘は近くのラ・レオルまで南下してきた。さすがに無視できず、アンリが出かけて、郊外の農村カステラスで会談となった。

およそ二年半ぶりの再会だったが、すぐまたアンリは離れた。アジャンで再度の会見を約束したからだが、そこにカトリーヌとマルゴが移動しても、さらにトゥールーズまで進んでも、やはりアンリは行かなかった。有体《ありてい》にいえば避けた。王母の手練ぶりを知るだけに、うまく絡め取られてたまるかと警戒したのだ。

妻であるマルゴにも、気に入りのソーヴ男爵夫人にも、いい顔をしなかった。カトリーヌ・ドゥ・メディシスとしては切り札を二枚も用意したつもりだったかもしれないが、アンリは困っているわけではなかった。

故郷に戻って、自由になって、それこそ箍《たが》が外れたのか、アンヌ・ドゥ・カンブフォール、カトリーヌ・ドゥ・リュック、その侍女アルノーディーヌ、ジャンヌ・ドゥ・モンソー、ゴリアート嬢と、懐かしいガスコーニュ訛りの女たちを、貴族も下女も関係なく、アンリは次から次と愛人にしていたのだ。

政治戦争が思い通りにならないときは、焦らず腐らず、むしろここぞと目先を変えて、美人麗人を追いかける。元々嫌いでないアンリは、フランスで人質生活が長い間に、そうした呼吸を身につけたようなのだが、さておくとして、である。

十一月二十二日になってから、アンリは義母や妻とオーシュで再会した。が、そのとき旧教派の軍勢がラ・レオルを奪取したと報せが来た。話し合いどころではない。アンリは報復の軍を発した。新教軍は十一月二十三日、かわりにフルランスを奪取した。

争いになっては意味がないと、カトリーヌ・ドゥ・メディシスも動いた。十二月四日、旧教派に命じて、急ぎラ・レオルを解放させた。そのうえで十二月十五日に進んだのが、ナバラ王の宮廷があるネラックだった。我が家に乗りこまれては、さすがのアンリも逃げられない。

カトリーヌ・ドゥ・メディシスは、ネラックに在地の新教派代表を集めた。一五七九年二月三日から会議を始めて、二月二十八日に結ばれたのがネラック条約だった。中身はほぼポワティエ勅令の確認だったが、六ヵ月間に限るとはいえ、ギュイエンヌとラングドックに追加十四ヵ所の安全地帯が設けられた。

地域の新教派も納得した。ひとまず内戦の危機は回避された。王母はギュイエンヌから東に向かい、さらにラングドック、ドーフィネと、引き続き和平の確保のために奔走する。恐ろしく精力的な義母を見送り、ナバラ王アンリとしては人心地つけたか。

フランスを睨みながら

いや、妻のマルゴはネラックに残った。ネラックには先代ジャンヌ・ダルブレ、先々代マルグリット・ドゥ・ヴァロワと、ナバラ女王ないしは王妃が暮らした城館があり、かなり趣味のよい造りになっていた。そこに新たな女主人として君臨したマルゴは、あれよという間に雅と遊興の都に変えてしまったのだ。

フランス王家にいれば、母カトリーヌ・ドゥ・メディシスがいて、兄アンリ三世にも遠慮がある。マルゴもマルゴで、ネラックでは全て思うがままだった。ナバラ王妃であり、王の正式な妻なのだから当然の権利なのだが、夫のアンリとしては、やや閉口させられる話か。

政略結婚すぎて、かえって割り切りやすい。お互いに自由に愛人を拵《こしら》える。それで夫婦としてやってきた。今も変わらないだろうと、アンリは変わらずモンテギュ嬢、サン・ジャンのパン屋の女将、コンスタン嬢、マルグリット・ドゥ・デュラス、エイメ・ル・グラン、サン・ヴァンサン嬢、カステルジャルーの乳母さん、アロン夫人と、土地の奥方や令嬢にちょっかい出して、なんとも忙しくしていた。

いや、宮廷の女も良かったなあと思い出したか、カトリーヌ・ドゥ・メディシスが同行させた「遊撃騎兵隊」からヴィクトワール・アラヤ、マルゴの侍女のなかからもフランソワーズ・ドゥ・モンモランシー・フォスーズに手をつけている。やはり悪いとも思わず、フォスーズが妊娠すると、その世話をマルゴに頼むことまでしている。

その間の代役といわんばかりに、再び妻の侍女ルブール、部屋係クサンテと愛人にする。さすがのナバラ王妃も少しムッとしたようだ。一説によれば、この頃のマルゴは夫と距離を縮めたがっていたとも、子供を望んでいたともいわれるが、アンリのほうは無頓着だった。あるいは気づいて、なお妻の思いを受け入れるつもりは皆無なのだ。

結局は割り切り夫婦をやるしかない。マルゴはネラックでも愛人を拵え始めるが、それもフランス王家の宮廷貴族というのでなく、ネラック宮廷に仕えている者、場合によってはテュレンヌのような、新教派として夫に仕える者まで寝台に引きこむのだから、ひるがえってアンリも複雑なところである。が、それも割り切り、あるいは自業自得なのだ。

北では王弟アンジュー公フランソワが落ち着かなくなっていた。スペインからの独立に邁進《まいしん》する低地地方で、いよいよ「ネーデルラント王」になるというのだ。カトリーヌ・ドゥ・メディシスが南に出ていた間の話で、つまり止める者がいなかった。

アンジュー公に率いられて、ポリティーク派の貴族たちが出征した。ネーデルラントは信仰が同じだと、これにはフランスの新教派も前向きだった。となれば、フランスの旧教派は、スペイン王家のネーデルラント総督パルマ公を応援する。カトリーヌ・ドゥ・メディシスが丁寧に水をかけて回ったフランスに、かくて再び火の手が上がる。

争いは低地地方との国境地帯、ピカルディ州の支配をめぐって起きた。ペロンヌの旧教同盟が実効支配を敷いていたが、それではネーデルラントを助けられないと、コンデ大公アンリの新教軍が侵攻した。一五七九年十一月二十九日にラ・フェール・アン・タルドノワを奪うと、これを取り戻せと旧教派も武器を取り、かくて第七次宗教戦争が始まる。

内乱は一五八〇年に入る頃には、ギュイエンヌにも波及した。こちらでも新教派が戦意に逸り、ナバラ王アンリは三月、参戦を決断せざるをえなくなった。まずフィジヤックを取り、六月にはケルシー地方の首邑カオールを陥落させる。カオールは王妃マルゴが持参してきた都市だが、まだ王軍が居座り、南の「ユグノー」たちに睨《にら》みを利かせていた。

カオール攻略はナバラ王アンリにとって、初めての大きな軍事的成功となった。十月にはボルドー東方、サン・テミリオンまで占領し、南の戦況は新教軍の優勢に推移したが、その頃に北のピカルディでは、ラ・フェール・アン・タルドノワがフランス王軍に奪い返されていた。

火消しに動いたのは、アンジュー公フランソワだった。九月十九日のプレッシ・レ・トゥール条約で、オランダの立憲君主として即位することが内定したからだ。あとはスペイン王軍を倒すだけとなれば、フランス王軍が頼みの綱だ。国内で揉めている場合でないと、まことに自分本位な動機ながら、それだけに熱心は熱心で、一五八〇年十一月二十六日にフレークスの和に漕ぎつけた。

ナバラ王アンリは一五八一年四月から五月にかけて、モントーバンで改革派、つまりはプロテスタントの集会を開いた。ひとつにはカオールの大勝が反映されていないと、一部から不満の声が上がっていて、フレークスの和にも批准を求める必要があった。

もうひとつには、北で負けたコンデ大公が、ギュイエンヌ州の東隣、ラングドック州のニームまで流れてきた。競合しないともかぎらないので、アンリは自らの新教派の指導者としての地位が、公の集会で確認されるべきと考えたのだ。

やはり大事は権力基盤で、それをゆるがせにはできない。会議では望み通りに「この王国における改革派教会の保持のために欠かせない合同と融和」が認められ、フレークスの和で生じかけた内的不和が回避された。またアンリは望み通り「全てのフランス改革派の守護（protecteur）」に任じられた。

ここで注意すべきは「全てのフランス」と掲げられた点である。現状は地方勢力ながら、視野はギュイエンヌひとつにも、あるいは南フランスにも限定されず、あくまでフランス単位だった。フランス王宮暮らしが長かったせいか、発想が狭隘なところには籠もらないのだ。

それが証拠にモントーバン会議では、信仰を守ることは守ることとして、それ以前にフランス王と王の定めた法に服属することも謳《うた》われている。フランスにいるのは新教徒だけではないからで、まず確保されるべきはフランス王国の安寧だということだ。その方向性はギュイエンヌにおける新教派と旧教派の共存を唱えた、アジャン勅令とも矛盾しない。

アンリの政見が段々とはっきりしてきた。まずギュイエンヌで、それからフランス全土で、新旧両派が共存できる王国をめざす。そのうち新教派の指導者には自分がなり、この立場から王国の平和に寄与するという展望である。が、そう打ち上げれば、フランス王国のことも考えなければならないし、フランス王家の声にも耳を貸さなければならない。それが、どんな王家であったとしてもだ。

牙城のギュイエンヌから、いや、ガスコーニュからも動かなかったアンリだが、一五八二年一月、とうとうフランス王の宮廷に向かうことになった。アンリ三世がマルゴに帰ってこいといってきた。妹をそばに置きたいというより、夫のナバラ王を一緒に連れてこさせたいからで、再三求められて断りきれず、夫婦はネラックを離れることになったのだ。

しかし、である。ガロンヌ河を越え、ドルドーニュ河も越え、北ギュイエンヌのポワトゥーに入ると、なんと、そこまで王母カトリーヌ・ドゥ・メディシスが迎えにきていた。ナバラ王を宮廷に置くこと、人質として確保しておきたいのか、幅を利かせる旧教派とバランスを取りたいのか、とにかく宮廷に置くことを、王家のほうは相当重要視していたようだ。

が、かえってアンリは腰が引ける。かつての捕われの日々が思い出される。でなくとも、カトリーヌ・ドゥ・メディシスだけは、ひとつの油断も許されない。目端が利いて、行動が大胆不敵なガスコンは、このときも迷わなかった。マルゴだけ置いて、さっと身を翻すと、もうネラックに帰ってしまった。

フランスを思うアンリも、再びギュイエンヌ籠もりだった。やはりギュイエンヌは悪くない。一五八二年五月、アンリは久しぶりにベアルンを訪ね、ポー城で自分の代理にしていたカトリーヌ・ドゥ・ブルボンと会った。この妹の友人として来ていたのが、ディアーヌ・ダンドワンこと、ラ・ベル・コリザンドだったのだ。

ガスコーニュの大貴族ギッシュ伯爵フィリベール・ドゥ・グラモンの未亡人で、自身も土地の名家の出身という女盛りの二十八歳である。いうまでもなく絶世の美女であるが、加えるに教養高く、話題も豊富で、ハッと思わせるようなこともいう。

女好きなアンリは双子のエペ姉妹、ポトンヴィル夫人、サン・メグラン伯爵夫人、ラ・ブルース嬢と、その数年も変わらず渡り歩いていたのだが、コリザンドに出会って、これはと思うところがあったようだ。一五八三年一月、アジェモの城にコリザンドを訪ね、それから愛人関係になったが、実質的には夫婦関係というか、それからアンリの女漁りは止まる。少なくとも、しばらくは止まる。

フランス王になれるのか

さて、アンジュー公フランソワはオランダ王になれたのかといえば、苦戦を強いられていた。一五八一年七月二十六日、オランダは独立を宣言したが、そこに乗りこめずにいたのだ。兄のアンリ三世にも、母親のカトリーヌ・ドゥ・メディシスにも、スペインを敵に回して支援するつもりなど、さらさらなかったのだ。

それならイングランド女王エリザベス一世と結婚して、そこから支援を引き出そうと、アンジュー公は渡海した。が、縁談は不調に終わり、一五八二年二月、イングランドから虚しく帰るだけになる。オランダに向かっても、金なく、兵なく、ただ闇雲に戦えば負けが込み、あげくが議会と仲違いしてしまう。一五八三年六月二十九日には、フランスに追いはらわれてしまうのである。

追いはらわれるといえば、気の合うことで姉のマルゴも同じだった。フランス王宮に帰っていて、例のごとくシャンヴァロンという愛人とよろしくやっていたが、その不義の子を産んでしまった。これが宮廷の醜聞になって、激怒の兄王アンリ三世に追放を言い渡されることになったのだ。

マルゴがパリを出たのが八月二十日だった。アンリ三世は「淫売女が行くので気をつけろ」などと手紙を書いた。誰に書いたといって、ナバラ王アンリにである。フランス王宮にいられなくなったからといって、マルゴはギュイエンヌに来るというのだ。しかし、ちょっと待ってくれ。

ナバラ王アンリはフランス王アンリに手紙の返事を書いた。ネラックの宮廷にマルゴを引き取るかわりに、近郊の諸都市に駐屯している王軍を引き上げろと求めたのだ。自分の妻を迎えるのに条件を出すというのも妙な話だが、それとして事情がない話でもない。

返事を急かしがてらの実力行使で、十一月二十一日、アンリはモン・ドゥ・マルサンを奪取した。慌てたアンリ三世はアジャン、コンドムから撤兵し、バザスの駐屯も騎兵五十まで減らすと知らせてきた。悠々と旅してきたマルゴが、そのアジャンに入ったのは、十二月七日のことだった。その妻とポール・サント・マリーで落ち合い、アンリがネラック宮廷に連れてきたのが、一五八四年四月ということになる。

衝撃の報が飛びこんできたのは、ほどない六月の話である。同月十日、アンジュー公フランソワが死んだというのだ。連戦の疲れが出たか、それとも野望が潰えた失意のせいか、前年十月に結核を発症して、そのまま神の御許に召されてしまったのだ。

それは王位継承者の死でもあった。フランス王アンリ三世は子がなく、この先も見込めそうにない。ヴァロワ朝の断絶は、もはや時間の問題だった。定めによれば、王位継承権者はナバラ王アンリ・ドゥ・ブルボンで、ブルボン朝の成立となるまでの話だが、それが「ユグノー」だった。一体に旧教徒は抵抗を覚えざるをえない。なかでも過激な旧教派となると、これはもう絶対に認めない。

火をみるより明らかな運びであり、アンリ三世は先手を打った。実弟のアンジュー公フランソワに死なれて一番に試みたのは、義弟のナバラ王アンリにエペルノン公爵を遣《つか》わせることだった。腹心中の腹心を介して、この際はカトリックに改宗せよと求めたのだ。

エペルノン公爵は六月二十五日から八月六日まで粘ったが、アンリは改宗を容《い》れなかった。そうこうする間に旧教派が動いて、ギーズ一族、ブルボン枢機卿、スペイン大使で十二月三十一日に結んだのが、ブルボン枢機卿を「シャルル十世」にするという、例のジョワンヴィル条約である。

一五八五年早々から、再び緊張が高まった。三月、ナバラ王アンリがラングドック州の都市カストルに赴き、その地の州総督にしてポリティーク派の指導者であるモンモランシー・ダンヴィルと会談した。同盟を結ぶためだが、その動きをみるや、ギーズ公アンリは迷わず武器をとった。

ペロンヌに結成された旧教同盟だが、これが数を増やして全国的な組織になっていた。諸都市、諸地域のネットワークを作りながら、全国の旧教派が結集し、一丸となれる体制がすでに整えられていたのだ。ギュイエンヌでもアジャンが旧教同盟に与した。いや、マルゴが巧みに扇動して、その都市を蜂起させた。

せっかく戻ったネラックだが、夫のアンリは寄りつきもしない。入り浸るのがアジェモ城で、ディアーヌとか、コリザンドとかいう女のところだ。割り切り夫婦だとはいいながら、そこは正妻と内縁の妻であり、やはり火花は激しく散ったようである。

アンリもアンリでコリザンドに、もしも自分がフランス王になれたら、今の妻と別れて、そなたをフランス王妃にしてやるなどと、調子のよいことを口走っていたという。当然コリザンドは有頂天だ。マルゴさえいなければと、毒殺を試みたとする史家もある。が、フランス王妃にならマルゴだってなりたいのだ。

悔しさ余って、昔の恋人に走ったというわけではあるまいが、マルゴが下した決断がギュイエンヌの中核都市アジャンに籠もり、ギーズ公アンリが指導する旧教同盟に加担するというものだった。簡単に侮《あなど》れたものでなく、この旧教同盟は強力無比だったのだ。

その圧力にフランス王家は屈服させられた。七月七日のヌムール条約で、フランスでは新教の信仰が禁止される、プロテスタントは改宗しなければ国外追放、アンリ・ドゥ・ブルボンは王位継承から外される、等々を約束させられたのだ。

新教派は激怒した。カトリーヌ・ドゥ・メディシスは説明したいなどといったが、言い訳にもならない話など、誰が聞きたがるものか。アンリ三世のほうは八月二十五日、再びアンリに改宗を勧めてきたが、こちらは無視するのみである。

旧教同盟に促されて、ローマ教皇シクストゥス五世も動いた。ナバラ王とコンデ大公に破門を宣告した。フランス国内の緊張は高まるばかりであり、もう両派の衝突は避けられない。第八次宗教戦争が始まった。北も南も、東も西も、フランス中が再び戦場と化した。

ギーズ家の人々。中央がギーズ公アンリ。右ルイ枢機卿
（左はマイエンヌ公シャルル）

ギュイエンヌでアンリは旧教同盟のアジャンを落とした。一五八六年九月にマルゴは逃亡、新たな愛人リニュラックとオーヴェルニュに逃げた。フランス全土で続いた一進一退の戦いも、その帰趨《きすう》は徐々に新教派とポリティーク派の同盟に傾いていった。

決定的だったのが、一五八七年十月二十日、北ギュイエンヌで戦われたクートラの戦いで、ナバラ王アンリが率いる連合軍に王軍が惨敗を喫してしまった。実質的な旧教軍だが、指揮官がアンリ三世の腹心、ジョワユーズ公爵だった。渦中で戦死したが、それを失態だとして旧教同盟は責めたのだ。

王軍は旧教軍だというが、一枚岩ではない。フランス王家と旧教派は別だ。そこに新教派とポリティーク派の同盟が加わるので、陣営は全部で三つあるということだ。この戦いがアンリ三世、ギーズ公アンリ、ナバラ王アンリと、皆が故アンリ二世にもらって同じ名前なので、「三《トロワ》アンリの戦い」と呼ばれる所以である。

さておき、敵が内紛を起こしたのなら、なおのことナバラ王アンリには好機である。一気に北上して、勝負をつけてしまいたいところだが、そこでアンリは軍を解散した。将兵に一月ほど休めといって、自分は戦いの翌二十一日にはネラックにいた。いうまでもなく、愛しいコリザンドに会いにいったのだ。

「かくも誇らしき勝利がもたらす有利の全てが、風のなかの煙のように消えていった」

ナバラ王の側近だったマクシミリアン・ドゥ・ベテューヌこと、後のシュリー公爵が残した嘆きの言葉である。

旧教同盟は建て直しの時間が与えられた。この間にがっちり肩を組んだ相手がパリだった。王都は「ユグノー」の王が生まれる可能性に危機感を抱き、カトリック色を濃くするばかりだった。それがギーズ公アンリの入城を迎え、一五八八年五月十二日には「バリケードの日」と呼ばれる武装蜂起の動きまで示し、翌十三日の夕にはフランス王アンリ三世を、パリから追放してしまったのだ。

旧教同盟は全国三部会も召集した。十月十八日に開幕した第二次ブロワ全国三部会がそれで、その議会はナバラ王アンリの王位継承権を否定、つまりは王家の法まで曲げてしまった。どこまで虚仮《こけ》にしたら気が済むのかと、アンリ三世の堪忍袋の緒も切れる。

十二月二十三日深夜、精鋭を集めた四十五士隊に命じて、ブロワ城の回廊で実行したのが、ギーズ公アンリの暗殺だった。ブルボン枢機卿、リヨン大司教エピナック、パリ選出の議員なども同じ日に逮捕した。翌二十四日にはギーズ公の弟、ギーズ枢機卿も殺害した。

衝撃覚めやらぬ一五八九年一月五日、王母カトリーヌ・ドゥ・メディシスが死んだ。大それた真似をした矢先だというのに、アンリ三世は最強の保護者を亡くした。もう頼りは他にないと、竹馬の友で義弟のナバラ王アンリに近づくしかなかった。

アンリ・ドゥ・ブルボンも拒まなかった。四月三日、双方の代理によりトゥール秘密条約が結ばれ、三十日にはプレッシ・レ・トゥール城で、フランス王とナバラ王が合流した。二王の軍隊は進軍を開始、ギーズ公の弟であるマイエンヌ公が新たに指導者となった旧教同盟の軍隊を、各地で押し返していく。

七月三十日に到着したのがパリ郊外のサン・クルーで、いよいよ王都の包囲に着手する

ギーズ公アンリの暗殺
（パリで制作された版画）

という形勢である。ここで事件が起きた。八月一日、そこにある離宮にアンリ三世を訪ねたのは、ジャック・クレマンと名乗るジャコバン派の若い修道士だった。パリからの手紙を託されたといって近づくと、一瞬の隙を突いて王の背中に短剣を突き刺した。

重傷である。死を覚悟したアンリ三世は、急ぎ駆けつけたナバラ王アンリを自らの王位継承者と認め、居合わせた面々にも忠誠と服従を誓わせた。あとは義弟に再度カトリックへの改宗を勧めて、それで最後だった。

八月二日午前三時、アンリ三世は絶命した。その崩御で、ヴァロワ朝も断絶した。それはナバラ王アンリ・ドゥ・ブルボンが、フランス王アンリ四世になった瞬間でもある。ブルボン朝の成立だが、まだ王位を得ただけで、王国は得ていない。今や全土的な組織を誇る旧教同盟が、対決姿勢を僅かたりとも弛めていない。

とんぼ返り

このとき三十五歳と八ヵ月——フランス王として最年長の即位というわけではないが、ことさらアンリ四世の場合は、なんと長い道のりだったことか。これが王朝の始祖になるということか、つまりは王として生まれるのでなく、王になるということかと、思わず嘆息してしまう。

彫像や肖像画からすると、この頃から王は口のまわりに放射状に広がる髭を蓄えて、ぎょろりと大きな双眼に鷲鼻という典型的なバスク顔は、いやが上にも灰汁《あく》が強い感じになる。これまた苦労人めいてみえないこともないが、以後トレードマークになる髭面も、あるいは大忙しで剃刀を当てる暇もなかったということか。

王として生まれたのでなく、王になった者は大忙しである。八月四日、アンリ四世はフランス王国においてカトリック信仰が維持されることを保証した。いわゆる「サン・クルー宣言」だが、旧教同盟は耳も貸さない。

八月五日、かねて予定の通りにブルボン枢機卿を「フランス王シャルル十世」として擁立した。やはり容易に折り合えない。ナバラ王として内乱の一勢力だったものが、フランス王として内乱を治める立場に変わったが、アンリがやることは変わらなかった。

戦いあるのみ――とはいえ八月六日、アンリ四世が最初に下した決断は、パリからの撤退だった。この巨大都市を陥落に追いこむのは容易でない。長く包囲を続けることになれば、外から敵軍が来襲する公算も高くなる。こちらから出撃して、それらをひとつずつ潰していくべしという気の長い胆力は、さすが苦労人といったところか。

アンリ四世は軍勢を北に転じ、ノルマンディのディエップ方面に進んだ。旧教派の首領マイエンヌ公も迎え撃つ構えであり、九月二十一日に迎えたのがアルクの戦いだった。今や新教派とポリティーク派でなる王軍は、そこで旧教同盟軍を撃破した。

フランス王としての初戦を、まずは勝利で飾ることができた。十月末にパリ方面に戻り、十一月にかけては旧教同盟が掌握している周辺都市の制圧にかかったが、政府機能のほうは当面、ロワール河畔のトゥールに置くことにした。

一五九〇年にかけた冬は例年になく厳しかったが、それでもアンリ四世は城に籠もりきりというのではない。厳寒こそ好機と、旧教同盟の拠点を端から狙い撃ちである。ノルマンディに再北上して、一月二十八日に占領したのがオンフルールだった。二月二十八日にドルーに向かうと、再び出てきたのがマイエンヌ公だった。

三月十四日に迎えたイヴリーの戦いでは、旧教同盟軍二万五千に対して、王軍は一万八千と数的には劣勢だったが、今度もマイエンヌ公を下すことができた。三月十九日にマント、四月十九日にオルレアンと都市の奪取も続いて、アンリ四世は連戦連勝である。

五月七日、その余勢で再開したのがパリ包囲攻撃だった。五月八日には「シャルル十世」も亡くなり、向こうは戦意が萎えるかと思いきや、旧教同盟の十六区総代会が率いるパリは、なお抗戦の姿勢を崩さなかった。パリ司教ピエール・ドゥ・ゴンディ、リヨン大司教ピエール・デピナックらと会談したが、和平の話し合いは決裂に終わるばかりだった。

スペイン王フェリペ二世が介入を強めていた。「シャルル十世」が死んで、フランスに王がいなくなったのなら、自分の娘はどうかと持ちかけてきたのだ。イサベル王女はフランスから嫁いできた王妃エリザベート、つまりはシャルル九世やアンリ三世の姉王女が産んだ娘だ。アンリ二世とカトリーヌ・ドゥ・メディシスの直孫に当たるわけで、フランスの王座に座るのに相応しいのではないかというのだ。

フランス王には男子しかなれない、という伝統の王位継承法が、綺麗に無視されていた。が、これに旧教同盟は前向きな姿勢を示した。もう何でもありの感もあるが、さておきスペイン王が梃《てこ》入れを決め、九月一日にはスペイン軍がパリ救援に来着した。

また容易でない話になった。アンリ四世は再びパリ包囲を解いた。かわりにマイエンヌ公がパリに入り、首都争奪戦は振り出しに戻る。うまくいかない。落ちこむより、くさくさするより、ひとつ気分を変えてみるかと、こんなときアンリが追いかけるのは、女のなんとやらである。

旧教同盟が手強いなら、旧教徒から落とそうと洒落たわけではあるまいが、このときアンリ四世が執心したのが修道女だった。この時代の貴族の令嬢というのは、特に姉妹が多かった場合など、持参金がないので嫁がせられない、といって家においても養いがかかると、しばしば役付で修道院に入れられた。特に敬虔なわけでもないのに、若くして修道院長になっている娘というのが、決して珍しくなかったのだ。

それも新教徒のアンリには新発見で新鮮だったのか、サンリスに引いたとき、モンマルトル大修道院長クロード・ドゥ・ボーヴィリエと知り合うと、その妹のマリー・ドゥ・ボーヴィリエ、ベルトークール・レ・ダム大修道院長アンジェリーク・デストレ、ロンシャン大修道院のカトリーヌ・ドゥ・ヴェルダンと、修道女ばかり立て続けに愛人にしたのだ。

いや、十月には旧教同盟の拠点ジソールを落としているから、女道楽に現《うつつ》を抜かしてばかりというのではなかったが、かたわらで気になるのは、ガスコーニュに残してきたディアーヌ・ダンドワンこと、ラ・ベル・コリザンドである。内縁の妻といえるほど、ぞっこんだったのではないかと、アンリ四世の神経を俄に疑いたくもなる。

実をいえば、修道女のうちボーヴィリエ姉妹はコリザンドの従姉妹だった。ボーヴィリエ姉妹は、アンジェリーク・デストレとも従姉妹である。修道女ではないながら、この時期のアンリは、また別な従姉妹のロングヴァル夫人にも手を出している。

皆が血縁であるからには、皆どこか似ていて、皆コリザンドを思わせるところがあったのかもしれない。ぞっこんの女が恋しいあまりの多情といえないこともなく、クートラの戦いの後のように帰られては大変と、あるいは王の側近たちが手を回したのかもしれない。

実際、アンリは転戦を続けた。が、十一月にソワソン近くのクーヴル城で、ガブリエル・デストレという十八歳の令嬢に引き合わせられた。家臣のベルガルド公爵が熱を上げ、結婚したいと思っていますと主君に紹介したわけだが、これが一巻の終わりだった。

名前からわかるように、アンジェリーク・デストレの実姉である。どこか似ている血縁の女も極めつけといおうか、金髪碧眼で透き通るような白い肌のガブリエル・デストレに、アンリ四世は文字通りの一目惚れだった。

もう他は目に入らない。旧教同盟の拠点も次なる標的はルーアンだったが、ガブリエルにシャルトルにしてほしいといわれれば、戦略も形勢も関係ない。父アントワーヌ・デストレが近隣ラ・フェール総督、叔父のフランソワ・ドゥ・スルディがシャルトル総督ながら、旧教同盟に任地を追い出されていたわけだが、それなら任せろとアンリ四世は家臣側近の意見など綺麗に無視して、もうガスコンらしく猪突猛進なのである。

一五九一年、二月九日からシャルトル包囲にかかった。パリには二月十二日にスペイン軍、さらにスペイン王家の分家がある関係でナポリ軍が到着していたが、アンリ四世は脇目も振らない。四月十九日にはシャルトルを陥落させて、ガブリエル・デストレのもとに飛んで帰るのである。

思いを遂げれば、いよいよ絶好調である。戦いもノルマンディ制圧の本筋に戻す。六月六日にルーヴィエ、八月十九日にノワイヨンと落として、アンリ四世は十一月十一日、およそ一年遅れながらもルーアン包囲に取りかかった。が、やはりというか、もうスペイン軍が来ていて、一五九二年四月に撤退を余儀なくされる。

敵が弱くなったわけではない。スペインが味方しているかぎり、旧教同盟は攻略できない。アンリ四世は揺さぶりをかけた。四月四日、自分はカトリック改宗の可能性を検討していると宣言したが、それくらいでは敵も動じない。

一五九三年一月二十六日、旧教同盟はパリで独自に全国三部会を開催し、サリカ法典の破棄を決めた。フランス王は男だけとする法源であり、スペイン王女をフランス女王にするという計画を、いよいよ進めるというのだ。

中途半端な揺さぶりは通用しない。アンリ四世は心を決めた。それを王は七月二十三日、ガブリエル・デストレ宛の手紙で次のように伝えている。

「私がとんぼ返りをするのは日曜になるでしょう」

七月二十五日の日曜日、アンリ四世はフランス王家の墓所であるサン・ドニ大修道院に足を運び、正式にカトリックに改宗した。つまりはプロテスタントからの「とんぼ返り(saut périlleux)」である。これで五度目の改宗になるが、サン・ドニはパリのすぐ北である。人々の耳目は惹きつけられた。それを王はさらに引き回す。やるなら徹底的にやると、一五九四年二月二十七日にはシャルトル大聖堂で戴冠式を行った。

アンリ4世のカトリック改宗
(ジャコブ・ビュネル?画)

ランスで挙げるのが習わしだったが、まだ旧教同盟に支配されていたので仕方ない。もとより大事は戴冠式の中身である。それは別に聖別式とも、塗油式とも呼ばれる儀式である。王はカトリックの聖職者、ブールジュ大司教ルノー・ドゥ・ボーヌの手によって、天使がもたらしたとされる聖油を、身体の各部に塗られた。これで王はそれまでとは別人になり、たちまち神通力を帯びるとされていたからだ。

プロテスタントなら単なる迷信と、のみか魔法じみて神の冒瀆でさえあるというだろうが、そのカトリックの儀式をアンリ四世はやった。神通力を備えて、不治の病気を治せるのだと、実際に病人たちを手で触れて、癒して回る芝居までこなしてみせた。もうフランス王として何も文句なかろうというわけだが、それこそ神通力ではないながら、この効果が絶大だったというのだから、やはり宗教の時代なのである。

戴冠後、病人を癒すアンリ４世

ナントの勅令

パリの空気は変わり始めた。察したか三月六日、旧教派の首領マイエンヌ公は王都から退去した。とたんに動きが生じて、パリ商人頭リュイリエ、パリ筆頭参事ラングロワ、パリ高等法院部長ル・メットルらは、アンリ四世に連絡した。旧教同盟のパリ総督ブリサック伯爵が、王に仕える義弟エピルイと面会して、あれよという間に手筈を整えた。

三月二十二日、フランス王アンリ四世のパリ入城となった。包囲攻撃を試みては挫折するの繰り返しで、これまで手も足も出なかったパリを、とうとう軍門に下した。

拍子抜けな感さえあるというのは、まだパリに駐留していたスペイン軍まで、抗戦に及ぶことなく撤退したからである。が、かつての結婚式では足も踏み入れなかったノートルダム大聖堂で、アンリ四世は記念の聖餐式まで挙げてみせたのだから、もうパリは新しいフランス王を疑わない。

大勢は決まった。あとは、それを固めていくことだ。残る旧教同盟の指導者たちを屈伏させ、いや、それでは確執を深めるだけだというのなら懐柔し、もっと有体にいうならば買収して、とにかくブルボン王家に服させることだ。馬鹿にするなと、かえって怒りを買うかと思いきや、もう三月に靡いたのがノルマンディ州総督ヴィラールだった。

現金三百四十七万七千八百リーヴルに加えるところのフランス提督のポストと交換で、ノルマンディ管区を王家に引き渡すという。やはり手厳しく退けられたルーアンに、アンリ四世が晴れの入城を果したしたのは、三月二十九日のこととなる。

旧教同盟を組んでいた諸都市も、続々と王家に服する。四月六日、シャンパーニュの都市トロワは、ギーズ公アンリの次男ジョワンヴィル大公を追放して、アンリ四世に恭順の意を伝えた。四月のうちにオーセール、マコン、サンス、リオン、アブヴィル、モントルイユ、アヴァロンと続き、五月にはショーモン、ロデ、ペリグー、クーシィ、モンディディエ、ロワ、モンティニャック、アジャン、ヴィルヌーヴ、マルマンドと投降を決めたのだから、もはや地滑り的な勝利か。

いや、踏み止まる者もいた。シャンパーニュの都市ランがそれで、フランス王軍は五月二十五日から包囲を開始、六月二十二日には陥落させた。これが勢いというものか、聞いて周辺のシャトー・ティエリ、ボーヴェ、ノワイヨンも降伏してきた。アンリ四世は上機嫌である。実は六月七日にガブリエル・デストレが、男の子を産んでいた。庶出ながら長男ということになる、後のヴァンドーム公セザール・ドゥ・ブルボンである。

アンリ四世は、ますます勢いづく。いや、マイエンヌ公やメルクール公、オマール公など、旧教同盟の大物は未だ恭順の意を示さない。新教派は問題なしとは行かず、一部は指導者の改宗に不満を隠さない。それならばと守るのでなく、アンリ四世は攻めに出た。一五九五年一月十七日、スペイン王フェリペ二世に宣戦したのだ。

敵はスペインである。新教派にとっても、旧教派にとっても、大事はフランスではないか。一丸となってスペインを倒そうではないか。そう呼びかけて、要するに諸派の力を内で暴れるのでなく、外に爆発するように仕向けたわけだ。

理屈はわかるが、それにしても思いきった。内乱も鎮めきれていないのに、同時に対外戦争だというのだ。が、疲れを知らない絶倫男は、やるといったら本当にやる。三月、まずはマイエンヌ公と、その地盤であるブールゴーニュを同じガスコンのビロン元帥に攻めさせた。ボームを奪取して本気を示すと同時に、この時点で水面下では、もうマイエンヌ公に接触していた。

五月にかけてオータン、ニュイ・サン・ジョルジュ、ディジョンと諸都市を取り続け、六月五日にはフォンテーヌ・フランセーズの戦いで、マイエンヌ公の旧教軍とベラスコ元帥が率いるスペイン軍の連合軍に、数的劣勢を裏返す華々しい勝利を収める。

アンリ四世は六月から八月にかけて、そのまま軍をブールゴーニュ伯領こと、スペイン領フランシュ・コンテに侵攻させた。が、スペイン軍のほうは北のピカルディ国境からフランスに攻めこんでくる。八月にカンブレを包囲、それを十月七日には陥落させる。やはり手強い。全面戦争にならざるをえない。が、明るい材料もあった。九月十七日、ローマ教皇クレメンス八世は赦免の措置を取り、アンリ四世に下されていた破門を解いたのだ。交渉の努力は、国内の旧教同盟についても実りをみせる。

九月、マイエンヌ公は遂に休戦に応じた。十一月にはフォランブレ条約が結ばれ、ブールゴーニュのかわりにイール・ドゥ・フランスの州総督になれることと、現金三百五十万リーヴルが払われることを条件に、フランス王家に帰順することを宣言した。

一五九六年も戦争は続いた。スペインと結ぶも敗北して、二月二十四日、プロヴァンス総督エペルノンが降伏した。リムーザン総督のポストと、現金十万エキュで折れた。三月にはラングドック州の三部会も王家に恭順の意を伝え、これで南フランスはおおよそ平定なったといってよい。

残すは北だ。スペイン軍は変わらず強く、四月十七日にカレー、五月二十三日にアルドルと、次から次と要地を落とした。アンリ四世のほうは半年に及ぶラ・フェール包囲で、それを五月二十二日に旧教同盟の手から取り返した。ガブリエル・デストレの父親に、ようやく任地を返せたわけだが、スペイン軍のことを忘れてしまったわけではない。

同時に外交にも勤しんでいた。五月二十六日にイギリス、オランダとの間に、対スペイン同盟を成立させたのだ。このときアアルセン夫人というオランダ美女も物にして、アンリ四世という男は本当に忙しい。ひとまずスペインを押さえたからには、再び旧教同盟だとして、九月には元帥になっていたブリサック伯爵を、さらにブルターニュ州総督に任じた。

そこは旧教派の最後の大物、メルクール公が州総督になっていた土地である。王は堂々の挑戦状を叩きつけたわけだ。同時にビロン元帥も軍を進め、アルテュスで勝利を捥ぎ取る。挟撃に音を上げたメルクール公が、ブリサックに休戦を打診したのは、一五九七年二月のことだった。

とはいえ、アンリ四世には一息つく暇もない。三月十一日、スペイン軍は急襲によって、ピカルディの都市アミアンを陥れた。フランス軍は奪還に動き出す。半年の包囲を強行して、九月二十五日に目論見を達すれば、これで勝負ありの感は否めなくなる。

一五九八年三月二十日、メルクール公がフランス王家に帰順を決めた。話がまとまったからで、ブルターニュを明け渡すかわり、自分の娘フランソワーズ・ドゥ・ロレーヌとアンリ四世の息子セザール・ドゥ・ブルボンが結婚、娘婿となるセザールがブルターニュ州総督になること、さらに公となお残る旧教同盟の諸都市、諸勢力に総額で三千万リーヴルを支払うというのが、その条件だった。

これでアンリ四世はフランス全土を手に入れたことになる。ブルターニュの首邑であるナントに晴れの入城を果たして、それは王国平定を象徴する出来事だったが、手放しで喜ぶ前にやっておかなければならないことがある。このままフランスは旧教に傾くのではないかと危惧する新教派を、安心させてやることである。

四月十三日、アンリ四世は「ナントの勅令」を発布した。新教徒に信仰の自由、礼拝の自由、公職就任を認め、また安全が保障される都市を与えるものである。もちろん旧教派は難色を示す。パリ高等法院も勅令の登記を渋る素ぶりだったが、そこに乗りこんだアン

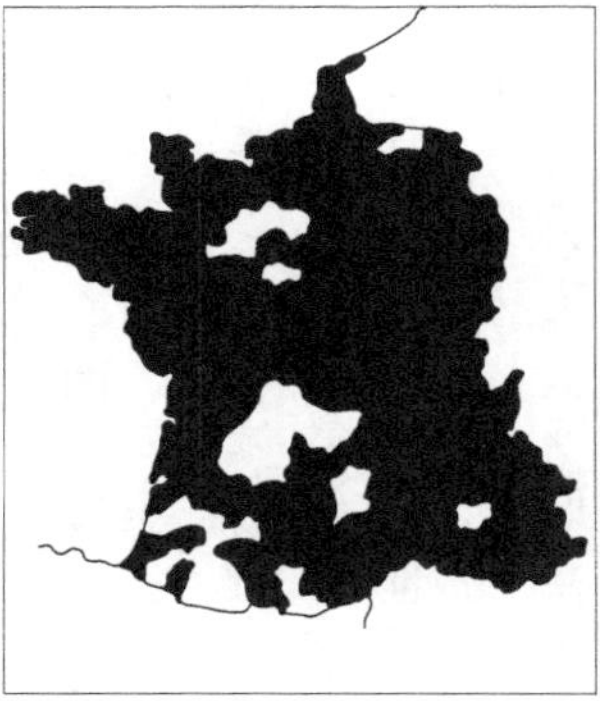

アンリ4世治世下（1589～1610年）のフランス。白い部分が新たに統合された地域

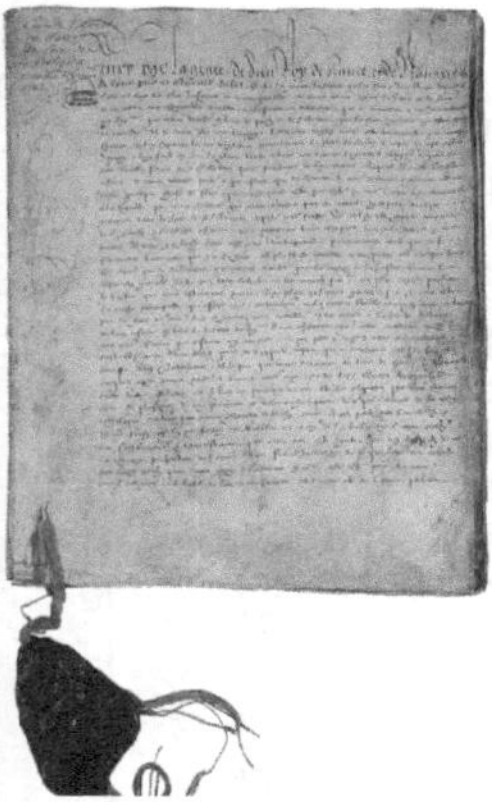

ナントの勅令

リ四世は諭《さと》したという。

「カトリックとユグノーを区別するのでなく、皆で良きフランス人たらんと努力すべきだ」

フランスの宗教戦争を終結させたナントの勅令は、宗教は争いの種たるべきではない、国を四分五裂させて、人々を不幸にする理由ではありえないという、かねてからの信念を力強く宣言したものでもあった。父母の対立このかた、我が身さえ引き裂かれるような思いをさせられてきた問題に、アンリ四世はようやくけりをつけたのである。

まとまれば、フランスは強い。内乱に苦しんだときのように、簡単には壟断《ろうだん》できない。そうスペインも心得て、フェリペ二世は引いた。五月二日にはヴェルヴァン条約が締結され、スペインは都市カンブレのみ保持するという条件で和平がなった。ここにフランスの戦乱は内にも外にも、ようやく終幕となったのである。

国家の再建

アンリ四世は四十四歳、フランス王になって九年間がすぎていた。最後にはスペインとも戦いながら、四十年になんなんとした大内乱を平定したのだから、まさに「アンリ大王（Henri le Grand）」の名に相応しい。が、そのフランスはどうなっていたか。

いうまでもなく疲弊していた。また国家もガタガタになっていた。地方はそれを治める総督たちを懐柔して、ひとまず取り戻していたが、その地方で養われていた兵士たちは、職を解かれることになった。

これを不穏な動きに奔らせないために、常備軍に取りこんでおく必要があった。フランス王国の常備軍は、十五世紀にシャルル七世が創設した勅令隊があったが、これは中世の遺風が漂う重装騎兵隊である。形ばかりは残されたが、軍の主軸は今や歩兵隊だ。

歩兵隊も十六世紀後半から、実質的な常備軍となっていた。ピカルディ連隊、ピエモンテ連隊、シャンパーニュ連隊、ナバラ連隊の四連隊がそれで、後にノルマンディ連隊と海兵連隊が加わって六連隊になっていた。これを六旧連隊として、さらにアンリ四世は六新連隊を創設した。兵士たちに居場所を与えるとともに、王家の軍事的基盤を拡充したのだ。

なお血が騒いで鎮まらないという向きには、海外も勧めた。一六〇三年、シャンプランを北アメリカ大陸に渡らせ、サン・ローラン河（セント・ローレンス河）を遡上させたのは、アンリ四世なのである。一六〇八年七月にはケベック市が建設され、カナダ植民が始まった。一六〇四年にはフランス東インド会社も設立され、アジアでの拠点作りも始められている。

話をフランスに戻せば、地方、それに軍隊は再建できたとして、中央はどうか。高等法院、会計院、租税院と諸々の機構は元に戻していくとして、問題は国王顧問会議である。アンリ四世の父、アントワーヌ・ドゥ・ブルボンも出ていたように、もともと王族、でなくとも大貴族が席を占めることが多かった。が、そのためにギーズ公やロレーヌ枢機卿が牛耳れば旧教派より、コリニィ提督が幅を利かせれば新教派よりと、しばしば王政の向かう先まで左右した。

これを嫌い、アンリ四世は顧問会議には専ら中小貴族を呼んだ。ヴィルロワ、ポンポンヌ・ドゥ・ベリエール、ベテューヌの三人が台頭し、そのなかでも他の二人を圧倒して、宰相ともいうべき地位についたのが、マクシミリヤン・ドゥ・ベテューヌこと、授爵してロニー男爵、さらにシュリー公爵を名乗る人物だった。新教徒で、アンリ四世には十代の頃から仕えて、もはや古参の家臣というより旧友、あるいは戦友である。

このシュリーが進めたのは、まずは農業再生だった。四十年の内乱で荒らされたのは、なにより農地なのであり、これを再生させないことには、さすがの豊かなフランスも容易に力を取り戻せなかったのだ。

農業再生のために下された命令が、負債に悩む農民の保護であり、家畜耕具の差し押さえ禁止だった。さらに進んで、フランス王家は直接税、人頭税であるタイユ税を引き下げた。減税に喜ぶフランス人から、このときアンリ四世は「良王（bon roi）」と呼ばれている。一六〇四年、さらに一六〇九年は稀な豊作にも恵まれて、みるみる国土は活力を取り戻していく。

それだからと簡単には行かないのが財政だった。一五九八年に戦争が終結すると、一番にシュリーを財務総監（surintendant des Finances）にして取り組んだが、再建の困難は一通りのものではなかった。フランス王家を相続したというが、前王アンリ三世からして巨額の負債を残していた。国内の富裕層から、のみならずイングランド女王やドイツ諸侯、トスカナ大公、スイス諸都市からも、少なからずを借りていたのだ。

これを返済するどころか、アンリ四世は輪をかけて金を使った。有力者の懐柔は、しばしば買収を通じて行われたし、スペインとの戦争も高くついた。平和が来れば、今でいうインフラ再建が求められ、普請に費やされる分が加わるのだ。

前王時代に比べて、支出は四割増だった。これを税金で賄おうにも、内乱が続く間は州総督や各都市が王の財務機構を使って、在地の徴税を私物化していた。王家が平定するごと、もちろん取り戻していったが、一五九六年の段階でも、まだ五分の一ほどは国王金庫に上がってこなかったとされる。地方を取り戻せば、その行政経費も負担しなければならないにもかかわらず、である。

なんとも厳しい。その財政再建を王に任された、あるいは押しつけられたシュリーは、第一に財政運営の厳格化に着手した。一五九六年にトゥールとオルレアンの財務大管区(généralité)で行われたのが最初だが、国王に払われるべき金子や地代を洗い出し、公金横領が疑われる役人は解任、さらに役所の供託金まで没収したのだ。

一五九八年に財務総監に任じられると、ますますシュリーは容赦なくなる。直属の配下を送りこんで、課税配分の見直し、徴税業務の厳正化、さらに諸問題の調査介入と手を入れて、杜撰《ずさん》なところを隅まで正していった。そうして少しでも税収を増やそうとしたのだ。

これは「財務管区地方(pays d'élection)」と呼ばれるエリアの話で、フランスには地方三部会が課税協賛とその配分、地方によっては徴税まで行う「三部会地方(pays d'Etat)」と呼ばれるエリアもあった。古くからの特権に守られた地方だが、これにもシュリーは直属の配下を送りこみ、業務の監視、さらには様々な特権の剥奪を試みている。

とはいえ、厳格運営にも限度がある。次にシュリーが試みたのが、税金の直間比率の見直しだった。農業再生の一環として、直接税タイユが減額されたことは前に触れた。減税などして大丈夫かと思うも、かたわらで間接税、とりわけ塩の専売収入であるガベル税は上げられていたのだ。

というのも、聖職者と貴族という特権身分は、タイユ免税となっていた。それは貧しき庶民だけを苦しめる税なのだ。それが間接税なら、聖職者や貴族を含む相対的な富裕者からも、変わらず吸い上げることができる。塩がいらない人間はいないのだ。贅沢な金持ちほど、どんどん使うくらいなのだ。

シュリー
（作者不詳）

かくてシュリーは努力したが、それでも足りない。これまでより増えた支出を、厳格に運営し、直間比率を見直したとはいえ、これまであった収入で賄いきることはできない。新税が必要だった。一六〇四年十二月十二日、シュリーが側近のシャルル・ポーレと一緒に制定したのが、いわゆる「ポーレット法」だった。

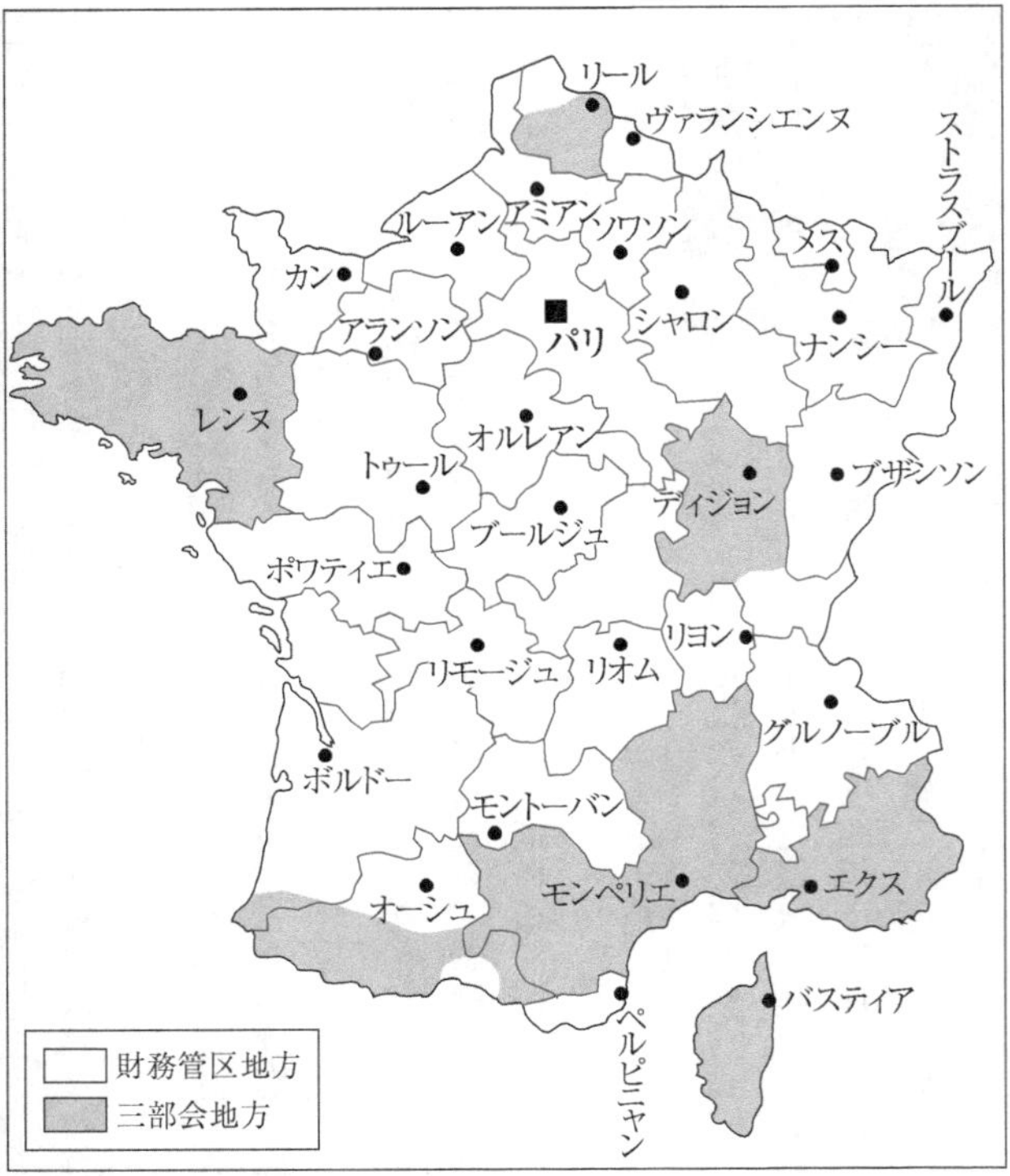

財務管区地方と三部会地方

これは国王役人に限定して課される税金で、官職価格の六十分の一を毎年国庫に納めよというものである。どうしてこんな話になるかというと、かねてフランスでは官職を財産とみなし、これを世襲したり、他人に売買したりすることが、慣習的に広く行われてきた。公職を私物化しているわけで、本来とんでもない話だが、これをポーレット法では毎年六十分の一額を税金として納めるなら、官職の世襲も自由な売買も認めると定めたのだ。

これまで配下にポストを融通することで、郎党をなしてきた大貴族たちは、個々の世襲や売買が公認されては、そこで幅を利かせることができなくなる。その政治力を弱めるという意味でもポーレット法は妙手だったが、それで王家の収入が増えるかわり、また王も官職を取り上げるわけにはいかなくなった。いいかえれば、王は買い取るのでなければ、自らの役人を解雇できなくなった。これは後になって、大きな問題となる。

離婚、再婚

国家の再建と並行して行われていたのが、家庭の再建といおうか、アンリ四世の離婚、そして再婚だった。いや、愛人が多すぎるので忘れてしまうが、これで王は妻帯者である。マルゴという歴とした王妃がいる。このマルゴはどうしていたかといえば、中央フランス、オーヴェルニュの山岳地帯、なんとも辺鄙《へんぴ》なユソン城という場所にいた。

一五八五年五月、マルゴは旧教同盟と結んで、五月にアジャンで蜂起した。が、九月には新教軍に追われ、逃げた先がオーヴェルニュのカルラだった。このとき愛人だったリニュラックが、オーヴェルニュ総督代理だったからだが、そこから一五八六年十月、新しい愛人のオビアックと余所に移ろうとしたところ、アンリ三世が遣わせたカニヤック侯爵に捕らえられてしまった。

十一月十三日に入れられたのが、カニヤックが城代を務めるユソン城だった。そこがマルゴで、直ちにカニヤックを籠絡、幽閉生活を快適なものに変えてしまったが、そのまま十九年間を、この辺鄙な山国で暮らすことになっていたのだ。

アンリ四世はといえば、こちらも愛人を渡り歩いて、マルゴのことなど忘れていたかのようだった。ふと妻を思い出したとすれば、思い出さなければならない理由があったからだ。フランス王になったからには、その位を子供に継がせなければならないのだ。それがフランスでは男子で、しかも嫡出でなければならなかった。

正式な妻であるマルゴとの間には、子供がなかった。ブルボン朝が断絶するわけではない。分家のコンデ大公家があり、そちらに王位が回るだけの話だ。が、アンリ四世としては無念だ。艱難辛苦《かんなんしんく》を乗り越えて、あげく手にした王位を我が子に継がせることができないのだ。いや、家臣も側近も、恐らくはフランスの人民も、アンリ四世の王子を望んでいた。超人的な働きで内乱を鎮めた「大王」の血筋のほうが、フランスはより安泰になること請け合いだった。

王子が欲しい――アンリ四世はアンリ三世とは違う。四十五歳になっていたが、本人まだまだ盛んであり、また子種も愛人を相手に証明済みだ。問題は王妃マルゴのほうで、仮にその気になってくれたとしても、同い年であれば女のほうは、もう妊娠出産が難しい。マルゴと離婚して、新たな王妃を迎えるしかない――できなくはなかった。もうカトリックで、カトリックに離婚というものはないが、結婚の無効取り消しという手続きは取れた。結婚を解消するのでなく、はじめからなかったことにするという理屈だ。もちろん正当な理由は必要だが、アンリとマルゴの場合は近親婚に該当しなくもなかった。

判断するのは、ローマ教皇庁である。アンリ四世は一五九九年二月から交渉を始めた。マルゴに話してみると、こちらも反対するではなかった。パリに帰れるのならよい、ブーローニュの森のマドリッド館で暮らせるなら応じるというのだ。

うまくいきそうだ。あとは再婚相手だが、このときアンリ四世としては、ガブリエル・デストレを考えていた。かつてないほど入れこんでいた相手であり、すでに男子も生まれていた。気に入りの長男、セザール・ドゥ・ブルボンである。この庶子が嫡出子になるわけで、再婚と同時に世継ぎ問題も解決となる。めでたし、めでたしと喜んだのは、しかしながらアンリ四世だけだった。

まずマルゴが反対した。ガブリエル・デストレは王妃になれる身分ではないというのだ。男女の感情はないが、高貴の生まれという自負はあり、王侯ならざる女に替わられることだけは我慢ならなかったのだ。自分と同じ政略結婚なら許すが、愛ゆえの結婚は許さない、自分が手にできなかった幸福を他の女が手に入れることは認められないと、女としての意地も微妙に働いたかもしれない。

ガブリエル・デストレとの再婚には王の側近たちも反対だった。見下すのではないが、せっかく再婚するなら王妃は他国の姫君から選んだほうが、何かと旨みが多いからだ。かくて選ばれたのが前トスカナ大公の娘で、現大公の姪マリア・デ・メディチ、フランス語にいう「マリー・ドゥ・メディシス」だった。

姫君には違いないが、もう二十七歳で、当時としては行き遅れの感もないではなかった。メディチ家にしても、今はトスカナ大公家ながら、元を辿ればフィレンツェの銀行家である。万国周知の素性であり、他を探せば王家でも皇帝家でも縁組みできたかもしれないが、フランス王家にすればマリー・ドゥ・メディシスの持参金、もらってくれるならばと大盤ぶるまいされた六十万リーヴルこそ、他に代えがたいものだった。

アンリ4世とマリー・ドゥ・メディシス
（ともにフランス・プールビュス2世画）

自分の母親カトリーヌ・ドゥ・メディシスが出た家であれば、王妃マルゴも身分違いとはいわなかった。ローマ教皇庁のほうも一五九九年十月二十四日、アンリ・ドゥ・ブルボンとマルグリット・ドゥ・ヴァロワの結婚は無効であると宣言してくれた。

アンリ四世にはガブリエル・デストレをあきらめきれない気持ちもあったようだが、こちらは何たることか、四月十日に産褥《さんじょく》で急死していた。さすがの王も収まるところに収まるしかないと観念したか、一六〇〇年十月五日、マリー・ドゥ・メディシスと無事に成婚となったのである。

フィレンツェで行われた結婚式には

代理人を用いた。アンリは新しい妃をリヨンで迎えた。いや、リヨン着はイタリアから来るマリーに遅れ、王自身が結婚を果たしたのは、ようやく十二月のことだった。遅れについては、サヴォイア公との戦争が続いていると言い訳したが、その実は新しい愛人アンリエット・ダントラーグに熱を上げ、パリでグズグズしていた。なんとも先が思いやられる、いや、この場合は期待が大きくなるというべきか。

元気な四十七歳は、周囲が案ずる間もなく王妃を懐妊させた。一六〇一年九月二十七日には、見事に王子誕生となった。王太子ルイ、後のルイ十三世である。フランス王国の懸案を事もなげに解決して、やはりやってくれる男だ。というか、やりすぎだ。

それからもマリー・ドゥ・メディシスには、一六〇二年にエリザベート王女（後のスペイン王妃）、一六〇六年二月にクリスティーヌ王女（後のサヴォイア公妃）、一六〇七年に生まれたニコラ王子は四歳で亡くなったが、一六〇八年にガストン王子（後のオルレアン公）、一六〇九年にアンリエット王女（後のイギリス王妃）と、立て続けに産ませている。

世に聞こえた絶倫男も五十の声を聞いて――などと萎《しお》れる様子は皆無だ。愛人アンリエット・ダントラーグにもガブリエル・アンジェリークという娘とガストン・アンリという息子を産ませ、さらに新しい愛人ジャクリーヌ・ドゥ・ブイユからは後にモレ伯爵となる息子アントワーヌを、さらに新しい愛人シャルロット・デサールからは、ジャンヌ・バテイスト、マリー・アンリエットと二女を得て、庶子も増えるばかりなのだ。

アンリ四世が生涯に抱えた愛人、つまりは差はあれ一定期間以上続いた女だけで、実に七十三人を数えるという。再婚してからの愛人だけで六人もいる。こんな男に嫁いだ王妃マリー・ドゥ・メディシスはといえば、世間知らずの姫様育ちで、そのまま二十七歳までいたせいか、性格も我儘《わがまま》で、常に自分が中心でないと気が済まなかったらしい。いうまでもなく嫉妬深い妻であり、王の愛人問題で夫婦喧嘩が絶えなかったというが、それで子沢山なのだから、ひとまずは重畳《ちょうじょう》である。

ラヴァイヤック

アンリ四世は、よくいえば豪快だが、悪くいえば無神経である。やはり賛否ありそうなのが子供の育て方で、嫡出子も庶子もなく、サン・ジェルマン・アン・レイの王宮に集めると、ワイワイと皆一緒に育てさせた。分け隔てないといえば結構だが、それも王家の話であれば、王位継承権のあるなしの別があり、王位継承順位の上下がある。これまた自然と自覚するようになるから優しいのか、子供のころから自覚を強いられて残酷なのか。

さておき、このサン・ジェルマン・アン・レイは王が肝いりで改築した離宮だった。すでにアンリ二世が計画を立てていたが、内乱で延び延びになっていた。それを完成させた

シャルル・ドゥ・ブルボン
（ソワソン伯）
ルイ・ドゥ・ブルボン
（ソワソン伯）

ガストン
（オルレアン公）
＝①マリー
（モンパンシェ公女）
＝②マルグリット・
ドゥ・ロレーヌ

アンリエット・
マリー
＝チャールズ１世
（イギリス王）

マルグリッ
ト・ルイーズ
＝コジモ３世
（トスカナ大公）

エリザベト
＝ジョゼフ
（ギーズ公）

フランソワーズ
＝カルロ－エマ
ヌエーレ
（サヴォイア公）

チャールズ２世
（イギリス王）

アンリエット・
ダングルテール

オルレアン公
フィリップ２世
（摂政）

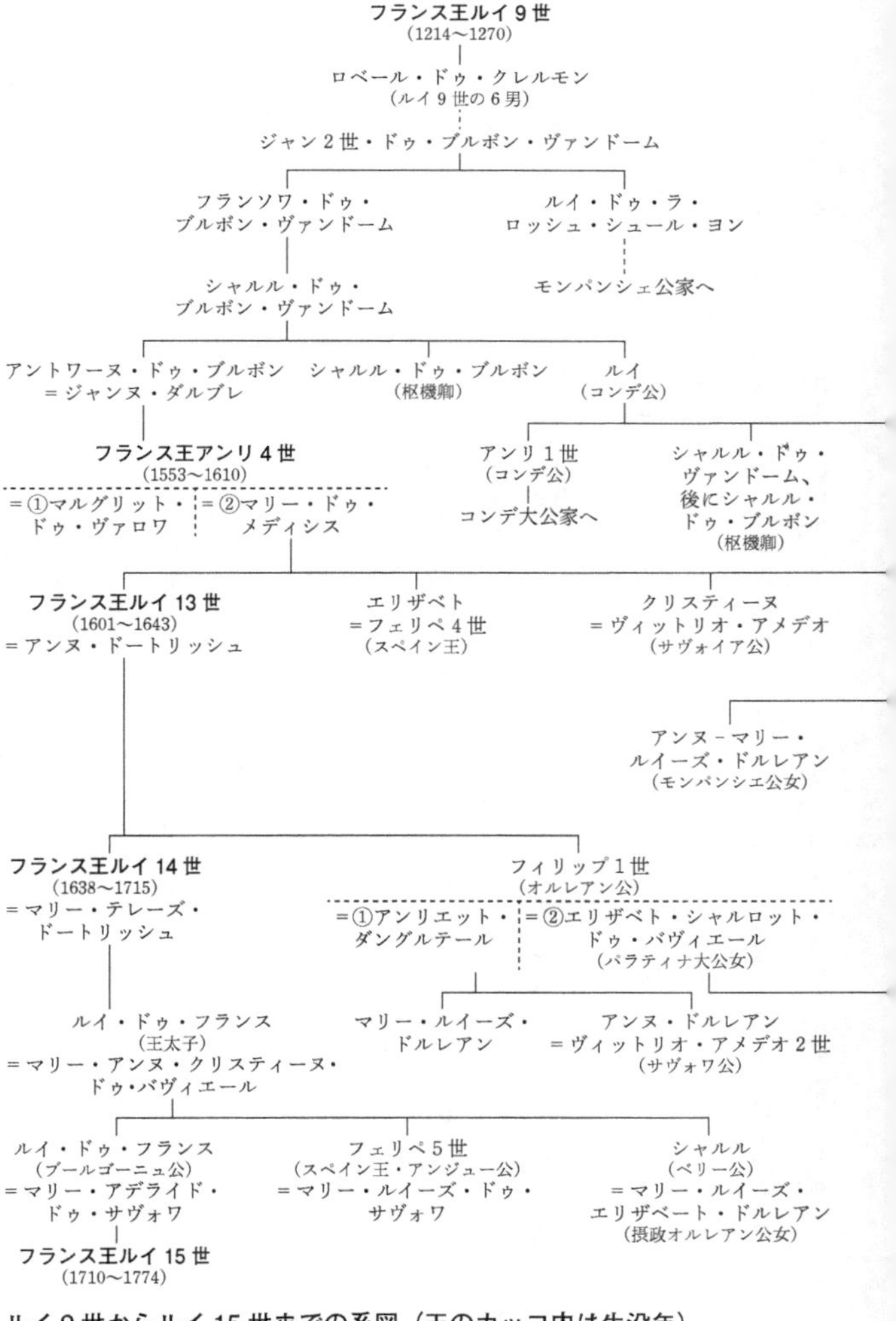

ルイ9世からルイ15世までの系図(王のカッコ内は生没年)

アンリ四世は、建築に力を入れた王でもあった。

今のパリにもアンリ四世の仕事が随所にみられる。一六〇三年六月二十日、アンリ四世が騎馬で渡り初めをした橋が、シテ島の西端にかかるポン・ヌフだった。今も王の騎馬像がある通りだが、これはパリで初めて歩道がつけられた橋でもある。従来の橋のように左右の沿道に家が建たないので、実に見晴らしがよかった。その足元が「女たらし《ヴエール・ギャラン》の広場」と呼ばれる所以は、いうまでもない。

ルーヴル宮も改築した。セーヌ河沿いに四百六十メートルのグランド・ギャルリを完成し、西のテュイルリ宮とつなげたのもアンリ四世の仕事である。セーヌ右岸のマレ地区にあるヴォージュ広場も然りで、四方を取り囲んだ回廊ごと今に伝えられている。フランス革命のときに一番に納税した感心な県が「ヴォージュ県」だったので、その表彰のために改名されたが、元々は「王室広場《ロワイヤル》」といった。アンリ四世が王太子ルイの誕生を記念して、造営したものである。

国家の再建に成功し、王位継承の不安も解消、あとは普請三昧で、フランスに君臨する。すっかり悠々自適にみえるアンリ四世も、まだまだ油断は許されなかった。宗教にこだわる人間は未だに少なくない。王の改宗など認めないという輩も多い。報われていないと不満を抱く者もいる。暗殺、蜂起、クー・デタ等々、まだまだ陰謀の試みは絶えなかった。

一六〇二年にはガスコンのビロン元帥と新教徒のブイヨン公、それにシャルル九世の庶子であるオーヴェルニュ伯シャルル・ドゥ・ヴァロワが、サヴォィア公、スペイン王ら国外勢力と共謀した。ビロンは逮捕、処刑されたが、ブイヨン公は逃げ、オーヴェルニュ伯は逮捕後に釈放された。

生き延びた二人は一六〇三年に再びスペインと内通、今度は王のかつての愛人アンリエット・ダントラーグとその一族を抱きこんで、新たな陰謀を企てた。いずれも未遂に終わらせたが、単純な暗殺の試みならば、別に十七回も企てられている。フランスは油断ならない。外に敵を作ることで、害意を逸らさなければならない。

アンリ四世は再び戦争に訴えた。サヴォィア公とは、すでに一六〇〇年八月から交戦状態になっていたし、一六一〇年二月には、新たにクレーフェ・ユーリヒ継承戦争に取りかかった。

スペイン領低地地方の一角を領したクレーフェ公兼ユーリヒ公ヨハン・ヴィルヘルムが、一六〇九年三月に継承者なくして死んでいた。すかさずスペイン軍が出動、オーストリア大公が全土を占拠、つまりは旧教勢力が支配を固めんとした事態に、地元の新教徒たちは福音同盟を組織して抵抗した。旧教の大義を奉じてバイエルン公まで介入し、一躍宗教戦争の体をなしたところに、フランス王が参戦を表明したのだ。

改宗は嘘だったのかと、ローマ教皇はじめカトリック勢に非難されながら、アンリ四世は新教徒たちに味方すると決めた。ただフランス軍を送るというのみならず、自ら出馬すると意気ごんだが、これには裏があったともいわれる。

このときアンリ四世が惹かれていたのが、シャルロット・ドゥ・モンモランシーという女である。従兄弟の息子であるコンデ大公アンリ二世に嫁がせていたが、それもマリー王妃がうるさいので、あからさまに寵姫にしないで、うまいこと愛人にしたいという腹だった。が、このシャルロットに逃げられた。コンデ大公の指図でブリュッセルにいたが、それは戦場に行く途上なのだ。

アンリ四世は意欲満々、ただ出征で留守中の摂政には、王妃マリー・ドゥ・メディシスを任じた。我儘な王妃は、その前に戴冠式を挙げたいと求めた。摂政を務めるなら、相応の箔が必要だというのだ。浮気の後ろめたさもあったか、それをアンリ四世は聞き入れた。五月十三日、サン・ドニで厳かに執り行うこともした。

終えて十四日、もう戦場にいるはずなのにと思いながら、王はパリで政務を片づけた。それは体調を崩したシュリーが顧問会議を欠席、それでも宰相と相談しなければならない案件があり、王のほうから訪ねることにした夕だった。

ラヴァイヤックの処刑
（ジャン・ル・クレールの版画）

ルーヴル宮から公爵の仕事場である陸軍工廠に向かう途中、アンリ四世は馬車でフェロヌリ通りを抜けた。狭い通りで渋滞がひどく、しかも前方には樽を積んだ荷車と秣《まぐさ》を満載した馬車が止まっていた。やむなく停車した一瞬に飛びこんできた影があった。四輪馬車の扉を開けると、短刀を突き出して、王の心臓、そして肺と二突きした。

暗殺である。血塗れのアンリ四世はルーヴル宮に戻された。まだ息があり、侍医の呼びかけに三度ほど目を開けたが、それを最後に絶命した。五十六歳の生涯だった。

犯人はフランソワ・ラヴァイヤック——修道士を志望したが、なれずに挫折した男だった。我慢強くはないながら、自負だけは強いという輩だ。アンリ四世は反教皇の戦いに乗り出そうとしている。アンリ四世はローマ教皇の敵だ。必ず罰しなければならない。そう唱える狂信的な輩だったが、実は演技で、黒幕がいたのではないかとも疑われている。

パリ高等法院は単独犯として裁いた。五月二十七日、グレーヴ広場で処刑となったが、集まった群衆の怒声のなか、焼いたヤットコで乳首、腕、腿、ふくらはぎを挟まれ、国王を殺した短刀を握っていた手だとして、その右手は硫黄の火で焼かれ、あげく身体には溶けた鉛、煮えたぎる油、熱した松脂、蠟と硫黄の混ぜ物をかけられた。

最後は四頭の馬が四方から四肢を引き、ラヴァイヤックは全身をバラバラにされてしまった。肉塊も焼かれ、全て灰にされてしまう。その凄惨さにフランス人の怒りが、あるいはアンリ四世が博した人気が、見事に表現されている。

第二章　正義王ルイ十三世（一六一〇年〜一六四三年）

『三銃士』

十九世紀フランスの文豪、デュマの代表作といえば、まずは『三銃士』である。主人公の若きダルタニャンは一六二八年、パリで国王近衛の銃士隊に入らんと、ピレネ山麓のガスコーニュから遥々と上京する。実在のダルタニャンはアルマニャック出身だが、デュマはベアルン生まれの設定に変えている。それを何故と問う向きも、こんな遠くからパリに上るのは解せないと首を傾げる向きも、もうおられまいと思う。

フランスに君臨するブルボン朝はガスコンだからだ。アンリ四世が「ベアルン男」と呼ばれた通りだ。その息子であるルイ十三世も、当然ながらガスコンの血筋であり、ダルタニャンのような熱血漢が仕えるべき真正の王である――はずなのだが、『三銃士』の作中では、どうにも印象が薄い。

いや、あくまで小説である。今に残るルイ十三世の肖像画を眺めれば、頭髪も眉も黒々として、目鼻の造りも灰汁が強く、いうところのバスク顔であるからには、間違いなくアンリ四世の息子、まさしくガスコンである。

黒々とした髪は実は鬘《かつら》で、ごく若い時分からの禿頭を隠すためだったが、これがブルボン朝の、ひいてはヨーロッパの鬘文化に昇華するのだから、一種の創造性といえなくもない。それ以前に隠れた精力絶倫を思わせて、アンリ四世に通じるものを期待させる。ところが、その言葉や振る舞いとなると、ぐいぐい前に出るようだった父大王に比べられるところは、あまりなかったようなのだ。

敵役で出てくるリシュリュー枢機卿のほうが、『三銃士』でも強烈な印象を残している。これまたルイ十三世に仕えた実在の宰相なのだが、その権力のほどを表現するのに「フランスには王が二人いる」などと譬《たと》えられては、ますますルイ十三世の立場がない。

繰り返すが、あくまでデュマの小説である。史実のルイ十三世は別なのかもしれないと、その人となりを表現している、仇名《あだな》といおうか、異名といおうか、アンリ四世にいう「大王」とか、「良王」とか、「女たらし」とか、何かないのかと探してみると、これがみつかる。「正義王 (le Juste)」などという大仰な名前が出てくる。

由来というのが、ルイ十三世が九月二十七日の天秤座の生まれで、左右の重さを正しく量る天秤は、裁判とか正義を象徴するものだからとされる。単なる星座にまつわる異名が、後世にまで伝えられることになったというのは、どうも王本人がそれを気に入ったからのようだ。
例えば王家の離宮、ルイ十三世が生まれた場所であるフォンテーヌブロー宮の三位一体礼拝堂の壁などにも、「正義王」と刻みこまれている。ということは、その人となりから周囲が自然と呼びならわした名前というより、朕のことは「正義王」と呼べと強いた、つまりは自称の嫌いが否めないのだ。

ルイ 13 世
（フィリップ・ドゥ・シャンパーニュ画）

自分を「正義王」と呼ばせたがるルイ十三世とは、全体どんな男だったのか。いや、それ以前に、父王の不慮の死で、幼くしてフランス王に即位することになったのだから、どんな子供だったのかと問うべきか。

摂政マリー・ドゥ・メディシス

アンリ四世の子供たちは、嫡出も庶出もなく、皆がサン・ジェルマン・アン・レイ宮で育てられた話は前にした。王太子ルイこと、未来のルイ十三世もそこにいて、その立場から一場の主役であり、中心であったろうとは思うのだが、それにしても少しひどい。

我儘は当然として、子供ながらに高慢で不遜、おまけに嫉妬心が強く、いつも自分が中心でないと気が済まない。例えば庶出ながら五歳も上の兄に、ヴァンドーム公セザール・ドゥ・ブルボンがいる。最愛のガブリエル・デストレの遺児であり、事実上の長男ともいえるだけに、父王アンリ四世からも格別に愛されたが、これがルイには気に入らない。

「あなたが持つ最大の名誉は、私の兄弟であることなのだとわきまえよ」

そう言い放つ。自分が主で、おまえは従だ。そうバッサリと斬り捨てて、当たり前という顔をしている、なんとも嫌な子供だったのだ。裏を返せば、我こそ大王の嫡子なのだと強烈な自負があり、いつかはフランス王になるのだと確たる自覚も持っていた。そのいつかというのが僅か九歳の年で、いくらなんでも早すぎるとは思ったかもしれないが、そこで担ぎ出されたからといって、どうして自分がフランス王にと嘆くことはなかった。

実際、ルイは父王の死後を淡々とこなしている。暗殺翌日の五月十五日には、パリ高等法院で親臨法廷を開催した。七月一日にはノートル・ダムで葬儀となったが、これにも欠かさず参列した。二人の弟は泣き通しだったが、ルイは涙ひとつみせなかったと伝えられる。十月十七日にはシャンパーニュの都市ランスに赴き、二十日にはフランス王が戴冠するべき聖堂で、古式通りの聖別式を挙行した。

ひとつも省かず、九歳の少年は立派にフランス王ルイ十三世となった。アンリ四世はナバラ王も称したので、それも継承して「ナバラ王ルイス二世」にもなった。とはいえ、やはり九歳の子供である。

自分で政務を執れるわけではないし、仮に執れたとしても、フランス王国の法では数えで十四歳、満で十三歳にならないうちは、成人とはみなされない。その間は摂政が置かれる。他でもない、五月十五日に高等法院に登記させたのが摂政の任命で、就いたのが前の王妃、今は王母のマリー・ドゥ・メディシスだった。

出征を控えていた生前のアンリ四世は、その留守中における摂政にマリー・ドゥ・メディシスを指定していた。そのまま息子の摂政となることに何の不自然さもなかったし、さしあたり誰が苦情を寄せるでもなかった。あるいは誰も予想できなかったというべきか。

この摂政が一番にやった仕事が、シュリー公爵の罷免《ひめん》だった。一六一一年一月二十六日の話になるが、有体にいえば目障りだったからだ。大王と呼ばれたアンリ四世でさえ、生前は一目も二目も置いた重臣である。用い続ければ、いいなりになるしかない。それが嫌で更迭《こうてつ》した。ということは、マリー・ドゥ・メディシスは王母という立場から、仕方なく摂政を引き受けたわけではない。

姫様育ちの我儘の延長で、マリー・ドゥ・メディシスは権力欲も強かった。全て自分の思い通りにしないと気が済まない。それは夫であれ、子供であれ、家臣であれ、王国の政治であれ、全て同じことなのだ。

権力志向は、さすがカトリーヌ・ドゥ・メディシスの同族だとも思わせるが、違うのは前の王母のように全てを思い通りにするための才覚や能力までは、持ち合わせていなかった点である。が、そう窘《たしな》められても、マリー・ドゥ・メディシスは涼しい顔だったに違いない。傅《かしず》かれてきた姫様育ちは、かわりに人を使えばよいでしょうと答えるからだ。

実際に使った。かねて周囲に侍らせていたのが、フィレンツェから一緒に来ていたイタリア人たちだった。なかんずくの気に入りが、着付け係のレオノーラ・ガリガイだった。夫がコンチーノ・コンチーニで、この男を摂政顧問会議に入れると、マリー・ドゥ・メディシスは全部任せといえるくらいに重く用いたのだ。

まず進めさせたのが息子、さらには娘の縁談だった。ルイ十三世とスペイン王女アンヌ、フランス王女エリザベトとスペインの王太子フィリップ、つまりは後のフェリペ四世を、それぞれ結婚させようという縁談である。いずれも相手はスペイン王家であり、マリー・ドゥ・メディシスが進めたのは、親スペイン路線への転換だったというべきか。

それは故アンリ四世が常なる仇敵としてきた国である。ガチガチのカトリックで、フランスの旧教同盟を支援する後ろ盾でもあったが、この国と親しくなること、その力を借りてプロテスタントを根絶やしにすること、少なくとも改宗させることが、家からローマ教皇さえ出してきたイタリア人、マリー・ドゥ・メディシスにとっては、あるべき政治の正道だったのだ。

プロテスタントだったシュリー公爵は、この意味でも邪魔だった。が、プロテスタントは他にもいる。一六一一年四月三十日、スペインとの二重の縁談が正式に発表されると、五月十九日にはソーミュールで新教派の会合が行われた。アンリ四世が平定したフランスが、またぞろ騒がしくなってきた。マリー・ドゥ・メディシスの政治は、故王の努力を反故にしかねないものなのだ。

一六一三年十一月十九日、コンチーニはフランス元帥になった。寵臣政治は当初から不評だったが、いよいよ看過ならないと、一六一四年二月、コンデ大公に率いられて、ブイヨン公、ロングヴィル公、いや、そうしたプロテスタントのみならず、カトリックのマイエンヌ公やヌヴェール公まで蜂起した。

これは堪らない。五月十五日、摂政マリー・ドゥ・メディシスが約束させられたのが、全国三部会の召集だった。ルイ十三世は十月二日には成人を宣言したが、それから一月もたたない十月二十七日には、その全国三部会とパリで対峙《たいじ》させられることになった。

全国三部会は王国の代議機関、つまりは議会だ。宗教戦争の時代は再三召集され、あわやフランスは議会制の国になるかと思わせたほどだったが、それはアンリ四世の好みでなかった。しばらく開かれないできたものが開かれて、その意味でも王家の危機である。

が、このときは幸いにもといおうか、全国三部会は議事が空転、三身分が一丸となって王家に何か要求する展開にはならなかった。古い貴族、いうところの「帯剣貴族(noblesse d'épée)」が、自分たちの特権を侵すものだと官職売買やその世襲を非難すれば、このシステムの恩恵を受けた新しい貴族たちや、その「法服貴族(noblesse de robe)」にこれからなりたいと願うブルジョワたちは、擁護を譲らないといった風だ。

全国三部会は年を跨《また》いで、一六一五年二月まで開かれた。その最終日の二十三日、聖職代表議員としてアルマン・ジャン・ドゥ・プレッシ・ドゥ・リシュリューという、二十九歳のリュソン司教が登壇した。リシュリューは二千人を超える議員、聴衆を前に、一時間に及ぶ堂々の演説を行った。これに目を留めたのが、マリー・ドゥ・メディシスだった。

敵だらけのおり、有能な人間は一人でも味方につけたい。引き抜きの声をかけた人間は他にもいたが、リシュリューもそのひとりだった。マリー・ドゥ・メディシスの誘いに応じた一人でもあり、リュソン司教は以後は国政に参加するようになる。国王顧問会議に呼ばれ、あれよという間に身分や年齢に不相応なくらいの地位を占める、世の不評を買ったばかりの極端な寵臣政治で、リシュリューは台頭を果たしていたのである。

マリー・ドゥ・メディシスはといえば、精力的に新たな配下を集めて、つまり態度を改めるつもりなどなかった。寵臣政治も、親スペイン路線も変わらない。やはり許せないと、コンデ大公は八月、ラングドックとギュイエンヌの貴族たちに呼びかけた。秋には蜂起の動きに発展させたが、構わず最中に強行されたのが、王家の二重の結婚式だった。

十月十八日には代理人を用いて、スペイン王女アンヌ・ドートリッシュがスペインのブルゴスで、フランス王女エリザベトがボルドーで挙式した。そのうえで二人の花嫁は国境を越え、十一月二十五日、それぞれボルドーで待つルイ十三世、ブルゴスで待つスペイン王太子フェリペと本当に結婚したのである。摂政マリー・ドゥ・メディシスは、もう強行突破あるのみということだ。

一六一六年に入ると、コンチーニは「年寄りども（barbons）」と呼ぶアンリ四世の大臣たちを、全てクビにしてしまった。かたわらでマリー・ドゥ・メディシスは、その国王顧問会議入りを認める条件で、五月三日にコンデ大公と和を結んだ。国政に参与させるといったわけだが、これが罠だった。油断したところを九月一日に逮捕、コンチーニに対して陰謀を企てたと嫌疑を仕立てて、大公をバスティーユ送りにしてしまったのだ。

バスティーユはパリのセーヌ右岸、その東側のサン・タントワーヌ通りにある巨大建築で、シャルル五世が建立した十四世紀の段階では、専らパリの東門を守る要塞だった。それが十五世紀のルイ十一世の時代から、たびたび牢獄として、それも政治犯を入れておく牢獄として、重宝されるようになっていた。

十一月二十五日にはリシュリューを外務卿兼陸軍卿の重役に抜擢して、もはや国政を牛耳るマリー・ドゥ・メディシスと寵臣たちには、やりたい放題の感さえある。

ちなみにルイ十三世は成人しているので、すでに摂政顧問会議というものはなく、王母も摂政でなくなっていた。かわりに宰相に就任して、マリー・ドゥ・メディシスは引き続き国王顧問会議を主催していた。が、それは従前シュリー公爵が占めた地位なのだ。

宰相など邪魔だと更迭した身にして、マリー・ドゥ・メディシスはいつか自分も目障りと追放されるかもしれないなどとは、ついぞ心配にならなかったのだろうか。

母子戦争

辟易していた者は実際いた。他でもない、息子のルイ十三世である。もう十六歳になるというのに、まだ政治の実権を握れない。母親と取り巻きたちは、がっちり握って、それを渡そうとしない。いや、返そうとしないというべきか。本来それは王のものであり、その横領行為は不正義といわなければならない。許せない。

実をいえば、ルイは母親が好きではなかった。それ以前にマリー・ドゥ・メディシスが息子を嫌った。我儘な姫様育ちが、唯我独尊で、誰のいうこともきかない男児など、可愛がるわけがない。無理にも従わせようとして、ルイ王子には鞭を振るうことで有名だったくらいだ。が、屈服させられるほど、子供のほうは恨みばかり募らせる。

ルイ十三世は長じるほど、感情を表に出すことは少なくなっていた。むしろ内に籠《こも》る性格になっていたが、たぎるものがなくなったわけではない。簡単に爆発しなくなった分だけ、かえって執拗で、また容赦なくなる。その王が自分のものであるべき権力を濫用している母とその寵臣たちを、いよいよ許せないと感じていた。その報復は、もはや正義の執行だった。

政治から締め出されて、日々ルイ十三世が勤しんだのが鷹狩りだった。そこで鳥の世話係をしていた、シャルル・ダルベール・ドゥ・リュイーヌという男と出会う。アンリ四世の小姓として宮仕えを始めたといい、二十三歳も年上だったが、たちまち気に入りになった。

王はアンボワーズ総督、テュイルリ警備隊長と肩書を与え、一六一六年十月にはフランス鷹匠頭に就けた。羨望の的になる宮内ポストだが、それも狩りの話にすぎないと、抜擢を咎める者はなかったようだ。

このリュイーヌを、ルイ十三世は頼りにした。近衛護衛隊長ヴィトリまで取りこんで、計画したのがコンチーニの排撃だった。それも短絡的といえるくらいの直球勝負だ。決行は一六一七年四月二十四日、ルーヴル宮を出て、跳ね橋を渡るコンチーニに、近衛護衛隊を連れたヴィトリが、王命により逮捕すると宣告した。コンチーニが剣に手をかけ、抵抗の素ぶりをみせたので、護衛兵がピストルを発砲し、その場で射殺して終わりである。

白昼の暗殺だったが、もとより王を咎める者はない。相手が世評芳しからぬコンチーニであれば、非難がましい声すら上がらず、それどころか群衆は埋葬された遺体を掘り出し、それを燃やして、灰をセーヌ河に撒いたほどだった。

七月八日には妻のレオノーラ・ガリガイも処刑された。こちらは魔女として断罪され、グレーヴ広場で斬首されたあげく、その首が火に投じられるという最期だった。

ルイ十三世は母親も容赦しない。マリー・ドゥ・メディシスはブロワ城に追放され、そこで軟禁の身となった。リシュリュー司教も、ひとまずは同じくブロワに、一六一八年五月には、さらに遠く南フランスのアヴィニョンに追放された。

ああ、清々《せいせい》した。ようやく自分で王国を切り盛りできる。そうなって、ルイ十三世が一番にしたことが、リュイーヌの重用だった。一介の鷹匠頭を公爵にし、王の同輩衆に取り立てながら、国王顧問会議の首座を取らせる。なんだか前にも聞いたような話である。

我儘で気位高く、全て思い通りにしないと気が済まないが、そのための才覚や能力に恵まれているわけではない。行きつくところが寵臣政治で、要するにルイ十三世は母親のマリー・ドゥ・メディシスにそっくりなのだ。アンリ大王の息子にして、傑物の父親に似れば何も困らなかったものの、よりによって大嫌いな母親の血ばかり濃く受け継いでしまったのだ。

次に何が起こるか、大方の予想はつく。リュイーヌ公爵が政治を壟断すれば、また大貴族たちの不満が募る。蜂起に動き出すのを幸いと、王母マリー・ドゥ・メディシスも動いた。ブロワ城からの脱出が一六一九年二月二十二日で、迎えたのがアングーレーム州総督を務めるエペルノン公爵だった。いうまでもなく、軍勢を率いている。

いわゆる「母子戦争（La guerre de la mère et du fils）」の始まりだった。ルイ十三世は自らも軍を動員したが、不満を抱く大貴族たちの合流で、反乱軍がさらに大きくなる恐れもある。できることなら、話し合いで解決したい。何度かの交渉が失敗に終わると、王が呼びかけたのがリシュリューだった。

母の信頼厚いこの司教なら、なんとかしてくれるのではないか。そう王に期待されて、リシュリューも話に飛びついた。アヴィニョンから飛んで帰ると、マリー・ドゥ・メディシスを見事に説得、まとめてみせたのが五月九日のアングーレームの和だった。

戦いは回避された。マリー・ドゥ・メディシスは監禁を解かれ、安全地帯としてロワール地方のアンジュー州、さらにアンジェ城、ポン・ドゥ・セ要塞、シノン城などを与えられた。九月五日には、同じロワール地方のフージエール城で、母子の対面も実現した。すっかり和解なったようだが、マリー・ドゥ・メディシスが政治に参加できるわけではない。王の傍らに留まり、リュイーヌが権力を手放すわけでもない。

不満を抱く大貴族たちは、大っぴらに王母のまわりに集結した。ソワソン伯、ローアン公、ロングヴィル公、メーヌ公、エペルノン公──一六二〇年七月からアンジュー、そしてノルマンディで反乱軍が動員され、ここに第二次母子戦争が始まる。

ルイ十三世は今度こそ決然と動いた。自ら軍を率い、またコンチーニに逮捕され、バスティーユに送られていたコンデ大公は釈放していたので、この影響力ある王族を同道させることもできた。七月、まずパリからノルマンディに北上して、ルーアン、カンと主要都市を制圧、そこから南に転じて、メーヌ、アンジューと進軍したのだ。

マリー・ドゥ・メディシスの陣営では、大貴族たちが内紛になっていた。もう王軍の一方的な攻勢とならざるをえないわけで、八月七日、ポン・ドゥ・セまで攻め入られると、

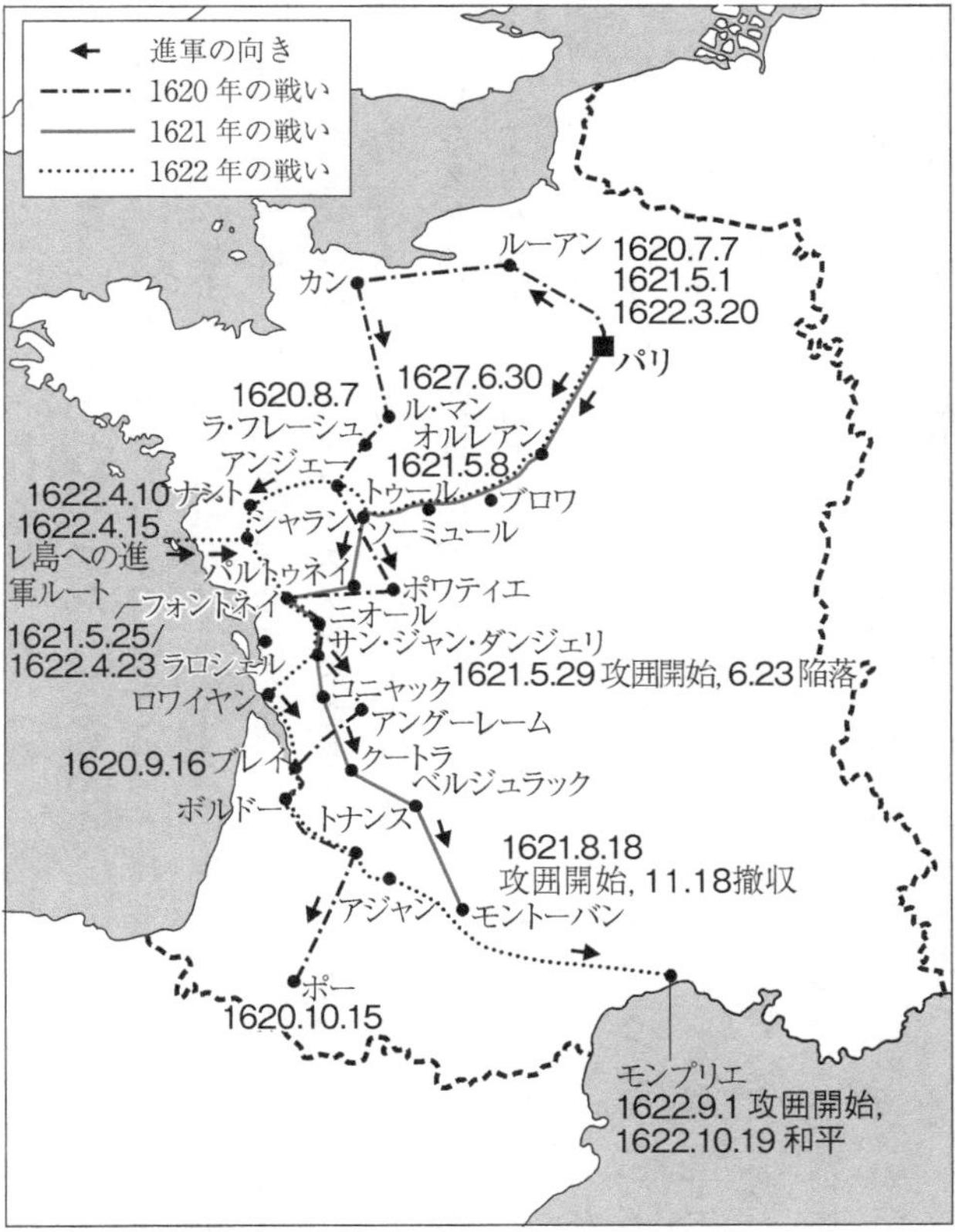
進軍の向き
1620 年の戦い
1621 年の戦い
1622 年の戦い
ルーアン
1620.7.7
1621.5.1
1622.3.20
カン
パリ
1627.6.30
1620.8.7
ル・マン
ラ・フレーシュ
オルレアン
アンジェー
1621.5.8
1622.4.10 ナント
トゥール
ブロワ
1622.4.15
シャラン
ソーミュール
レ島への進軍ルート
パルトゥネイ
ポワティエ
フォントネイ
ニオール
1621.5.25/
1622.4.23 ラロシェル
サン・ジャン・ダンジェリ
1621.5.29 攻囲開始, 6.23 陥落
ロワイヤン
コニャック
アングーレーム
1620.9.16 ブレイ
クートラ
ベルジュラック
ボルドー
トナンス
1621.8.18
攻囲開始, 11.18 撤収
アジャン
モントーバン
ポー
1620.10.15
モンプリエ
1622.9.1 攻囲開始,
1622.10.19 和平

1620～22 年の戦い

王母が出してきたのが、またもやのリシュリューだった。

交渉が始まり、八月十日にはアンジェの和が成立した。アングーレームの和を確認する内容で、ルイ十三世は寛大な処分で済ませた。それを引き出したリシュリューの手腕もあったが、王のほうに和平を急がなければならない事情があったことも事実だ。

国内の新教徒が不穏な動きを示していた。摂政時代から王家が親スペイン、親カトリックの姿勢を示したため、プロテスタントたちは警戒の念を強めていたのだ。

ルイ十三世は、もう九月には新たな軍事行動だった。祖母ジャンヌ・ダルブレが新教の土地に変えた父アンリ四世の生国、ピレネ山麓のベアルンに軍を進めて、土地のプロテスタント勢力を制圧、さらに低地ナバラと合わせて、フランスに併合することを決めたのだ。

十一月にはパリに帰ったが、王と入れ替わるように新教徒たちはラ・ロシェルに集まり、この港湾都市で全国会議を開催した。十二月二十五日に決議、一六二一年二月に実行に移されたのが、ローアン公とその弟スービーズ公を指導者とする武装蜂起だった。

四月九日には、スペインとオランダの間で結ばれていた十二年間の休戦も切れる。低地地方の戦いが再燃すれば、フランスでも新教徒、旧教徒、それぞれがそれぞれの立場で興奮の度を高める。宗教戦争の時代に逆戻りした感にもなる。

いや、そうはさせじと、ルイ十三世は対応を急いだ。四月には再び自らの出陣で、南西フランスで蜂起したプロテスタントの討伐にかかった。このとき軍の総司令官に任命されたのが、リュイーヌ公爵だった。歴戦のレディギィエール大元帥がいたにもかかわらず、戦場経験が豊富なわけでもない寵臣に、全軍を率いさせてしまったのだ。

五月からサン・ジャン・ダンジェリの包囲を始め、六月には陥落させるも、指揮の拙《つたな》さで王軍は甚大な被害を強いられた。次にラ・ロシェルの攻囲になったが、うまく行かない。南に軍を展開させて、ネラック、カステルジャルー、カスティヨン、サント・フォワ、ベルジュラック、クレラックと平定したまではよかったが、八月のモントーバン包囲は失策続きで、十一月には北に退却せざるをえなくなる。その帰路で熱病を悪化させると、十二月十五日、リュイーヌはあっさり死んでしまった。

コンチーニなどに比べれば、その末路も幸運な部類といえようか。いずれにせよ、これで権力の座が空いた。ルイ十三世の下には、いち早くリシュリューが馳せ参じた。王母の代理としてオルレアンで出迎えると、そのままパリまで同道したが、そこにやってきたのがコンデ大公だった。

一六二二年三月、まだ二十歳の若い王は再び南西フランスに出陣した。今度の総司令官はコンデ大公である。この王軍は強く、ネグルプリス、トナンとプロテスタントの拠点を落とし、ローアン公が守るモンプリエの包囲にかかったところで、十月十八日に和平がなった。内容はナントの勅令の確認だったが、この時点で新教徒の安全地帯は、ラ・ロシェルとモントーバンに限られてしまった。プロテスタントの不満は残った。

リシュリューはといえば、かかる展開に関与できたわけではなかった。ルイ十三世が望まなかったからだ。二度にわたる母子戦争で、マリー・ドゥ・メディシス側の窓口として重宝したものの、不信感は払拭しきれていない。ただ手放すのも惜しいと考えたか、王はローマ教皇庁に働きかけて、九月五日にリュソン司教を枢機卿に格上げしてやった。

軍隊はコンデ大公に任せたとして、国王顧問会議のほうは尚書官ニコラ・ブリュラール・ドゥ・シユリと、その息子の外務卿ブリュラール・ドゥ・ピュイズィウが実権を握っていた。財務総監ションベールが邪魔だと更迭して、かわりにラ・ヴィユヴィル侯爵をつけるなど、早々専横の兆しも示した。が、こういう真似をする輩に、まっとうな人間はいない。

ラ・ヴィユヴィルが逼迫する財政の建て直しにかかったところ、大規模な公金横領が発覚した。調べを進めると、行きついたのがブリュラール父子のところだった。怖くなったか、侯爵はルイ十三世に報告した。当然ながら若き王は激怒した。ルイ十三世は不正義が嫌いなのだ。

ブリュラール父子を更迭したのが一六二三年一月一日で、王は同時にラ・ヴィユヴィルを宰相に任じた。侯爵のほうは困惑するばかりだった。フランスは、まさに問題山積の体だったからだ。国内ではプロテスタントの問題が解決したわけではない。アルプスの要衝ヴァルテリンをスペイン方のローマ教皇軍が占拠している現状に、サヴォイア、ヴェネツィアと一緒にフランスも非を唱えることになり、これで西の大国とも一触即発である。

荷が勝ちすぎる――そう素直に嘆くことができただけ、ラ・ヴィユヴィルは前の寵臣たちよりマシだった。困り果てて縋《すが》ったのが、マリー・ドゥ・メディシスだった。王母はリシュリューの国王顧問会議入りを勧めた。侯爵に折り返されると、ルイ十三世もそれを容れた。一六二四年四月二十九日のことである。

リシュリュー
(フィリップ・ドゥ・シャンパーニュ画)

リシュリュー枢機卿が国王顧問会議に参加した。フランス王家の動きに、ここで一気に活が入った。参戦は先延ばしできない。選択を迷う余裕もない。六月十日に結ばれたコンピエーニュ条約で、フランスはスペインと戦うオランダを支援することになった。実質的にリシュリューの決断だったことは、いうまでもない。

無能なラ・ヴィユヴィルは八月十三日に失脚、あとの国王顧問会議ではリシュリューが自然と首座を占めることになる。「宰相（principal ministre）」の肩書も与えられる。デュマが『三銃士』に登場させた、宰相リシュリュー枢機卿の誕生である。

母子戦争は全体どちらが勝利したのか、それは見方によるという結末だ。が、このリシュリューこそ母マリー・ドゥ・メディシスが息子のルイ十三世に与えた、唯一にして最大の贈り物だったと、そこは異論の余地がないところである。

二人三脚

プロテスタントだが、一六二五年一月には再びローアン公とスービーズ公が動き出し、南フランスのセヴェンヌ地方、それにラ・ロシェル沿岸のレ島、オレロン島に拠って蜂起を試みた。両島に関しては、すぐ王軍が奪還したが、反乱そのものは予断を許さない。

五月十一日にはアンリエット王女とイギリス王チャールズ一世の結婚が決まった。フランスはイギリスと同盟を結ぶということだ。が、そのイギリスはプロテスタントの国である。縁談を進めたのはルイ十三世だが、もちろん新宰相の賛同あっての話だ。そのリシュリューは枢機卿で、つまりはカトリックの高位聖職者である。にもかかわらず、カトリックのスペインと戦うことを決めたり、プロテスタントのイングランドと結んだり。

故アンリ四世と同じで、優先するのは宗教ではなかった。今や「国家理性（raison d'Etat）」がはっきりと意識される。まずもっての大事は国益であり、全てはフランスのために行うというのが、リシュリューの考え方なのである。国内のプロテスタントを討つのも、新教徒が憎いとか、新教の信仰が認められないとかではなかった。国内の和を乱す、フランスを内乱状態に陥れる、かかる不都合を招く限りにおいて討つのである。

アンリエット王女の結婚に関していえば、ちょっとした問題が起こる。一六二五年五月、十五歳の花嫁をイギリスに連れていく使節がフランスに来た。その代表がバッキンガム公爵ジョージ・ヴィリヤーズである。チャールズ一世の寵臣で、つまりはイギリスのコンチーニ、あるいはリュイーヌといったところだ。

バッキンガム公爵は十日間ほどパリにいたが、このとき恋に落ちた相手が、フランス王妃アンヌ・ドートリッシュだった。一六二三年、まだ王太子だったチャールズ一世とお忍びでパリに来たとき、すでに見初めていたともいうが、とにかく舞い上がってしまった。

六月二日、イギリス使節団と花嫁はパリを発ったが、それをフランス王の宮廷は北海岸のブーローニュ・シュル・メールまで送ることになった。王母の具合が悪くなって、途中のアミアンに九日も滞在する羽目になったが、ここで張りきったのがバッキンガム公爵だったのだ。

王妃アンヌの部屋を訪ね、のみか抱きつき、寝台に押し倒した。その腿に手を伸ばし、刺繍の長靴下まで脱がせたところ、そこで声を上げられた。一線は越えさせなかったが、王妃も王妃でギリギリまで拒まなかったと、報告したのがリシュリューに仕える密偵たちだった。

アンヌ・ドートリッシュ。左の子どもはルイ14世

王と宰相はバッキンガム公爵に命じて、すぐアミアンから出発させた。あきらめられない公爵は、こっそり戻ってアンヌ王妃に会うのだが、さすがに警戒されたのだろう、このときは一言ももらえなかった。仕方なく退散して、恋は実らずに終わるのだが、この一件が後にちょっとした、いや、かなり大きな問題を惹起する。

話をプロテスタントの蜂起に戻すと、一六二六年二月五日にイギリスの仲介で、ラ・ロシェルの和が結ばれた。モンペリエの和の確認で、つまりはナントの勅令の確認である。確認されるたびに条件が悪くなるので、もう反乱を起こすだけ愚かしい。それでもプロテスタントは蜂起する。その多くが貴族である。信仰を貫きたいというより、それを口実に蜂起することを通じて、なんとか政治権力を手にしたいのである。

ラ・ロシェルの和の翌日の二月六日に、ルイ十三世は私闘禁止令を出した。要するに決闘の禁止だ。特に目新しいものでなく、アンリ四世も出したが、これがほとんど守られていなかった。決闘は貴族の特権と考えられていたからだ。日本にいう武士の仇討ち、あるいは切捨て御免と同じ理屈で、貴族には正義を行う権利があり、そのための帯刀なのだ。が、これが世の騒擾《そうじょう》を招く。国家に対する反乱さえ正当化する。やはり正さねばならないと法律を定めても、先祖伝来の堅固な城に逃げこまれては、逮捕するのも容易でない。ルイ十三世は七月三十一日の勅令で、戦略上不必要な城砦の破壊を命じた。反乱の拠点に使われては困るというので、先回りに手を回したわけである。

それでも貴族たちは直らない。ヴァンドーム公セザールと弟のアレクサンドルというアンリ四世の庶子たち、つまりはルイ十三世の兄たちが、リシュリュー暗殺を企てた。事前に突き止めた王家は、実行役のシャレー伯アンリ・ドゥ・タレイランを逮捕、八月十九日に処刑しているが、これを他山の石とする頭もないのだ。

一六二七年六月二十二日には、デ・シャペルとモンモランシー・ブットヴィルが処刑された。私闘禁止令を無視すること一再ならず、のみかパリの王室広場において、これみよがしの決闘に及んだためだ。二人とも名家の出であり、助命嘆願の声も上がったが、全く酌量《しゃくりょう》されなかった。みせしめの意味もあったと思われるが、それにしても仮借ない。

強行したのはリシュリューというより、やはりルイ十三世だった。子供の頃から唯我独尊の性格で、自分こそ常に正義だったからだ。逆らう者は許さない。許されるべきでない。そう思う気持ちばかりは強かったが、それを押し通す術を従前は持たなかった。リシュリュー枢機卿という名前で、その術がブルボン王家に備わっていた。

フランス王は絶対の正義ゆえに唯一無二で、他に並ぶ者は許さない。かかるルイ十三世の意を受けて、リシュリューは十全に働いた。まず一六二六年九月二十六日、フランス大元帥レディギィエールが亡くなったのを機会に、この陸軍の最高位を廃止した。

すでに八月には百二十万リーヴルでモンモランシーから取り上げて、フランス提督、ブルターニュ提督、ギュイエンヌ提督の職も廃止していた。一六二七年一月には九十万リーヴルでギーズ公に辞職を容れさせ、プロヴァンス提督の職も廃止した。これで海軍の最高位も、綺麗になくなったことになる。

全ては陸海軍の統帥権を、フランス王のみに属させるためだった。これら高位の軍官たちも、その至高の権威をもって王家に対抗することがあったからだ。当然ながら指揮系統に穴が空くが、そこはリシュリュー自らが「海事、航行、通商に関する長官にして監察官」に就任して、支障を来させなかった。

七月二十五日、バッキンガム公爵のイギリス艦隊が、レ島に上陸した。それはプロテスタントが籠もるラ・ロシェル沖の島である。反乱の新教派に援軍だった。陸海のフランス軍も出動して、九月十日にはラ・ロシェル包囲戦が開始された。またルイ十三世が自ら出馬したが、実質的な指揮官はリシュリュー枢機卿だった。

聖職者が戦争とは少し驚く。それでも従前の寵臣たち、コンチーニだの、リュイーヌだのと比べても、遥かに堂に入っていた。十一月、フランス軍はイギリス軍の手からレ島を奪還した。十月末からは巨大堤防の敷設も始まり、これが完成した三月には、陸側のみならず海側からも包囲する、まさに完全封鎖となった。再三にわたるイギリス艦隊の来援も撥《は》ね返され、あとのラ・ロシェルは飢えるばかりになる。

1628年の戦いでラ・ロシェルを攻撃する国王軍

不屈のプロテスタントも音を上げざるをえない。一六二八年十月二十八日、ラ・ロシェルは陥落した。十一月一日にはルイ十三世とリシュリューが、左右に肩を並べての市内入城となったが、このとき二万八千あった市内の人口は五千五百にまで減っていた。

一六二九年四月二十四日のパリ条約で、イギリスは「フランスのプロテスタントに関心を持たない」ことを約束させられた。ほどない四月末には、フランス王軍をセヴェンヌ地方に翻《ひるがえ》らせ、そこで抵抗を続けていたローアン公の討伐にかかった。

六月二十八日、こちらでもアレスの和が結ばれ、もってプロテスタントの蜂起は完全に平定されることになった。ナントの勅令通りに信仰の自由は認められたが、新教徒に特権が認められていた安全都市については、とうとう皆無とされてしまった。新教派が占めていた三十八ヵ所の要塞も、全て破壊されることになった。

大仕事が果たされた。一連の功績に報いるために、ルイ十三世は十一月二十六日、リシュリューに「公爵にして同輩衆」という、かつてリュイーヌに与えた称号と同じものを与えた。が、後に「大宰相」と呼ばれる男は、まだまだこんなものではない。

リシュリューは外交手腕も発揮していた。ラ・ロシェル包囲が始まって、ほどない一六二七年十二月二十六日、北イタリアのマントヴァ公国でヴィンチェンツォ二世が崩御した。この公には後を継ぐべき子供がなかった。甥に当たるのがフランスでヌヴェール公になっていたシャルル・ドゥ・ゴンザーグ（カルロ・ディ・ゴンツァガ）で、伯父の公位の継承権を主張したが、これをオーストリアとスペインの両ハプスブルク家が認めなかった。

一六二八年三月、スペインのミラノ総督コルドバが動いた。スペイン軍、さらにサヴォイア公軍で、マントヴァ公国の要衝カザーレの包囲を始めたのだ。リシュリューも動いた。一六二九年三月六日、フランス王軍が急襲したのがサヴォイア公国のスーザ峠、アルプスの山道を押さえる重要拠点だった。

動脈を締められる苦しみに、サヴォイア公は折れた。ミラノ総督コルドバを相手に、スペイン軍をカザーレから撤退させる交渉を引き受けた。三月十八日には一年以内に包囲を解くとされたが、リシュリューはそこで妥協することなく、不満の表現としてフランス軍を押し出した。一六三〇年三月二十二日には要衝ピネローロを攻略、ここから戦線を拡大して、七月にはサヴォイア全土を占領したのである。

この事態に両ハプスブルク家も慌てた。七月には皇帝軍がマントヴァを占領したが、それも束の間で、八月にはラティスボンヌ条約を結ばざるをえなくなった。フランス軍がイタリアから撤退するという条件でマントヴァを返還、ヌヴェール公をマントヴァ公に認めたのだ。十月にはスペインとも休戦が成立して、カザーレの返還も正式に手続きされた。

マントヴァのヌヴェール公を介してだったが、フランスはおよそ九十年ぶりにイタリアに地歩を占めた。国内で手一杯だったものが、ヴァロワ朝のフランソワ一世やアンリ二世の時代のように、また外に出ていけるかもしれない。そう思われた矢先の十一月に、事件は起きた。

王母マリー・ドゥ・メディシスが動いた。久しぶりな感があるが、実はずっと王宮にいた。そもリシュリューの主人であり、この切れ者を国王顧問会議に押し出した後見人である。子飼いが大した働きぶりで、鼻を高くしていたかと思いきや、そこが姫様育ちの我儘者なのだ。自分が中心でなければ面白くない。自分が目立てないなら意味がない。

リシュリューの活躍を喜ぶどころか、自分がないがしろにされたと鬱憤《うっぷん》を溜めていた。プロテスタント討伐は措くとして、反スペイン外交は気に入らなかった。内にプロテスタントを討ち、外でカトリックと戦うというような使い分けも気に入らない。外でもプロテスタントと戦うべきだと、さかんに唱えていたのが「信心派（dévots）」と呼ばれる勢力で、この連中にも王母は焚きつけられていた。

十一月十日、マリー・ドゥ・メディシスはリシュリューに宣告した。自分が与えた宮内監察官、顧問会議首座、宮内大司祭といったポストを全て取り上げる。つまりは失寵の宣告である。そのようにしろと、十一日にはリュクサンブール宮で、ルイ十三世を口説いた。そこに宰相枢機卿も入室して、これまでの許しを請うたが、マリー・ドゥ・メディシスは聞く耳を持たない。自分か、リシュリューか、どちらか選べと息子に詰め寄るのみだ。

ルイ十三世はといえば、宰相に退室せよ、数日ポントワーズで謹慎せよと命じると、ひとりヴェルサイユに出かけた。ヴェルサイユは王が気に入っていた狩場で、離宮というより狩り小屋程度の建物があった。

あとのリュクサンブール宮では、王母に次の宰相とされた国璽尚書《こくじしょうしょ》マリヤックはじめ、一派が勝鬨《かちどき》を上げた。リシュリューは失意に沈むしかなかったが、その深夜に呼び出しが届いた。王は枢機卿にヴェルサイユに来いと命じたのだ。

十二日早朝、国璽尚書マリヤックは逮捕された。弟のマリヤック元帥も二十一日に逮捕された。もちろん王の命令である。唯我独尊のルイ十三世が、母に口説かれ、あるいは脅された程度で譲るわけがない。それどころか、リシュリューを手放した母上など、もう少しも怖くありませんとばかりに、マリー・ドゥ・メディシスをパリ北方コンピエーニュに追放してしまう。

歴史に「欺かれた者たちの日（journée des Dupes）」と呼ばれる顛末である。いうまでもなく、リシュリューは宮廷に留まった。数年の働きで、ルイ十三世は宰相枢機卿を高く買うようになっていた。もう二人三脚は揺るがないということだ。

強権支配

一六三一年七月十八日、王母は追われたコンピエーニュから脱出し、スペイン領低地地方に亡命した。八月五日にブリュッセルで合流したのが、オルレアン公ガストン、つまり

オルレアン公ガストン

は先王アンリ四世の第三王子にして、マリー・ドゥ・メディシス最愛の息子だった。

ルイ十三世には末弟にあたる。王と王母の関係が度を越えて拗《こじ》れた一因も、ここにある。マリー・ドゥ・メディシスがルイ王子に対しては、しばしば鞭打つほどだったことは前で触れたが、それがガストン王子に対しては猫可愛がりの溺愛だったのだ。

ルイ十三世は嫉妬など覚えなかった、といえば嘘になるだろう。それどころか、常に自分が中心でなければ気が済まない王のことだ。母に怒りを覚え、弟には憎しみまで抱いても不思議はない。オルレアン公ガストンもガストンで、母親がそういう態度なものだから、兄王を好きでもなければ、特段の敬意も払わなかった。難儀な親子、兄弟もいたものだが、それが単なる感情的な対立には留まらない。

オルレアン公ガストンは王子である。ルイ十三世には未だ子がなかったので、弟にして王太子ということにもなっている。いいかえれば、王位が視野に入っている。マリー・ドゥ・メディシスにすれば、最愛の息子は政治的にも最大の切り札だった。ルイ十三世と反目しても、いよいよとなればオルレアン公を立てて、これを王位につければよいのだ。

この厄介な母子がブリュッセルで合流した。フランス王と敵対するロレーヌ公シャルル四世に近づくと、その娘であるマルグリット・ドゥ・ロレーヌと結婚、オルレアン公ガストンは同盟まで結んでしまった。はっきりいえば、ルイ十三世に逆らうための同盟だ。

国境の外から機を窺《うかが》う母子は、一六三二年六月、遂に傭兵部隊を率いてフランスに侵攻した。暴君ルイ十三世と奸臣《かんしん》リシュリューに怒り心頭、この反乱には多くの貴族が合流するものと思いきや、得られた味方はラングドック州総督でフランス元帥の、アンリ・ドゥ・モンモランシーだけだった。

基盤とするラングドックで起こされた反乱も、すぐに鎮圧されてしまった。急行してきたションベール元帥の王軍が九月一日、カステルノーダリの戦いで反乱軍を蹴散らしたのだ。アンリ・ドゥ・モンモランシーも逮捕され、十月三十日、問われた大逆罪の量刑として、トゥールーズで斬首された。やはり助命嘆願が多く寄せられたが、ルイ十三世は例によって一顧だにしなかった。

オルレアン公ガストンはといえば、こちらも九月二十九日のベジエ条約で、兄王に屈服させられた。十一月には性懲りもなくブリュッセルに逃げ、そこから再びロレーヌ公シャルル四世をあてにしたが、こちらも一六三三年九月にはフランス王軍に侵攻されて、虎の子の公国をすっかり占領されていた。退位まで強いられたのだから、疫病神のオルレアン公など、もう顔もみたくないといったところか。

どうしようもなくなって、オルレアン公は一六三四年十月、再度ルイ十三世に服従した。ロレーヌ公家との勝手な縁組も解消させられ、ブロワに蟄居《ちっきょ》するしかなくなった。王母マリー・ドゥ・メディシスのほうはオランダに逃れたが、もう二度とフランスの土を踏めない運命である。一六四二年まで生きるが、その七月三日、最後はケルンで息を引き取ることになる。

フランス王の勝利、あっけないほどの完全勝利である。あるいは反乱側が弱すぎたというべきか。オルレアン公ガストンが呼びかけても、諸勢力の反応は驚くほど鈍かった。ルイ十三世統治の初年、何かといえば大貴族が続々と決起した頃と比べれば、もはや隔世の感があるが、これは全体どういうことか。

画期的な試みがなされていた。一六二九年一月十五日の「ミショー法典」で法制化が図られたのが、州アンタンダン（intendant de province）の制度だった。これが王国の末端まで王家の支配を行き渡らせる、新たな支配の手に発展していったのだ。

かねてより有力者の権力基盤は、州総督の職だった。州内の諸々の機関や軍隊を押さえ、通じて都市や貴族と結ぶことで、管区の実質的な支配者となることができたからだ。一種の「国家内国家」であり、そこには往々フランス王家の支配の手が届かなかった。

いや、せめて目なりは届かせなければならないと、中世後期に始まったのが訴追審査官(maître des requête)の騎馬巡察(chevauchées dés)である。中央から派遣されて、地方や軍隊の視察を行うもので、この役割にアンリ二世による一五五三年の勅令から、アンタンダンという用語が与えられるようになっていた。ひとまず「監察官」くらいに訳せるか。

宗教戦争の時期にも受け継がれたが、州総督の牙城は容易に崩せなかった。新教の州総督、旧教の州総督と分かれて争うことで内乱を長期化、泥沼化させた背景ともなった。アンタンダンは王の目にすぎなかったからだ。その仕事は中央に報告することで、自ら処断の権限を持つわけではなかった。要するに、王の手ではなかったのだ。

アンリ三世時代の末からアンリ四世時代にかけた混乱期は、輪をかけて各地が割拠する体になった。いよいよ放置できないと、王家はアンタンダンに様々な委任(commission)を与えるという形で、勅令の登記や、その履行、さらに上座法廷や徴税請負役場の設立、官職売却、課税や国庫納付の励行、裁判や懲罰など、時々の課題を任地で解決できるようにした。

与えられるのは一時的かつ限定的な権限ながら、ここにアンタンダンは王の手になり始める。司法総アンタンダン(Surintendant de Justice)、司法アンタンダン(intendant de

Justice)、財務アンタンダン（intendant des finances）等々の称号で呼ばれるようにもなり、在地のそれより上級の権限を行使する役職であるとも認識され始める。

しかし、内乱を治めたアンリ四世は、地方で私物化されていた徴税権や裁判権を取り戻した。なお大貴族たちが州総督として地方を押さえる図式は変わらないが、当面それで良しとした。アンタンダンへの権限委任も少なくなり、派遣されるのは特定の税金の徴収であるとか、ナントの勅令を履行させるであるとかに限られるようになった。有力者たちの神経を逆撫でしたくないと、アンタンダンの名称自体が俄に使われなくなる。

それでフランスが治まったのは、大王アンリが類まれな政治力を振るえたからである。ルイ十三世時代になっても、静けさが変わらないわけでない。それどころか、また簡単に反乱が組織される。大貴族もプロテスタントも不満を抱くや、すぐさま貴族たちを動員する。

これを押さえる方策として、王家はコンデ大公らが蜂起した一六一四年から、再び委任状の発給を始めた。訴追審査官、あるいは中央においては国王顧問官、地方においては在地裁判所の高官などに権限を与えながら、各地に派遣するようになったのだ。

アンタンダンの名称も復活した。地方も行政単位である州管区（gouvernement）宛でなく、財政単位である財務大管区（généralité）宛に派遣されることが多くなったが、一六二四年から三一年にかけては、十七の財務管区のうち十四の財務管区にアンタンダンが送りこまれている。

これが徐々に効いてくる。アンタンダンが地方の掌握に効果的だったのは、王権に対する直属性が強かったからである。必ずしも王家に服従しないといえば、なべてフランス王国の官僚は服従しない。ポーレット法のところで論じたように、官職（office）は個人の財産とみなされたからだ。相続もできれば、売買もできる。公職が私物化されているわけで、これで王の意志が末端まで直通するわけがない。

アンタンダンは違う。王の委任を受けただけの、委任官僚（commissaire）だからだ。一時的、限定的な権限を与えるものなので、王は随意に任免することができるのだ。官職を買い戻さなければ解雇できない官僚、いうところの保有官僚（officier）と区別される所以で、これに比べた委任官僚であるアンタンダンは、文字通り王の手足としてしか働けない形なのだ。

ならば使わない手はない。おりしも政権を掌握したリシュリューは、アンタンダン制度の強化、拡充に乗り出した。係争事件の解決、軍隊の監視、担税の公正化、治安の維持などを口実に用いながら、アンタンダンを各総徴税区に送りこんでいった。過半数の管区に派遣されたといっても、従来は一人のアンタンダンが複数の管区を担当していたのだ。

それは仕事の形態が変わらず巡察だったことも意味する。アンタンダンなど畢竟《ひっきょう》、たまにやってくるチェック役にすぎない。多少の権限を与えられても、じきいなくなってしまう。それで在地の有力者たちが図に乗るならばと、リシュリューはアンタンダンを在地に居続けさせた。中央から派遣される監察官でなく、中央に直属しながら事実上ほぼ在地に常駐する役職に変えたのだ。

これが常に目を光らせていたら、どうなるか。州総督の州行政を常に監督、ときに処断にまで及んだら、どうなるか。財務行政に介入して、その公正化を図ったら、どうなるか。地方が中央から分離して、反乱の基盤になるような事態は起こりにくくなる。州総督たちも鳴りを潜めざるをえなくなる。

一六三二年のオルレアン公ガストンの反乱にせよ、応じたのはラングドック州総督モンモランシーだけだった。しかも牙城であるはずのラングドックに、王軍は簡単に乗りこんでいる。あげくモンモランシーが捕えられたのも州内、裁かれたのも州内、処刑されたのも州内なのだ。州総督が地方の全き主だった時代なら、とても考えられなかった話だ。

アンタンダンの強化は進む。一六三三年から三四年にかけた課税台帳の見直しを口実に、より多くの地方に送りこまれるようになった。一六三七年、都市に強制借入を行うことが決まると、タイユ税とは別系統になるからと、その分の業務はアンタンダンが担当することになった。一六三八年の軍隊糧秣税についても同じだ。一部にすぎないとはいえ、監視するとか、指導するとか、是正するとかでなく、アンタンダンこそが行政の担い手となったのである。

決定的だったのが一六四二年二月の勅令で、在地における財政業務はタイユ税も、タイヨン新税も、追加分も、軍隊の補給徴発に関しても、その割当のみならず徴税についても、全てアンタンダンに委任されることになった。他は出納官《すいとうかん》も、エリュも、タイユ徴税官も、全てアンタンダンに従えられる立場となった。法律的にも管区に常駐する常設の役職になり、こと財務に関しては、アンタンダンこそ行政の主体となったのである。

さらに四〇年代にかけては、「司法、治安、財政のアンタンダン（intendant de justice, police et finances）」の名称が定着する。財務行政を突破口に成長しながら、何倍にも大きくなった権限を、再び司法や治安維持にも広げたということである。が、そこには州総督が健在である。これと競合対立するのでなく、その不足を補完する形で、アンタンダンは地方行政の柱というべき制度になったのだ。

名前は同じながら、もはや新しい役職といってよく、それが「州長官」と訳されるのも意味のないことではない。いずれにせよ、アンタンダンを通じて、ルイ十三世は自らの正義を末端まで浸透させようとした。リシュリューの強権政治が、フランス全土を支配したともいいかえられる。がっちり国内を押さえて、このデュオはさらに何を望んでいたのか。

三十年戦争

先を急ぎすぎた。マリー・ドゥ・メディシスやオルレアン公ガストンが国外に逃れる、少し前まで戻ろう。一六三一年一月二十三日、ルイ十三世はスウェーデン王グスタフ二世と、ベールヴァルデ条約を結んだ。フランスはスウェーデンに毎年百万リーヴルの軍資金を、六年にわたって提供するという約束である。

その年の九月二十七日、スウェーデンとザクセンの連合軍は、ブライテンフェルトで神聖ローマ皇帝軍を撃破した。十月、ザクセン軍がベーメンに向かうと、スウェーデン軍はテューリンゲンからライン河の流域に進出し、皇帝軍の手からプファルツを解放した。グスタフ二世は十一月にはヴィッテンベルク、十二月にはマインツ、一六三二年三月にもニュルンベルク、ドナウヴェルトと占領していく。

五月にはバイエルンに進んで、ミュンヘン入城を果たし、ヴァレンシュタイン率いる皇帝軍が来ると、七月にツィルンドルフの戦い、十一月にリュッツェンの戦いと繰り広げる。そこでグスタフ二世は惜しくも戦死したが、スウェーデン軍はなお優勢に押していたといってよい。誰を押していたかといえば、オーストリアの神聖ローマ皇帝、あるいはドイツのカトリック勢力だった。

さらに遡る一六一八年五月、カトリックを奉じるハプスブルク家のフェルディナンドが、プロテスタントが多数を占めるベーメンの君主となることに抗して、都市プラハが蜂起した。これをきっかけにドイツは戦乱の時代に入った。諸勢力が参戦、さらにデンマーク、スウェーデンと介入することで、どんどん長期化していった戦争は、後に「三十年戦争」と呼ばれるものである。

最後の宗教戦争ともされる戦いに、スウェーデンに資金援助するという形で、フランスも密かに加担していた。アンタンダン制の拡充が財務行政から始まったというのも、実をいえばこの戦争に参加するために、増税増収を図らなければならなかったからである。

さておき、フランス王家は国内ではプロテスタントを討伐したが、国外で応援していたのはプロテスタント勢力だった。宗教は関係ない。リシュリューの考え方は一貫していた。大事はフランス王国の安泰と繁栄なのである。

外ではフランスを東西から挟みつけるようなハプスブルク家の覇権を、崩さなければならなかった。それがカトリックであるならば、プロテスタントを措いて他には肩入れできない。しごく明快かつ大胆不敵な論理において、その外交は水面下で進められていた。

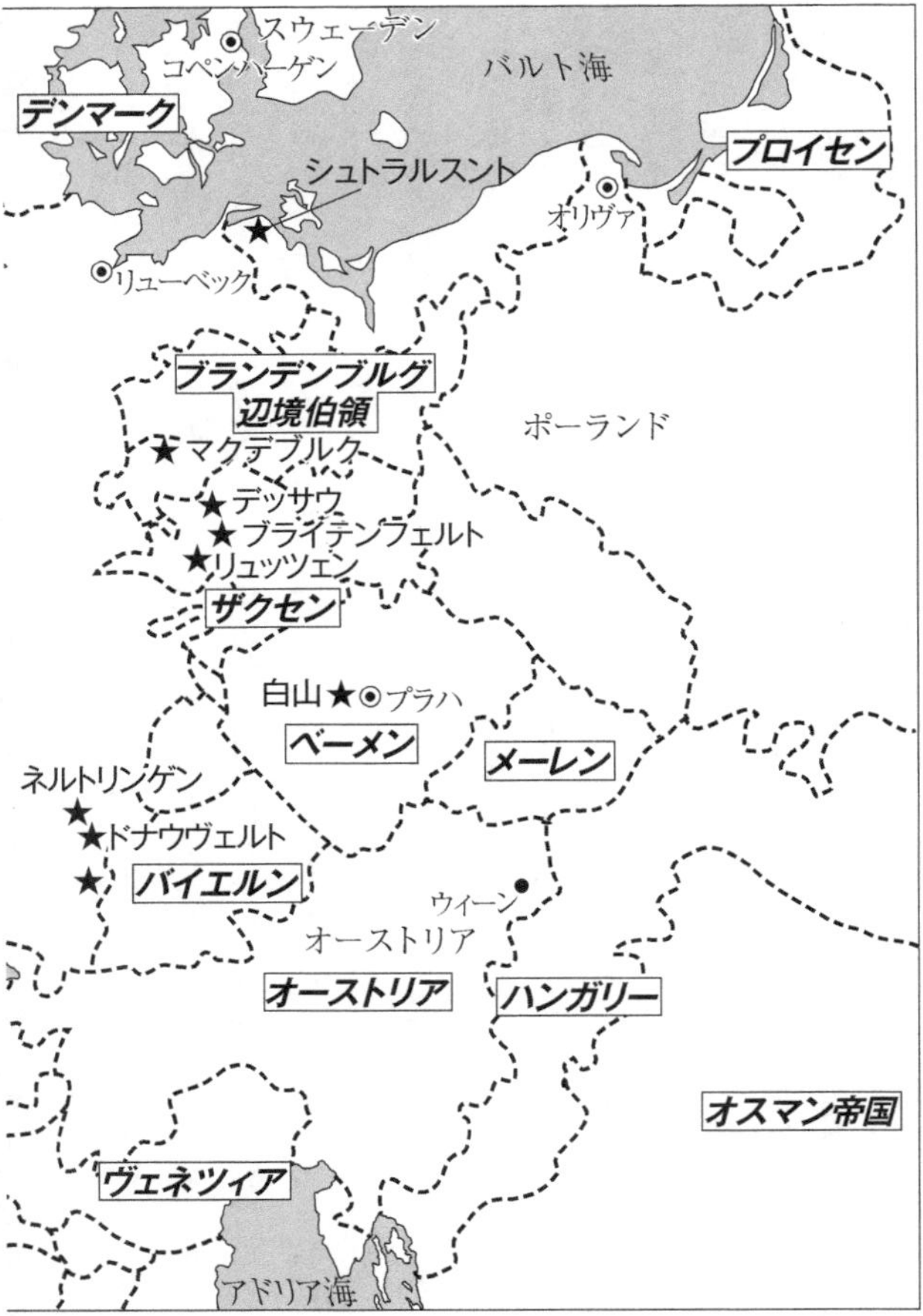
スウェーデン
コペンハーゲン
バルト海
デンマーク
プロイセン
シュトラルスント
オリヴァ
リューベック
ブランデンブルグ
辺境伯領
ポーランド
マクデブルク
デッサウ
ブライテンフェルト
リュッツェン
ザクセン
白山
プラハ
ベーメン
メーレン
ネルトリンゲン
ドナウヴェルト
バイエルン
ウィーン
オーストリア
オーストリア
ハンガリー
オスマン帝国
ヴェネツィア
アドリア海

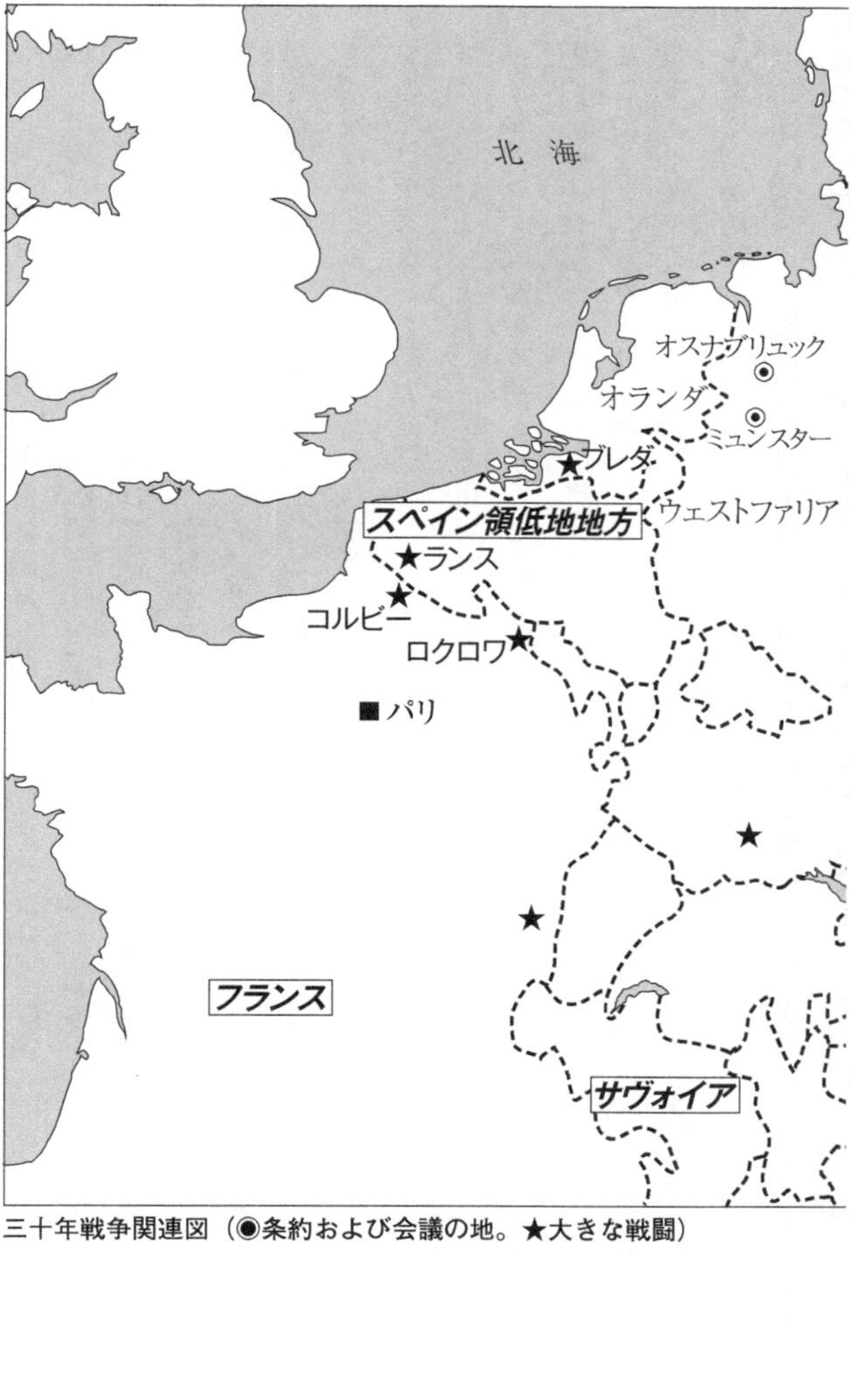

三十年戦争関連図（◉条約および会議の地。★大きな戦闘）

一六三三年四月にはスウェーデン王とドイツのプロテスタント諸侯の間で、皇帝に立ち向かうためのハイルブロン同盟が結ばれた。前でも触れたが、同年にフランスはロレーヌ公国を占領した。ドイツに肉薄していて正解だったというのは、翌一六三四年にはスペインが三十年戦争への参戦を決めたからである。

スペイン軍は九月六日のネルトリンゲンの戦いで、スウェーデンとプロテスタント諸侯の連合軍を壊滅状態に追いこんだ。この事態に十一月、ザクセン選帝侯とブランデンブルク選帝侯はハイルブロン同盟から脱落、神聖ローマ皇帝と停戦する道を選んでしまう。ドイツのプロテスタント勢力は、あれよという間に存亡の危機に立たされる。

フランスはといえば、一六三四年十一月一日にはライン河流域地方を占領した。ここからハイルブロン同盟を支援しようと思うも、スペイン軍は一六三五年に入ると、そのライン河流域地方に展開してきた。このままではフランスの利権まで危うくされる。

ここでリシュリューは決然として動いた。二月八日にオランダと、四月二十八日にスウェーデンと攻守同盟を締結すると、五月八日にフランス軍を、スペイン統治下のルクセンブルクに密かに移動させたのだ。

十九日にスペインに宣戦布告すると、早くも二十二日には両軍がアヴェーヌで激突することになった。シャティオン元帥、ブレゼ元帥が率いるフランス軍は、トンマーゾ・ディ・サヴォイア率いるスペイン軍から完勝を捥《も》ぎ取った。それはフランスがドイツ三十年戦争に公然と介入した瞬間でもあった。長く避けてきたスペインとの全面戦争が、ここに再開したともいえる。

楽な戦いではなかった。依然スペイン軍は手強い。フランス軍は北部国境を何度となく破られた。戦線はロレーヌや東部国境、北イタリアや南東部国境にも拡大した。戦いは南西部国境でも行われた。こちらではスペインからの独立を試みたポルトガルやカタロニアと共闘することで、フランス軍が逆にイベリア半島に侵攻していく展開もあったが、なお全体としては厳しい試練である。

軍資金を賄《まかな》うための重税に、フランス国内では不満の声が高くなった。国外とはいえ、プロテスタント勢力を助けることには、相変わらず批判もあった。少し前なら反乱となるところだが、ここぞと拡充されたアンタンダン制が効いて、それは思うに任せない。この期に及んで企まれるのは、リシュリュー暗殺の計画だった。

一六三六年十月には、モントレゾール伯、ソワソン伯、そしてオルレアン公ガストンが企てた。一六四二年六月にもサン・マールが試みたが、その背後にはブイヨン公、スペイン王、そして再びオルレアン公がいたとされる。

いずれの暗殺も失敗に終わった。このあたりの用心もリシュリューは抜かりない。デュマの小説ではないが、密偵、間者の類は多く働かせていたし、自分のための護衛隊も組織していた。有名な近衛銃士隊も、国王付と枢機卿付の二隊があったほどなのだ。

一六三七年八月には、王妃アンヌ・ドートリッシュの家族文通も突き止めた。何が悪いのかという気もするが、やりとりしていた二人の弟というのが、スペイン王フェリペ四世とスペイン領低地地方総督フェルナンド枢機卿、つまりは敵国の要人だった。そういうつもりがなかったとしても、手紙のなかでフランス王家の機密、フランス軍の作戦などが触れられては、戦争の帰趨をも左右しかねない。

事件だった。誰より当事者が責めを恐れる。協力者がシュヴルーズ公爵夫人だったが、この王妃の親友は男装でスペインに逃れ、そこからイギリスに亡命しなければならなかったほどだ。

王妃自身は厳重注意を受けた。意外に軽い。このときアンヌ・ドートリッシュは、離縁され、フランスから追放されることも、いや、それさえ面倒くさいと、密かに殺害されてしまうことさえ、本気で恐れていたかもしれない。が、アンヌ王妃の人生においては、これが転機になったともいえる。

王を継ぐ者、宰相を継ぐ者

実をいえば王妃アンヌ・ドートリッシュは、まさに立つ瀬がない体だった。十四歳でフランスに嫁いで二十二年、もう三十六歳になっていたが、未だ子供はひとりもなかったからだ。王子はおろか王女も産んだことがない。

元がスペイン王女だが、「アンヌ・ドートリッシュ（オーストリアのアンヌ）」と通称されているのは、ルイ十三世がスペイン人と結婚するのだけは嫌だとごねたからだとされる。スペイン生まれだけれど、ハプスブルク家の血筋で、つまりはオーストリア人なのだということで、周囲は説得に努めたのだ。なんだか苦しい。こじつけにも程がある。いや、そもその王の嫌がり方からして、なんだか苦し紛れの感が否めない。

ルイ十三世は我儘で、気位高く、また疑り深くもあり、執拗で容赦ない。それに留まらず、もうなんとなくは感じていたかもしれないが、男性としても少し変わっていた。その性格は神経質であり、潔癖症でもあったと続けた日には、もう色好みの手合いであったとは思われない。あるいは王は女性の生々しさを受け入れられなかったというべきか。

生涯を通じて愛人も何人かいたが、それも恋人というより友達といおうか、肉体関係は一切なかったといわれている。ただ楽しく話すだけなら、相手は男性でも構わないわけで、この意味でもルイ十三世は、寵臣を持ちやすい体質だったが、それで不満はないでは終われない。あれは嫌いでは済まされない。ルイ十三世はフランス王だからである。

王位継承者を儲けなくてはならない——そのあたり、ごく幼い頃から自負あり、自覚ありのルイ十三世であれば、努力しないではなかった。が、結婚したのは、十四歳のときである。その若さ、あるいは幼さゆえに苦しんだのは王より王妃で、アンヌ・ドートリッシュは何度か妊娠するも、そのたび流産してしまったらしい。

そうなれば、もともと王は腰が引けている。あとは遠ざかるばかりになって、三十歳を超えたところまで来てしまった。かくて王妃アンヌ・ドートリッシュは立つ瀬がなくなる。摂政マリー・ドゥ・メディシスの親スペイン政策も今は昔で、もはやアンヌ王妃の実家こそ、フランス王家の最大の敵である。

子供があれば、せめて夫との関係が良好ならば、自分はフランス王妃なのだと胸を張ることができたろうが、あるのはバッキンガム公爵と取り沙汰された過去の醜聞だけだった。このままいられるわけがない。相手が相手だという話でもある。変わり者のルイ十三世は措くとして、切れ者のリシュリュー枢機卿が容認するはずがないのだ。

アンヌ・ドートリッシュを離縁して、あるいは密かに殺害して、ルイ十三世でもその気になるような新しい王妃を迎えようと、それくらいのことは平気で考える。というのも、このままではリシュリュー自身が危ない。次の王はオルレアン公ガストンになるからだ。

反乱、陰謀を繰り返し、そのたび挫かれているというのに、今なお王弟につく者がいるのも、じきフランス王ガストン一世の御代になると思うからである。そのときリシュリューの居場所はない。それどころか抗う術もなく、ただ報復されるしかない。

王子がほしい――それは誰よりリシュリューの願いだったかもしれない。そこで転機という話になる。一六三七年八月、王妃アンヌ・ドートリッシュの家族文通が発覚したとき、それをルイ十三世は厳重注意に留めた。なにゆえの寛大な処分だったかというと、このとき王は王妃のことを、久々に思い出したからだ。

あるいは自分にも妻がいたのだと、図らずも意識することになったというべきか。そこに一六三七年十二月五日が来る。以下はフランス王家による公式発表である。

その日、狩りに出ていたルイ十三世は、ヴェルサイユからサン・モールに移動する途中で、大雨に見舞われた。ちょうどパリの近くだったので、急遽ルーヴル宮に入り、一夜の宿を取ろうとしたところ、王妃アンヌ・ドートリッシュがいた。

その夜に懐妊して、一六三八年九月五日、アンヌ・ドートリッシュが産んだのが、待望の王子だった。後のルイ十四世だが、この王太子にルイ十三世は、もっと長く「ルイ・デュー・ドネ（神が与えたもうたルイ）」と名づけている。最大級の喜びの表現ということだが、なんだか出来すぎな感も否めない。

たった一夜あればよいというが、二十二年間も子供がなかった夫婦である。十二月五日というのも、子供が生まれた九月五日から逆算した気がしないでない。往々さらっと流されてしまうが、二年後の一六四〇年九月二十一日には、もうひとり王子が生まれている。アンジュー公フィリップだが、同衾《どうきん》も皆無に近かった夫婦が、ここに来て次から次と子宝に恵まれたというのである。

実をいえばルイの名前にも注意が必要で、その「ル・デュー・ドネ（神が与えたもうた）」とは、処女でイエス・キリストを身ごもった聖母マリアを皮肉る表現で、「父なし子」とか、「父親の知れない子」とかの意味にもなった。ルイ十三世の態度からして、望んだはずの我が子に対して、妙によそよそしかったと伝えられる。

あれやこれやの不自然さから、王妃アンヌ・ドートリッシュの転機というのは、別な意味なのだと解釈する向きもある。敵国スペインと通じていながら、王妃は厳重注意の程度で許された。許してやるかわりに、結婚の取り消しも、追放もしないでやるかわりにといいながら、リシュリューは王妃に強迫したというのだ。

すなわち、王子を産めと。適当な男をあてがうから、その子供を産めと。いくらなんでも、ひどすぎる想像か。どんな冷徹な政治家でも、そこまで強いる男はいないか。ましてやリシュリューは、本来的には人倫を説く聖職者なのだ。

年齢も五十二歳、この時代では老境といっていい。先は長くないというのに、自らが介入を決めた戦争は、後に「三十年戦争」といわれるだけに、そう簡単には終わりそうもない。戦費を賄うための重税に、軍隊のための徴発にで、国内の不満も高まり、貧しい民衆が蜂起を試みるようにもなっている。

これに昔日のように大貴族たちが乗じないともかぎらない。国家の舵取りは従前に増して困難になる。ルイ十三世には正義を行う意欲はあっても、その能力まではない。自分が亡きあと宰相として働く者、つまりは後継者を決めておかなければならない。そういうことを考えるリシュリューなら、政治家として、人間として、しごくまっとうである。

選んだのが、ジュール・マザランという人物だった。元の名前が「ジューリオ・マッツァリーノ」というイタリア人で、ローマ教皇庁に勤めていた。リシュリューの目に留まったのが、一六三〇年のマントヴァ継承戦争において、教皇特使の資格で両軍の休戦を斡旋したときだった。

才覚を見込まれて、フランスに呼ばれ、そのまま一六四一年十二月五日には、ルイ十三世に推挙されるという形で枢機卿になった。このマザランをリシュリューは、自らの後継者であると、はっきり公言することまでしていた。どこか具合が悪いわけではなかったが、もう長くないと、もしや悟っていたのかもしれない。

ほどない一六四二年十二月四日、リシュリューは死んだ。フランス軍はスペイン領ルシヨン遠征を行っており、その援軍を率いて南フランスまで出たところで、マラリアに罹患《りかん》したのだ。パリに戻っても快癒せず、そのまま天に召されたが、翌五日の国王顧問会議では、もうマザランが首座を占めた。国政の空白は見事なまでに潰されていた。

このマザランも有能な男だった。名宰相ぶりは次に譲るが、何が最大の美点であったか、というより何がリシュリューの目に留まったかといえば、あるいは才覚というよりも、その顔ではなかったかと疑われる。肖像画をみれば一目瞭然、なかなかの美男子なのである。

それだけではない。肖像画を並べてみると、ちょっと驚くくらいに似ている。誰に似ているといって、バッキンガム公爵ジョージ・ヴィリヤーズに似ているのである。それはかつて王妃アンヌ・ドートリッシュと噂があった、イギリス王の寵臣のことである。

リシュリューにすれば、かつての好敵手ということになるが、そのバッキンガム公爵に似ているマザランを、わざわざ自分の後継者に据えた。つまりは、このイタリア人ならきっと王妃の気に入るだろうと……。

ジュール・マザランこそ、王太子ルイとアンジュー公フィリップの父親なのだという説もある。が、事はそんなに簡単でなく、アンヌ王妃の妊娠前後は、まだイタリアにいたと反論もされている。いや、それこそ一夜でよいのだと、諸説紛々なのであるが、少なくともアンヌ王妃が嫌いなタイプではなかったようで、そのあたりも後で触れることになる。

いずれにせよ、マザランがバッキンガム公爵に似ていると気づいた者は、まだ多くなかったようだ。ルイ十三世はどうだったか。リシュリューに薦められるまま、マザランを受け入れたのは何故か。それ以前にリシュリューに死なれて、どんな気持ちでいたのか。

かわりの宰相枢機卿にもうマザランがいたのだから、さほど気分は変わらなかったかもしれないが、仮に大きく変わったとしても、そう長いことではなかった。一六四三年五月十四日、忠臣の後を追うようにルイ十三世も崩御したからだ。

まだ四十一歳だったが、不運にも結核を患っていて、リシュリューが死んだときで、もう大分悪かった。ただ急ではなかったので、王は四月二十日の遺言で、きちんと死後のことを定めることができた。

王位を継ぐのは王太子ルイだが、まだ四歳、せいぜい五歳にしかならない。摂政を立てなければならないので、それにルイ十三世は王妃アンヌ・ドートリッシュを指定した。国事は摂政顧問会議で決められ、参加の閣僚は大法官セギエ、財務総監ブーティリエ・ドゥ・シャヴィニィ、そして宰相マザランである。

王は丁寧に定めたが、定めるまでもなく、すでに全てが決められていた。摂政王母が宰相を嫌がる、とも思われない。まったく、出来すぎなのだ、リシュリュー。それくらいの苦言を、ルイ十三世は心に吐いていたかもしれない。

せめてもの抵抗か、王は妻と宰相に全ての権力を握らせない工夫も残した。あれほど嫌った王弟、オルレアン公ガストンを呼んで、王の未成年における国王総代に任じたのだ。この王弟が摂政顧問会議も主催する、いないときはコンデ大公が主催するとも定めた。

かつて反乱を起こした親王まで会議に迎え入れて、集団指導体制といおうか、互いに牽制する体制といおうか、いずれにせよ絶対の権力は誰にも握らせない。ルイ十三世にすれば、今再びフランスを支配する摂政政治が、自分の母マリー・ドゥ・メディシスのそれの轍を踏むことを心配したのかもしれない。

第三章　太陽王ルイ十四世（一六四三年〜一七一五年）

王は踊る

フランスを代表する美男俳優のひとり、ブノワ・マジメルがルイ十四世を演じた映画が、『王は踊る』だ。日本の芸能界と同じく、フランスの芸能界も時代劇は御手の物だが、それにしても王が踊る、王がバレエを踊るという主題には、ちょっと意表を突かれた感がある。これが史実に基づいているとなれば、二度びっくりである。

国王付第一侍医ファゴンが日記を残している。

「一六五三年、一月にも陛下はバレエの反復練習で汗をかかれたため、話したり、息をしたりするのも困難なくらいの、ひどいお風邪をお召しになられた。それから療養の時間も満足でないのに、この三月八日にはブルボン宮で再びバレエの反復練習で汗をかかれ、夜食の後に全身の悪寒に襲われてしまった。一時間以上も続いてから、今度は発熱なされて、一晩中お苦しみになられた」

ルイ14世
（イヤサント・リゴー画）

ルイ十四世が十五歳のときの話である。身長は百六十センチとさほど大きくないながら、がっしり筋肉質な体軀を誇っていた。幼い頃から周囲を驚かせるほどの健啖家《けんたんか》で、よく食べたからには内臓も丈夫だったと思われる。健康健全の見本のような肉体を打ちのめす、侍医の悩みの種になるほどの運動量で、王はバレエに激しく打ちこんだのである。

踊るという行為そのものは、フランス人も中世の昔から好きだった。物語さながらの「舞踏会」は城主の館で、あるいは宮殿の広間で、頻々と催されていた。が、それは皆で和気あいあいと輪を作り、つまりは万人に許されていた遊興である。それが劇場――宮殿だの庭園だのに設営された物も含めて劇場に移されるや、とたんに意味が違ってくる。

特別な鍛錬を積んだ末に明るい舞台に上がる人間と、暗がりの客席に留まりながら鑑賞を専らにする人間とに分けられる。照明、音楽、脚本、衣装、舞台美術と趣向を凝らして、大掛かりに演じられるスペクタクル、いうところのバレエは芸術なのである。

フランスの王侯貴族がバレエの虜《とりこ》にされるのは遅く、ヴァロワ朝末期の十六世紀後半、本格的にはブルボン朝に替わった十七世紀だった。当時のイタリア趣味の一環というわけで、リシュリューの後継者であるマザランもイタリア人であれば、さかんに歌劇やバレエの類を上演させている。その影響もあってか、若きルイ十四世はもう夢中だったのだ。

ファゴンが伝える一六五三年の話をすれば、王が猛練習に励んだのは『夜』という舞台に出演を控えていたからだった。大掛かりな舞台装置で、しかもそれを頻繁に入れ替える趣向を凝らし、舞台芸術の画期をなしたとされる作品である。

そこでルイ十四世は、金糸の舞台衣装、陽光を表現する金毛の鬘、闇を開く太陽を象徴する放射状の仮面を合わせて、太陽神アポロンの扮装をした。これが初のアポロンだったが、それから何度も繰り返す気に入りの役になる。ここから「太陽王（Le Soleil）」という異名も来るが、さしあたりは舞台の上での嵌《は》まり役ということだ。ルイ十四世はただ踊っていればよかった。今のところは踊っていれば……。

マザラン

話をルイ十三世の崩御まで戻そう。その一六四三年五月十四日は、王太子ルイが「フランス王にしてナバラ王」に即位した日でもある。フランス王としてはルイ十四世、ナバラ王としては「ルイス三世」を称したが、四歳八ヵ月での即位で文字通りの幼王である。

ルイ十三世も幼くして王位についたが、まだしも九歳だった。アンリ四世が人好きする質だったので、父王の記憶も強く残された。愛された自信を手に入れると同時に、「大王」を手本と意識せざるをえなかったが、そんなルイ十三世と比べて、ルイ十四世には父の記憶など、ほとんどなかったとされている。「正義王」を模範とする意識も当然なかったわけで、それが良かったのか、それとも悪かったのか。

五月十五日、新王ルイ十四世は暮らしていたサン・ジェルマン離宮からパリに向かった。十八日にはパリ高等法院に出向いて親臨を行い、「高等法院に好意を示すためにまいった。あとのことは大法官が話すであろう」とだけいった。あるいは子供は、ただいわされたというべきか。

大法官セギエが求めたのは、四月二十日に発表され、二十一日には高等法院に登記もされた、ルイ十三世の遺言の破棄だった。摂政王母には「王が未成年の間の王国の諸々に関する自由かつ絶対的で、全面的な統治権」が与えられるべきだというのだ。

これをパリ高等法院は認めた。先王時代にリシュリューに制限された権限、つまりは勅令の登記を拒否して、その再考を王に促す建白権を、ここで旧に復せると考えてのことだった。王母アンヌ・ドートリッシュは隠れもなく、宰相枢機卿と対立していたのだ。が、同日夕にはマザランを、「宰相にして摂政顧問会議の議長（principal ministre et président du conseil)」に任命した。

これには高等法院のみならず、世人の多くが首を傾げた。リシュリューの後継者であれば、王母はマザランを嫌うものと思われていたからだ。摂政として全権を掌握すれば、かえって追放するほどだと考えられていたのに、自らリシュリューと同じ地位に据えたのだ。

マザラン
（フィリップ・ドゥ・シャンパーニュ画）

この人事については、オルレアン公ガストンやコンデ大公にも納得させた。国王総代職の安堵や州総督職の任命を餌に懐柔したのは、いうまでもなくアンヌ・ドートリッシュでなく、すでに主導権を握るマザランである。

じき四十二歳のアンヌ・ドートリッシュと

四十一歳のマザランは、ほどなく愛人関係になった。すでになっていたものを、無理に隠さなくなっただけかもしれないが、いずれにせよ男女は固く結ばれた。フランスの舵取りも、この新しい二人三脚で行われるが、それとしてスペイン女とイタリア男は、どの方向に向かうというのか。

五月十九日、フランドル戦線で行われたロクロワの戦いで、アンギャン公ルイが率いるフランス軍が、スペイン軍に大勝した。無敵歩兵連隊テルシオスに対するに、フランス軍は騎兵隊を用いた包囲戦術で応じた。囲まれて、なお投降しないスペイン軍だったが、最後は四方からの砲撃で降参させた。フランス軍の損失二千、スペイン軍は八千で、つまりは大勝である。

フランスが介入してきた三十年戦争が、大きく動いた瞬間だった。同年九月四日、今度は海戦で、マイエ・ブレゼが率いるフランス艦隊が、カルタヘナ沖の戦いでスペイン艦隊を撃破した。陸でもアンギャン公の勢いが止まらない。一六四四年八月三日、フライブルクの戦いで今度は神聖ローマ皇帝軍から勝利を奪う。また九月十二日にはテュレンヌ将軍がフィリップスベルクを落とし、ライン左岸の占領を果たした。

一六四五年八月二日に行われたのがネルトリンゲンの戦いで、苦戦のテュレンヌをアンギャン公が救援することで大勝、かたわらでマイエ・ブレゼも再び気を吐く。一六四六年六月十四日、オルビテロの海戦でスペイン軍を打ち破る。

九月二十八日にはテュレンヌのフランス軍、ランゲルのスウェーデン軍が、共闘でアウグスブルクの包囲にかかる。十月十一日、アンギャン公とガッシオン元帥はダンケルクを奪取する――と次から次に飛びこんでくる戦勝の報に、フランスは大いに沸いた。

もちろん、パリも狂喜する。摂政政府も然りである。はじめルーヴル宮に入ったものの、ほどなくリシュリューに遺された「枢機卿宮殿《パレ・カルディナル》」に移り、それを「王　宮《パレ・ロワイヤル》」と改名した。そこからフランス王家は亡き枢機卿が始めた戦争を、かつてのルイ十三世よろしく励ましたのだ。

アンヌ・ドートリッシュとマザラン――新しいデュオの選択は、ルイ十三世とリシュリューの継承だった。スペイン女とイタリア男は、フランスが来た道を、そのまま先に進んだのだ。根が外交家のマザランは、一六四四年十二月からウェストファリアで講和会議に着手した。ルイ十三世とリシュリューが祈念したフランスの勝利がみえてきた。

ルイ十四世はといえば、ぬくぬくと暮らしながら、ただ守られていればよかった。王母による摂政政治は、ルイ十三世のときに増して絵に描いたような寵臣政治だったが、それが幼王にとっても悪くなかった。

母アンヌ・ドートリッシュは、祖母マリー・ドゥ・メディシスのような我儘な目立ちたがり屋、あげくの権力志向ではなかった。自分が、自分がではなくて、あくまで息子王のためなのだ。うまくいくなら出しゃばる必要はないと、実のところ政治は宰相枢機卿に丸投げだった。

そのマザランが有能かつ、なかなかの気骨者で、ルイ十四世に対しては父親がわりといえるくらいの愛情も注いだ。一六四六年からは王の教育総監という職も兼ねた。王は七歳、男子の教育が女の手から男の手に移される年齢であり、それを機会に宰相自らが全般司ることにしたわけだ。

これではルイ十四世の父親がわりというより、実の父親なのではないかと疑われても仕方がないが、さておき自ら選んだ家庭教師にもラテン語、イタリア語、数学と教授させた。大抵が聖職者だが、かたわらで貴族が指南役になるのが、球技、乗馬、狩猟といった身体を使う嗜《たしな》みだった。

ややあってからは軍事の講義も施されるようになり、パレ・ロワイヤルやルーヴル宮の中庭には、ミニチュアの要塞も作られた。そこはイタリア人で、マザランは絵画、建築、音楽の教授も忘れなかった。なかんずくルイ十四世が夢中になったのが舞踏、つまりはバレエを踊ることだったのだ。

七歳から二十七歳まで、ほぼ毎日二時間の練習を欠かさなかったというから、嗜みの域に留まらない、今でいう男子の部活感覚に近かったのかもしれない。その部活に打ちこめるのは、「家庭」がしっかりしているからだ。ルイ十四世は不安を感じるでも、不満を覚えるでもなく、ただ踊っていればよかったという所以だが、幸福な少年時代は永遠に続くわけではない。

フロンドの乱

不安を感じ、不満を覚えていたのは、フランスのほうだった。「三十年戦争」と呼ばれるが、それは結果からの命名であり、同時代の人々には終わりがみえない戦争だったに違いない。主たる戦場はドイツであり、国土が蹂躙《じゅうりん》される不安こそなかったろうが、いつまで戦費を払わなければならないのかと、その不満は覚えないではいられなかった。

もっとも戦争のための重税は、今に始まる話ではない。税金を重くしたのは、戦争を始めたリシュリューである。とうに不満は渦巻いていたのだが、それを前の宰相は押さえつけた。アンタンダンという新たな手を伸ばして、どんな地方からも取り立て、大規模な反乱など起こさせなかった。かかる政治の手法も、マザランはそっくり継承していたのだ。

いや、ここで勝ち切らなければならないと、輪をかけて税を集めた。タイユ税は年額五百万リーヴルまで増額、それでも足りないと次から次へと新税を作り出す。一六四四年一月二十七日には、パリ城外市に家屋税（Toisé）をかけた。不許可建築が多いことに目をつけると、マザランは建物の正面二メートル四方につき五十ソルを徴収したのだ。

八百万から千万リーヴルの増収がみこめたが、当然ながら反発も半端でない。城外市に暮らすのは、大抵が庶民なのだ。八月、マザランは家屋税の徴収を百万リーヴルに減らすと発表、そのかわりに新設したのが、財産に応じた強制借入である富裕税（Aisé）だった。

今度は金持ちが激怒する。マザランは家屋税、富裕税、ともに廃止したが、そのかわりと再び公課に関する勅令を、細々と十六も持ち出してきた。一六四五年九月七日、それをルイ十四世を座らせての親裁で、パリ高等法院に登記させることもした。王が自ら出席した法廷では、その意向に逆らえない定めなのだ。

一六四六年十月には、パリ市内への商品搬入税を新設した。マザランは商品ごとの税額一覧表まで発表する熱の入れようだったが、その年は凶作だっただけに高等法院が反対した。それでも宰相枢機卿はあきらめない。豊作の年なら文句なかろうとばかり、翌秋まで待つ粘り腰で、一六四七年九月二十七日に登記に漕ぎつけたのである。

取れるところからは取る、隙あらば何でも課税するといった勢いだ。それは一六四八年も変わらず、財務総監デムリが新たに出した公課七勅令をパリ高等法院に登記させるため、一月十五日、ルイ十四世は再び親裁に臨むことになった。いくらか大きくなったとはいえ、まだ十歳の少年王である。慣例の文言を忘れてしまい、思わず泣いてしまったと伝えられるが、あるいは緊迫した空気に呑まれてのことだったかもしれない。

親裁には逆らえない。可決登記したものの、パリ高等法院は憮然とした。七勅令のひとつに、訴追審査官のポストを二十四職増加する案があった。官職を売れるので王家には収入になるが、すでに訴追審査官についている者にとっては、せっかくのポストの価値が下がる、財産が目減りするという話だ。保有官の巣窟である高等法院が、歓迎できるわけがなかったのだ。

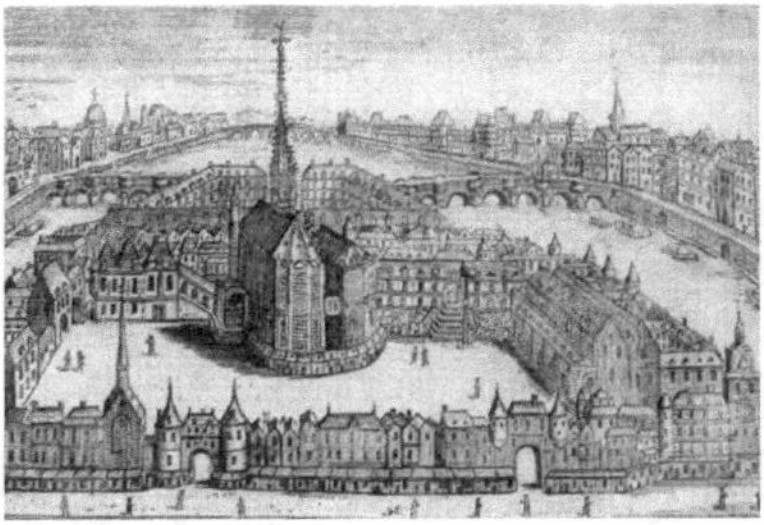

パリ高等法院

パリ高等法院は翌日には態度を翻した。七勅令に反対の意を表した。フランス王家に反抗した、いや、親裁の定めを無視したのだから、もはや反逆したといってよい。そうした高等法院をパリの民衆も応援した。ルイ十三世とリシュリューには逆らえなかったが、子供とスペイン女とイタリア男の王家なら別だという気分もあったろう。

王家も退かない。マザランは粘り腰で、しかも交渉上手なのだ。公課七勅令が認められないのなら、それに代わる財源を確保しなければならないからと、官職保有者たちの俸給を四年間停止すると通達した。かかる脅しを交えながら、折衝が繰り返されたが、なかなか妥結にいたらなかったのだ。

五月十三日、パリ高等法院は会計院、租税院、大顧問会議といった他の最高諸院を招いた。連合裁定として発表したのが、このとき集まった高等法院の部屋に因んだ「聖ルイの間の宣言」だった。タイユ税の四分の一減、アンタンダン制の廃止、これに取り上げられていた財務官僚の権限復活、高等法院の権限強化等々、あからさまに王権を制限せんとする試みだった。

マザランは七月九日、デムリを財務総監の職から更迭した。増税案を出した大臣を引責辞任させたわけだが、なお高等法院は簡単には納得しない。アンタンダン制の廃止、タイユ税の八分の一減を提示することで、最後には王家が折れた。屈辱的な運びになったが、それも宰相枢機卿の腹としては、あくまでも一時的な譲歩だった。

戦争はうまくいっていた。八月二十日、アンギャン公改めコンデ大公のフランス軍は、ランスの戦いに勝利した。二十六日、パリでは戦勝記念の聖餐式が挙げられたが、それを目くらましにマザランが決行したのが、パリ高等法院で反王家の旗を振るブルーセルの逮捕だった。

これが失敗だった。ブルーセルの逮捕を知るや、パリの民衆は激怒した。ほんの十二時

市門の前のバリケード

間で市内いたるところ、実に千二百ともいわれる箇所にバリケードを築いて、徹底抗戦の構えを示した。子供の玩具のパチンコに因んで命名された、いわゆる「フロンドの乱」の始まりである。その「高等法院のフロンド」と呼ばれるプロセスだ。

二十七日も騒擾は止まず、群衆はパレ・ロワイヤルや高等法院を取り囲んだ。宰相マザラン、摂政アンヌ・ドートリッシュに守られていたとはいえ、もしやルイ十四世は怖くて、また泣いたかもしれない。弱り果てた王家は八月二十八日、ブルーセル釈放に応じた。十月二十二日にはサン・ジェルマン勅令で、「聖ルイの間の宣言」も容れた。それから二日後の十月二十四日、ドイツで結ばれたのが、ウェストファリア条約だった。

この条約で三十年戦争は終結、フランスの利害をいえば、アルザス地方と、ロレーヌ地方のメス、ト

コンデ大公
（ダヴィッド・トゥニィエ2世画）

ゥール、ヴェルダン三都市の獲得が認められた。マザランは外の戦争には勝ったのだ。それでも内の反抗には勝てない。いや、外で勝利したのだから、叩かれるべきではない。これだけ強い軍隊なのだから、使わないでいる手もない。

マザランは反撃を開始した。一六四九年一月五日から六日にかけた夜、フランス王家は密かにパリを脱出、サン・ジェルマン離宮に逃れた。一月八日、いれかわりにパリに肉薄したのが、のちのコンデ大公が率いる王軍だった。包囲される間に、高等法院も貴族たちやパリ市民たちに呼びかけて、応戦態勢を整えた。戦闘が繰り返されたが、マザランはそれと同時並行的に得意の交渉も進めていた。

三月十五日にリュエイユの和が結ばれ、「聖ルイの間の宣言」で挙げられた二十七条のうち、十五条を認めるという条件で折り合いがつけられた。アンタンダン制については、国境地帯に限定して維持されることになった。

四月一日には妥協が正式に登記され、五日に和解を祝う聖餐式が挙げられた。「高等法院のフロンド」は、これで終わりである。八月十八日、王家もパリに帰還した。が、すっかり元通りとは行かない。

反乱を鎮めた最大の功労者は自分だとして、コンデ大公は九月、顧問会議の首座につくことを求めた。摂政アンヌ・ドートリッシュが拒絶すると、大公は弟コンティ公、義兄のロングヴィル公と寄り集まり、なにやら不穏な動きだった。先手必勝とマザランは一六五〇年一月十八日、三人の王族をルーヴル宮で逮捕、パリ東方のヴァンセンヌ城に幽閉した。が、これが、またもや失敗だったのだ。

貴族のフロンド

コンデが州総督を務めるブールゴーニュ、コンティが州総督のシャンパーニュ、ロングヴィルが州総督のノルマンディでは、それぞれの郎党である地元の貴族たちが一斉に立ち上がった。これにリムーザンのブイヨン公爵、ポワトゥーのラ・ロシュフコー公爵、アンジューのローアン公爵らが続いた。アンタンダンの締めつけが弱まると、これなのだ。

いわゆる「貴族のフロンド」の始まりだった。火消しのため、フランス王家は自ら地方に向かった。アルクール伯爵が率いる王軍を伴いながら、二月、まずはノルマンディに進む。三月から四月にかけてはブールゴーニュに転じ、ヴァンドーム公セザールの王軍が攻めたフロンド派の拠点、スールの陥落にも立ち会った。

六月はギュイエンヌだった。州都ボルドーにコンデ大公夫人、ブイヨン公爵、ラ・ロシユフコー公爵ら、フロンド派の要人たちが結集していたからで、九月からは王軍による包囲攻撃が開始された。十月には停戦が成立、五日に王家のボルドー入城となったが、今度は北東部が怪しいと聞こえてきた。マザランは今度はシャンパーニュに飛ばなくてはならなくなった。

かたわらでスペインとの戦争は続いていた。終結した三十年戦争は、ドイツでの戦いだけなのだ。となれば、この外の敵とフロンド派は提携を模索するわけで、テュレンヌ元帥がスペイン軍を率い、シャンパーニュの要衝レテルを占領した。いよいよ窮地かと戦慄したが、十二月十五日、その近郊ソンムピの戦いで、王軍はテュレンヌ軍を撃破した。フロンド派は抗戦に足る兵力を、全てなくしたことになる。

フランスを縦横無尽に駆け回り、甲斐あって反乱の平定がみえてきた——かと思われた矢先だった。一六五一年に入ると、王家が戻っていたパリで、またぞろ火の手が上がった。パリ司教代理ゴンディがフロンド派の貴族たちを糾合《きゅうごう》、パリ高等法院にコンデ、コンティ、ロングヴィルの三人の釈放を要求したのだ。

この動きにオルレアン公ガストンが加わった。ルイ十四世の叔父は、先王が遺言で指定した通りに摂政顧問会議の一員で、王家が地方に出ていた間など留守のパリを任されていたほどなのだが、やはり腹に一物ある輩であり、ここに来てフロンド派に寝返ったのだ。

ゴンディ司教代理、パリ高等法院、オルレアン公ガストンの三者で盟約が結ばれたのが、一月三十日の話である。いよいよ危ないと、マザランは二月六日、パリを単身出奔した。九日には摂政アンヌ・ドートリッシュとルイ十四世も脱出を試みたが、それはパリ司教代理ゴンディとオルレアン公ガストンが、パリの民兵隊を率いて阻止した。

パリどころか、パレ・ロワイヤルからも出られない日が、一ヵ月ほど続いた。最中では、もしやこっそりいなくなってはいないかと、疑心暗鬼に駆られた民衆が、王の寝室に雪崩れこむ騒ぎまで起きた。少年王ルイ十四世は、このとき何を思ったか。

マザランはといえば、ノルマンディのル・アーヴルに向かった。ここにヴァンセンヌから移していた例の三囚人を、自らの手で釈放するためだった。コンデ、コンティ、ロングヴィルが自由を取り戻したのが二月十一日の話だが、それで事態が好転するなどと、甘い見通しからではなかった。

宰相枢機卿は今度は東へと急いだ。シャンパーニュからドイツに抜けて、ケルン選帝侯領内のブリュールに亡命を決めたのだ。戦いをあきらめたわけではない。怨嗟《えんさ》の的である自分はいったん引くべきだ、そのほうがフロンド派の行動も激化しないとの判断だった。マザランは手紙で摂政アンヌ・ドートリッシュに指示を出し、国外から逆転を画策する。釈放されたコンデ、コンティ、ロングヴィルの三人は、二月十六日にパリに入城した。

貴族集会が開かれると、そこで求められたのが全国三部会の召集だった。九月八日にトゥールと日時と場所まで決められたが、それはパリ高等法院の望みではなかった。理想は高等法院の権限拡張、法服貴族の政治力拡大なのであり、全国三部会が発言権を増すことも、それを介して帯剣貴族が古い政治力を取り戻すことも、本意とするところではない。

反乱側の足並みが乱れた。これぞ三人を釈放したマザランの狙いだったかもしれないが、案の定でコンデ大公は、傲慢な王族らしく高等法院の不満など端から無視した。得意満面で摂政顧問会議の首座につくと、早速郎党たちに政府の要職を配りにかかる。となれば、おまえたちを誰が解放してやったのだ、誰がパリに呼びこんだのだと、今度はオルレアン公ガストンやパリ司教代理ゴンディが面白くない。

反乱側の天下のはずが、パリでは俄に雲行きが怪しくなった。依然パレ・ロワイヤルから動けないルイ十四世は、何をしていたかといえば、この四月に十二歳にしてバレエの初舞台を踏んでいる。宮廷で披露された王族だの、貴族だの、政府高官だのはどう感じたか定かでないが、少なくとも少年王には快感だったようである。

ルイ十四世は五月にも『バッカスの祝祭』という、いっそう本格的な演目を披露している。その華麗なる舞いに魅了されたわけではあるまいが、同じ五月にはテュレンヌ将軍がフランス王家と和解することになった。七月にはオルレアン公ガストンも、フロンド派から抜けてしまった。

九月五日に迎えたのが、ルイ十四世の十三歳の誕生日だった。七日には成人宣言を行うとともに、高等法院における親裁で決めたのが、全国三部会の開催延期だった。パリにいた者は忠誠を誓うため、こぞって王のもとを訪問したが、その例外がコンデ大公だった。

せっかく首座を占めた摂政顧問会議は解散した。アンヌ・ドートリッシュは摂政でなくなったが、かわりに国王顧問会議の首座を占めた。それがルイ十四世の望みであれば、コンデ大公も従前のようにイタリア男とスペイン女の勝手とは責められない。かくなるうえは王の口から、どうか首座についてくださいといわせるしかない。

九月二十二日、コンデ大公は州総督の位を五月に手に入れていたギュイエンヌに向かった。そこで弟のコンティ公が握るプロヴァンス州、ローアン公が影響力を振るうアンジュー、ベリー、ポワトゥー諸州の勢力と結びながら、新たな反乱の準備を始める。スペインと手を結ぶのも、前のときと同じである。

かくて結集した勢力に、十月八日、ルイ十四世は大逆罪を宣告した。王家は中央フランス、ベリー地方の都市ブールジュに移動、同時に軍を進発させて、十一月には南フランスで戦闘状態に突入した。十二月にはマザランも帰国した。六千のドイツ兵と一緒で、それを早速オカンクール元帥の指揮に委ねた。

フロンドの乱。バスティーユ前での戦闘
（作者不詳）

マザラン嫌いの高等法院は、その首に十五万リーヴルの賞金を出すと発表して、フロンド派に加わりなおした。一六五二年に入ると、オルレアン公もコンデ大公と結びなおした。なんとも節操がないといおうか、日和見にも程があるといおうか。

マザランは一月二十日、ポワティエで王家と合流した。宰相枢機卿の説得、あるいは懐柔に応じて、二十三日にはブイヨン公爵とテュレンヌ元帥がやってきた。王軍が力を強めて、いよいよ戦闘は佳境に入る。戦場は徐々に北フランスに移り行く。

コンデ大公は四月十一日、再びパリに入城した。七月二日には東のフォーブール・サン・タントワーヌ門前で、激しい戦闘が起きた。王軍が押していたが、フロンド軍の劣勢に市内にいたオルレアン公の娘、人呼んで「ラ・グランド・マドモワゼル」がバスティーユ要塞に檄《げき》を飛ばし、そこから砲撃を加えさせた。王軍が怯んだ隙にフロンド軍が市内に戻ることができたという、なんとも際どい展開だったが、なおパリの攻略ならないことに変わりはない。

王家は手を変えた。マザランは得意の交渉に訴えた。まず七月十一日、ルイ十四世の名前で高等法院に、王家はマザランを追放すると通達させる。実際、八月十九日にはマザランは再度の亡命となった。が、いうまでもなく引退を決意したわけではない。

狙いはマザラン嫌いの感情を和らげることだった。少しでも態度が軟化すれば、切り崩しが見込めるというのは、従前みたようにフロンド派は一枚岩ではなかったからだ。

案の定でパリは、かたや外から来たコンデ大公と兵士たち、かたやパリの民衆と高等法院に分かれて、微妙な距離をみせ始めた。そこに王家は揺さぶりをかける。七月三十一日に発表したのが、パリ高等法院のポントワーズ移転である。勝手に吠えていろとも居直れないのは、マザランが密かに引き抜きを働きかけていたからだ。

八月七日、フランス王家の通達に応じる形で、モレやフーケら三十一人の高等法院高官が市外に出た。面々の就業をもって、ポントワーズ高等法院は実際に機能を始める。こちらが本物で、パリに残る高等法院は自称にすぎない偽物ということになる。

コンデ大公と兵士たちは、それをパリ高等法院の裏切りだと責めた。が、パリの民衆は一緒にならない。傲慢な兵士たちと暮らし、それを養わなければならない現実に、そろそろ辟易《へきえき》していたからだ。関係は険悪化の一途を辿り、九月二十四日、とうとうパリの民衆はフランス王家に首都帰還を要請した。

孤立したコンデ大公は十月九日、パリを出ざるをえなくなった。スペイン領ブリュッセルに向かい、マザランと入れ替わりに亡命生活に追いやられた。ルイ十四世と王家は、十月二十一日にパリに帰還した。二十二日にはパリ高等法院を再興したが、以後においては財政勅令ならびに国事に関する審議を禁じ、つまりは事実上建白権を剝奪して、その権限に厳しい制限を課さずにはおかなかった。ひどく嫌われたアンタンダン制はといえば、こちらは復活させられている。

フロンド派には大赦《たいしゃ》が宣言されたが、オルレアン公ガストンはそれを待たずに、やはりパリから脱出していた。陰謀好きの親王は、以後一六六〇年二月二日に亡くなるまで、ブロワで蟄居を続けることになる。

一六五三年二月三日には、マザランもみせかけの亡命先スダンからパリに戻った。五月、それをルイ十四世は三回目のバレエ公演で歓迎した。一生懸命に練習して、ここで披露されたのが『夜』であり、演じたのが太陽神アポロンだったということだ。

一六五四年六月七日、ルイ十四世はシャンパーニュの都市ランスで戴冠式を挙げた。伝統的な塗油式を済ませ、これで非の打ちどころないフランス王である。とはいえ、まだ十六歳の少年だ。いや、すでに十六歳というべきか。

それは先代ルイ十三世が母親とその寵臣に対して、クー・デタを企てた年齢である。歴史は繰り返されるといおうか、ルイ十四世の手にも政治の実権はなかった。握っていたのは王母アンヌ・ドートリッシュというより、もはや専ら宰相枢機卿のマザランである。フロンドの乱を鎮めて、その地位はいよいよ磐石なのである。

土台がコンチーニやリュイーヌのような小物ではない。リシュリューから後継者に指定された辣腕家《らつわんか》は、実力からいっても張り合える相手ではない。ルイ十四世は張り合う気もなかったようだ。特に不満を覚えていたわけでもない。好きなバレエに打ちこめれば、それで満足と思う以前に、マザランが政治に引っぱり出したからである。

儀式や儀礼、あるいは迎賓と、王として欠かせない公務を果たさせただけではない。マザランが若き王を招き入れたのは、文字通りの政治の現場だった。自分の執務室に呼び、日々の政務にルイ十四世の立ち会いを求めたのだ。大臣や高官たちに報告させ、それらに指示を出し、はたまた真剣に討議する様子をみせ、ときには王自身にも参加させた。宰相枢機卿は教育の責任者でもあったが、それも仕上げとばかりに、手ずから帝王学を叩きこんでいったのだ。

戦場にも立ち会わせた。戦争は続いていた。例のスペインとの戦争で、戦場はスペイン領の低地地方だった。スペイン軍を率いていたのは、フロンドの乱で亡命したコンデ大公である。対するフランス軍ではテュレンヌ元帥が指揮していたが、その陣営にルイ十四世も加わったのだ。一六五三年九月にはムーゾンの陥落を、十一月にはサント・ムヌールの降伏をみた。一六五四年八月には、コンデ大公がアラスから撤退する現場も目撃した。

戦況についていえば、さらに一六五五年、五六年と、常に押し気味の形勢だった。さすがテュレンヌ元帥は当代一流の将軍だが、対するコンデ大公もロクロワの英雄であり、軍事的カリスマだった。ランドルシィ、ヴァランシエンヌと激戦続きで、裏を返せば軍事では決め手に欠けた。

マザランは外交に訴えた。カリブ海でスペインの私掠船《しりやくせん》に苦慮するイギリスと同盟を結び、互いにとっての仇敵をヨーロッパで共に攻めることにしたのだ。一六五七年三月にパリ条約が結ばれ、一六五八年五月からは陸からのフランス軍、海からのイギリス軍で、スペイン領ダンケルクを攻めた。

両面からの攻撃に、たちまちダンケルクは窮地に陥る。六月十四日、コンデ大公のスペイン軍が来援を試みたが、それを市外の砂丘でテュレンヌのフランス軍が撃破した、名高い「砂丘《デューヌ》の戦い」だが、これもルイ十四世は前線近くまで足を運んで、つぶさに観察したとされる。

七月にかけては、フランス軍はベルグ、フュルヌ、ディクスムイデと占領していった。

ルイ十四世は引き続き戦場の視察に努めたが、ここで体調を崩したことがあった。高熱が続いて、一時は命が危ぶまれるほどになった。してみると、世は薄情なものだった。

逗留していたカレーから、潮が引くように人がいなくなっていく。向かったのが、次の王と目される弟アンジュー公フィリップのところだ。奇跡的に快復して目覚めたとき、ルイ十四世の寝台に付き添っていたのは、マリー・マンシーニという女性だった。このとき王は二十歳、当然ながら恋に落ちる。

二歳下のマリー・マンシーニは、元は「マリア・マンチーニ」というイタリア人で、他でもないマザランの姪だった。宰相枢機卿はフランスに帰化すると、姪や甥を呼び寄せていた。宮廷で王や王弟と一緒に暮らさせ、つまりは同年代の御学友ということだ。

わけてもマザランの妹の子は五姉妹だった。ルイ十四世も最初は、絶世の美女とされた次女のオランプ・マンシーニが気に入ったようだ。しかし、王母アンヌ・ドートリッシュが気にしたため、マザランはこの姪を急ぎソワソン伯に嫁がせた。ルイ十四世も文句をいうでなかったが、なるほど本気で恋をしたのは三女のマリーのほうだった。

可愛い顔つきだったが、絶世の美女というわけではない。肖像画をみても、華やかでゴージャスな感じはない。ただマリーは文学の教養が豊かで、それがルイ十四世のバレエ趣味とも合致、そこで話が弾んだようだった。ますます本気になって、それは王の初恋といってよかった。

戦場の視察から戻り、ルイ十四世はパリやフォンテーヌブローで、マリーと蜜月の日々をすごした。が、その一六五八年は忙しかった。秋にはマザランの命令で、南東フランスに行くことになった。王に欠かせない仕事も、こたびは「お見合い」ということだった。

十一月二十四日にリヨンに到着、ほどなくサヴォイア公カルロ・エマヌエーレ二世が公女マルゲリータを連れてやってきた。恋人がいる身で、ルイはどういう心境だったかと訝《いぶか》るも、これはポーズにすぎないからと、事前にマザランに教えられていた。

なんのためのポーズかというと、スペインを和平交渉に引きずり出すためだった。フランス王がサヴォイア公女マルゲリータと結婚を決めた後では、せっかく適齢期でいるスペイン王女マリア・テレサを嫁がせる和平は、金輪際結べなくなるぞと、手練手管のマザランは圧力をかけたのだ。

これが当たった。慌てたスペイン王家はリヨンに特使を送ってきた。王女マリア・テレサとの縁談を持ちかけて、マザランの狙い通り和平交渉の開始となったが、これはポーズというわけではない。ルイ十四世は抵抗した。マリー・マンシーニという恋人がいるのに、スペイン王女と結婚するなんてできない。

マザランに逆らったのは、ほとんど初めてのことだったが、ルイ十四世は折れなかった。思い詰めた王は結婚するならマリーがいい、マリーと結婚させてほしいと、宰相枢機卿の膝下に跪き、緋色の僧衣の裾をつかみながら、涙ながらの懇願までしたという。

ところが、このあたりがマザランの名宰相たる所以である。自分の姪がフランス王妃になる。勝る名誉もないような話だが、それを頑として撥ねつけた。一国の王たる者は、感情で結婚するべきではない。王妃はフランスのための外交利益で娶らなければならない。宰相枢機卿が授ける帝王学も、仕上げの訓戒というわけだった。

一六五九年五月、マザランは全ての戦闘を停止させた。姪のマリーを宮廷から遠ざけたのは、ほどない六月二十二日である。ラ・ロシェル近くのブルアージュ城に追いやり、ややあってからローマ貴族のコロンナ伯爵に嫁がせたのだ。

王に断念を強いると、マザランはピレネ山中、スペイン国境のビダソア河に向かった。その中洲のフェザンス島で、八月十三日から詰めの和平交渉だった。

ルイ十四世も観念した。マザランが正しいことは理解できる。私情にも私欲にも流されない決断は、政治家として見習うべきものだ。それ以前に人間として、尊敬の念を抱かずにはいられない。自分のために、こうまで働いてくれる労に、感謝しないでいられない。

和平案がまとまると、ルイ十四世は南フランスのトゥールーズに出向いた。フランス王として、自ら署名を果たすためだった。十一月七日、いわゆるピレネー条約の成立である。これでフランス王ルイ十四世とスペイン王フェリペ四世の王女マリア・テレサとの結婚が正式に決まった。王女がスペイン王位継承権を放棄するかわりに、五十万エキュの持参金がフランス王家に支払われるとされた。

領土関係でいえば、スペインは低地地方でサン・トメール、イープル、オードナルド、ムナンを保持するが、フランスはアルトワを獲得、さらにティオンヴィル、モンメディ、カリニャン、マルヴィル、フィリップヴィル、グラヴリーヌ、ランドルシィなど、フランドルからエノー、ルクセンブルクに亘る要地も支配することになった。

南西国境でも、スルダーニュ、ル・コンフラン、ルシヨンの諸地方を手に入れた。コンデ大公の復権とブールゴーニュ州総督はじめ諸職への復帰、サヴォィア公にはピニェロールを除く全ての占領地の返還を呑まされたが、全体としてみれば、フランスの勝利といえる内容である。

それはスペインの覇権を終わらせた条約ともいわれている。フランスを大国たらしめるため、リシュリューが始めた戦争を、マザランが勝利で終わらせたのである。

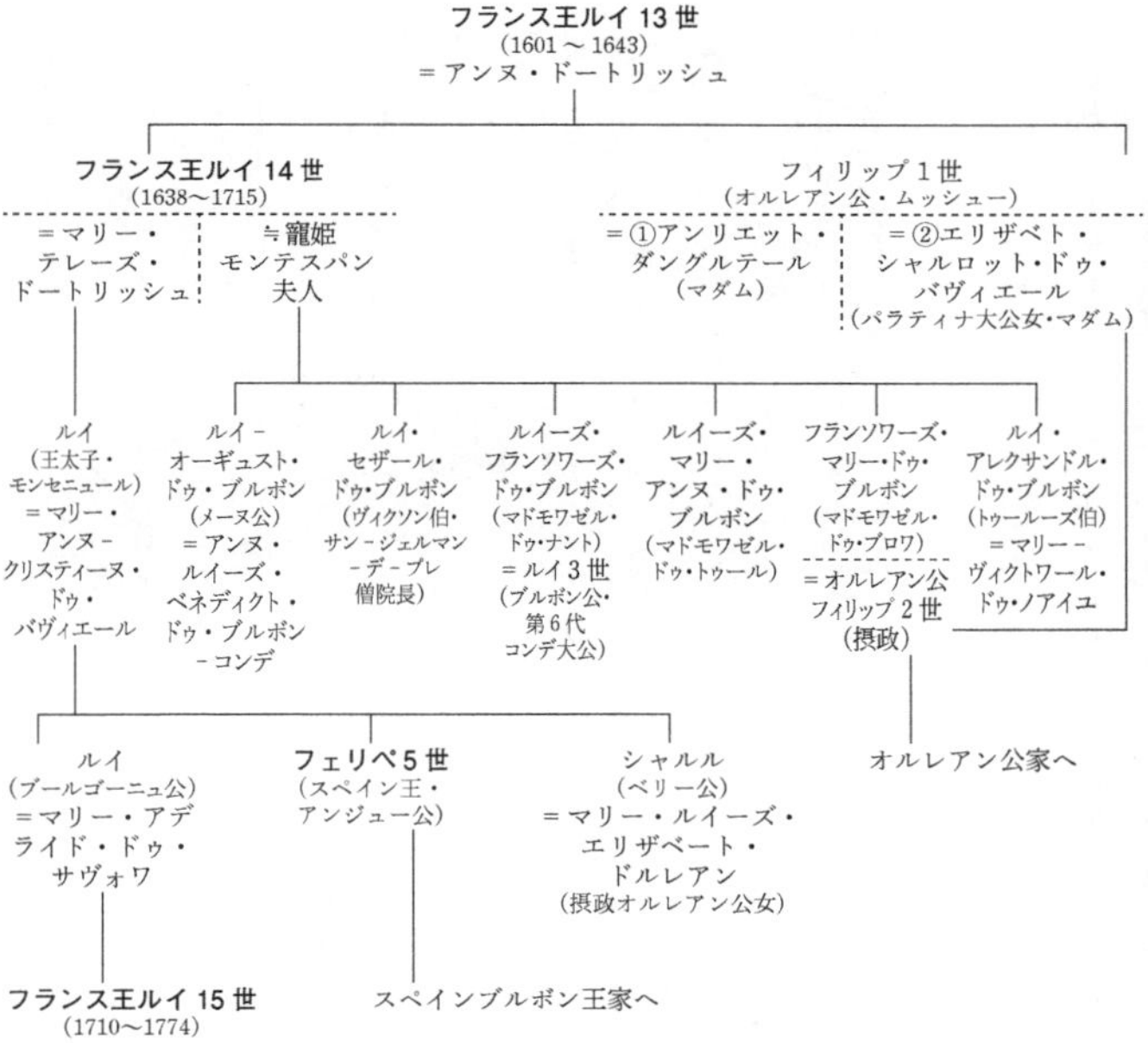

ルイ 14 世の子孫（王のカッコ内は生没年）

条約締結の後も、ルイ十四世は南フランスに留まった。一六六〇年五月八日に入城したのが、ピレネ山麓サン・ジャン・ド・リュズだった。スペイン王女マリア・テレサもやってきて、そのまま六月九日には市内サン・ジャン・バティスト教会で挙式となった。

フランス王ルイ十四世、フランス王妃となった「マリー・テレーズ」の新郎新婦は、お披露目を兼ねて、フランス縦断の旅に出発した。抜けていったのは、ほぼ四半世

ルイ 14 世とマリア・テレサの婚礼（ゴブラン織りのタペストリー）

紀ぶりの平和に沸く王国だった。バイヨンヌ、ボルドー、ポワティエ、アンボワーズ、オルレアン、フォンテーヌブロー、ヴァンセンヌと巡り、仕上げが八月二十六日のパリ入城だった。
午後二時半、パリの東門からサン・タントワーヌ通りに入り、パリ市庁舎の前を抜けて、ノートルダム橋でシテ島に渡り、新市場、ドーフィーヌ広場と巡ると、ポン・ヌフで再び右岸に渡り、ルーヴル宮に到着するまでの道々、左右の沿道では建物にも路傍にも熱烈歓迎の人々が詰めかけて、引きも切らなかったと伝えられる。国王夫妻を歓呼の声で包みこみ、最後はセーヌ河に花火まで打ち上げられた。

その晴れ姿をマザランは、サン・タントワーヌ通りにあるボーヴェ館にいて、その窓辺から眺めていた。さすがの宰相枢機卿も、もはや満身創痍だった。ピレネ条約までの大仕事を果たしてしまうと、とたんに病に伏せるようになった。急激に痩せて、肺水腫、腎炎、尿毒症と次々患うようになったのだ。

一六六一年に入ると、いよいよいけなくなった。二月八日にヴァンセンヌ城に移ると、三月三日には臨終の聖体拝領を済ませ、七日には終油の秘蹟を受けた。臨終は三月九日の、午前二時のことだった。

そのときはルイ十四世もヴァンセンヌ城に詰めて、マザランの部屋の近くで寝起きした。先生であり、手本であり、恩人でもある男の死を伝えられると、亡骸に涙を流し続けたという。マザランには教えられた。本物の帝王学を授けられた。その死は学びの終わり、若かりし者が、ただ学んでいればよかった幸福な時間の終わり、つまりは青春の終わりなのだということも、王は理解していたに違いない。

親政宣言

ルイ十四世は三月十日、ヴァンセンヌ城に大法官セギエ、財務総監ニコラ・フーケ、アンリ・ロメニー・ドゥ・ブリエンヌとその息子の若ロメニーという二人の国務卿を含め、全部で八人の大臣を集めた。若ロメニーの証言によれば、王が始めたのはセギエ大法官に向かってだった。

「朕は閣下に朕の大臣と朕の国務卿を集めさせました。他でもない、従前は朕の国の諸々を亡き枢機卿に統治させることをよしとしてきましたが、向後は朕が自ら統治しようと思うと、皆さんに伝えるためです」

そのうえで大法官には、自分の了解なく玉璽を押さないようにと指示を与えた。さらに向きなおり、他の面々に続けたことには、自分の了解なく署名しないように、それから毎日報告するようにと。そこで、こうまとめたのである。

「舞台の場面は転換しました。朕は朕の国家の政府において、朕の財政の管理において、また国外との交渉について、原則として故枢機卿のような方は持ちません。諸氏は朕の気持ちを知ったわけですから、もはや諸氏におかれては、それを実行するのみです」

ルイ十四世の親政宣言とされるものだが、この一六六一年の時点でどこまで確たる決意となっていたのかは不明である。

「朕の職務を補佐する人材について、朕はまず何より宰相を置かないと決意した。この職をフランスは永遠に廃止しなければならない。一方であらゆる仕事を果たしている人間がいて、他方で国王という称号だけを持つ人間がいるという状態ほど、恥ずかしいものはないからだ」

かかる台詞があるのは、ルイ十四世が治世末期に書いた『回想録』のなかである。つまりは後付けだ。とはいえ、二十三歳の若き王が、やる気まんまんだったことは確かだ。

マザランを敬愛する気持ちに嘘はなくとも、マザランだから譲ってきたという気持ちもあった。それまで自分の好きにできなかった鬱憤を、ここぞと爆発させたといえば後ろ向きで、むしろ今こそ授けられた帝王学を実践するとき、ひとり立ちのときなのだと、ルイ十四世は前向きな意志に満ちていたに違いないのだ。

もとより宰相を置く、置かないは形式的な話でしかない。名前だけ宰相がいなくなっても、実質的な宰相がいるなら同じだ。また宰相がいたとしても、例えばシュリーを用いたアンリ四世など、なお「大王」としての存在感は些《いささ》かも薄れなかった。逆に親政かどうかにこだわる「太陽王」は、どうだったのかと問いたくなる。

親政当初における主な閣僚をいえば、前王時代からの大法官セギエ、一六六一年には国務卿で、六二年からは外務卿を務めるユーグ・ドゥ・リオンヌ、一六四三年からの陸軍卿で、七七年には大法官にもなるル・テリエ、そして財務総監ニコラ・フーケの四人が挙げられる。

全員がマザラン時代、ことによると、リシュリュー時代からの閣僚たちで、また全員が法服貴族である。コンデ大公、ロングヴィル公、ブイヨン、テュレンヌ、ラ・ロシュフコーのような帯剣貴族は呼ばれない。反乱を起こす輩は好まれない。専ら王に尽くす人間こそ望ましい。だから法服貴族ばかりというが、それまたフロンドの乱にみたように、反乱を起こさないわけではなかった。それだけの実力がないでもない。

なかんずく財務総監フーケだった。ベル・イール侯爵ニコラ・フーケは、このとき四十六歳、一族は父の代からリシュリューの庇護下にあり、自身も一六五〇年からはパリ高等法院で検事総長の地位を占めていた。

フーケ
（シャルル・ル・ブラン画）

フロンドの乱では、一六五二年にマザランの引き抜きに応じた高等法院のポントーズ組のひとりであり、それをきっかけに新しい宰相枢機卿の引きも得た。一六五三年からは財務卿として国王顧問会議に入り、そのまま財務総監（surintendant des Finances）に上り詰めた逸材なのだ。

マザランの次はフーケ——と皆に思われていた。宰相は置かないと宣言されて、なお事実上の宰相はフーケで間違いないとされた。変わらず用いて、ルイ十四世にも排除するような素ぶりはなかった。フーケを嫌った、ほとんど憎悪していた人間は他にいた。

ここで、もうひとりの重要人物が登場する。名前をジャン・バティスト・コルベールという。このときで四十二歳、ランスの商家に生まれ、商人、銀行の手代、公証人の書記と仕事を経験してから、一六四〇年に軍務官のポストを獲得、もって官界に進出した。

軍務官は軍隊行政に関わる職務で、その関係で一六四五年からは陸軍卿ル・テリエの腹心の配下となった。そのうちマザランの目に留まり、フロンドの乱のときは一六五一年に宰相枢機卿が余儀なくされた亡命にも同道している。その後は私的にマザランに仕え、個人資産の管理を委ねられていたのが、コルベールなのである。

非常な能吏ということで、マザランが死の直前に王に推薦した。容れたルイ十四世は三月八日、コルベールを財務監察官（intendant des finances）に任命し、また十日には上司になるフーケにも重用を命じている。そのコルベールが五月四日、フーケは財務総監の地位を利用して公金を横領していると、密かに王に直訴したのだ。

コルベール
（クロード・ルフェーブル画）

微妙な問題だった。国王役人だの、行政機構だの、官僚制だのと論じてみるが、そこは前近代の話であり、自ずから限界がある。ひとつが公私の区別の曖昧さだった。公金と私金の区別も、意識されていたとはいいがたい。王が使う金からして、それは公金なのか、私金なのか。例えば馬を買ったとして、それは国有財産になるのか、それとも王個人の持ち物か。

王の役人も同じで、まず予算が下りて、それから執行するとか、領収書をとっておいて、後から精算するというような頭はない。国家の行政経費も、まず自分の懐から出す。わけても財務に関わる役人たるもの、当面の支出くらい、ポンと自分の金庫から出せないようでは、とても国家の財政など回すことができなかった。

王家の法服貴族として成り上がれるのは、裕福なブルジョワだけという所以で、裏を返せば栄達を遂げたフーケなど、その最たる例だったことになる。財務総監の職を担えたからには、まず自らが相当程度まで立て替えることができる、稀な大富豪だったのだ。

私財を擲ち、そのかわり後日に公金を懐に入れる。融通した分を国庫から返してもらう。公人である自分が、私人である自分に払う。公私の別が曖昧になるのは当然だが、それだけにも留まらない。ひとりでやれば、いくらか上乗せしても誰も咎めない。儲けもないのに前払いに応じるなんて、どんなおひとよしなのだという理屈もある。かかる時代状況において、それを公金横領といい、不正と責められるのか。

実をいえばコルベールは一六五七年、マザランにも直訴していた。が、宰相枢機卿は取り合わなかった。自分も同じようなことをしていたからだ。私的な蓄財といえば蓄財、しかしマザランのポケットマネーで国家が動いていた部分もあった。でなければ、フロンドの乱など起こされて、反攻できるわけがない。ドイツ亡命から帰るとき、ドイツ傭兵を引き連れるというような真似が、可能になるわけがない。

この図式に異を唱える者があるとすれば、上役を引きずり下ろして、自分が取ってかわりたいと思う野心家か、さもなくば世間知らずで理想に燃える若者くらいのものである。ルイ十四世はコルベールの直訴を聞いた。フーケ更迭も口に出したというが、そこまでといえばそこまで、政府の高官が民間の大富豪に戻るだけの話である。それでは足りないと、コルベールは七月、フーケは領地のベル・イール島を要塞化している、王に反乱を起こすかもしれないと告発した。フロンドの乱がトラウマになっている王は、これには甘い顔はできなかった。心は逮捕に踏み出したが、なおすぐに実行できるわけではなかった。

フーケはパリ高等法院の検事総長を兼職していた。かかる司法官の立場があるかぎり、高等法院で裁くことはできない。ルイ十四世は一計を講じた。目下高等法院の改組を考えている、要職に閣僚がいるのでは進めにくいから、できれば辞任してほしいと、まことしやかな理由を設けて、フーケに頼みこんだのだ。パリ高等法院の検事総長ポストも売買官職であり、買い戻すのでないならば、王とて一方的には解雇できなかったのだ。

仮に買い戻す金があっても、売りに出されなければ手が届かない。辞任してほしいというのは、ポストを売却してほしいという意味なわけだが、陛下の思し召しであればとフーケは応じた。八月十二日、検事総長のポストを離れ、のみか売却代金百四十万リーヴルのうち百万リーヴルを、国庫に献上することまでした。

フーケを断罪するべきか否か。まだ王は逡巡していたのかもしれないが、ほどなく最終的な決断が下される。八月十七日、ルイ十四世のためと打ち上げながら、フーケが私邸のヴォー・ル・ヴィコント城で園遊会を催したときである。

まさに絢爛豪華の一語に尽きる祝宴だった。ヴォー・ル・ヴィコント城からして、眩いばかりの建物である。千夜一夜物語の宮殿を思わせる壮麗な邸館は、建築家ル・ヴォー、画家ル・ブラン、造園家ル・ノートルという当代一流の気鋭たちが設計、一六五六年から六一年までかけた工事で完成させたものである。この名城、名園が、その夜は泉水と光を駆使した演出で、さらに光を増して輝いていたのだ。

ヴォー・ル・ヴィコント城

いざ食卓につけば、映画『宮廷料理人』で知られる美食の大家、ヴァテルの料理が次から次と給仕され、胃袋を満たした後は特設の野外劇場で、今度は世紀の喜劇王モリエールの新作『うるさがた』が上演されるという運びだ。フーケは数多の文化人を後援する、パトロンの顔も持っていたのだ。華やかなりし大園遊会の模様は、お抱え詩人ラ・フォンテーヌの言葉で今日に伝えられている。

「ヴォーでは陛下の御楽しみのため、ありとあらゆるものが競いあう

音の調べが流れれば、負けじと水は先を急ぎ、

照明に火が灯されれば、隠されまいと星々も強く瞬《また》く」

ルイ十四世は王母アンヌ・ドートリッシュ、叔父の死でオルレアン公になったアンジュー公フィリップ、この王弟と結婚して公妃になったばかりのイギリス王女アンリエット、和解したコンデ大公、その他、ほぼ宮廷まるごとを引き連れて、ヴォー・ル・ヴィコント城を訪ねていた。忠臣のもてなしに、フランス王はどんな態度で応えたかといえば、宴半ばに中座して、ひとりフォンテーヌブロー宮に帰ってしまった。

なぜ、そんなことを——端的にいえば、ルイ十四世は悔しかった。あるいは危機感を覚えたというべきか。豪華絢爛なヴォー・ル・ヴィコント城の一夜は、王が持つどんな城の、どんな祝宴をも上回るものである。そこに宮廷まるごと移動させた日には、主のフーケこそ王にみえる。いや、それ以上だ。フランスにフランス王を凌ぐ人間がいたのだ。

ルイ十四世が「他方で国王という称号だけを持つ人間がいるという状態ほど、恥ずかしいものはない」との思いを嚙みしめたのは、この夜のことだったかもしれない。当時の王

は、ルイーズ・ドゥ・ラ・ヴァリエールというオルレアン公妃の侍女を寵姫にしたばかりだった。このルイーズにフーケも気があるのではと疑っていたともされ、このままでは愛人まで奪われかねないと、その種の危機感まで強くさせられたのかもしれない。

「フーケ殿、今度は朕が貴殿を驚かせてあげよう」

去り際の言葉とされるが、その真偽いずれにせよ、ルイ十四世の心は決まった。フランスに王は二人もいらない。並ぼうとする人間は許さない。銃士隊長代理シャルル・ダルタニャンに命じて、フーケ逮捕を決行したのは、九月五日のことだった。それは王の二十三度目の誕生日であり、自分で自分に贈り物ということだったか。

フーケの身柄を拘束すると、そのまま高等法院で裁判にかけた。検事総長でなくなっていたので、もう存分に裁けた。三年の裁判を経たが、反逆罪は証拠不十分で、問われたのは公金横領のみになり、それについても一六六四年十二月二十日に出された判決は、国外追放と財産没収というものだった。

厳しい判決といえるが、なお生ぬるいと感じたのがルイ十四世だった。追放刑を終身禁錮刑に「減刑」するという巧妙な手を用いて、王はフーケを牢に留めることにした。それも一六六五年には身柄を北イタリア、アルプスを越えたばかりの山麓にあるピニェローロ要塞に移送させた。こんな辺鄙なところまで飛ばして、一六八〇年に死ぬまで幽閉したのだから、ルイ十四世の怨念たるや一通りのものではない。本当の意味で親政を宣言したのは、フーケ事件を通じてだったかもしれない。

コルベールとルーヴォワ

一六六一年に話を戻せば、十一月一日には王太子ルイが生まれた。ルイ十四世は子作りという、ブルボン王朝を安泰ならしめる君主の責務も、早々に果たしてしまった。めでたい、めでたいと沸くばかりのフランス、その政府ではコルベールが首尾よく台頭を果たしていた。フーケなき今、もう道を遮《さえぎ》る者もいなかったのだ。

九月十五日に財務顧問会議が設立されると、コルベールはまずその議長になった。フーケが占めた財務総監のポストは、権限が集中しすぎて危険と廃止されてしまったが、これにかわる財務総検（contrôleur général des Finances）のポストが一六六五年に設立されると、すみやかに就任したのもコルベールだった。

一六六四年一月二日には、王立建築総監（surintendant des bâtiments royal）にもついていた。一六六九年には海軍卿と宮内卿も兼ねた。栄達は本人だけではない。一六六一年から従兄弟のシャルルを海軍監察官、さらに海軍総監に、一六六六年には従兄弟のヴァンサン・オットマンを、七八年には甥のニコラ・デマレを、ともに財務監察官につけた。

弟のコルベール・クロワシィは、一六七九年に外務卿になった。その死後は息子で、コルベールには甥に当たるコルベール・トルシィが同職を受け継ぎ、コルベール自身の息子、コルベール・セニュレイも海軍卿になっている。

コルベール一族で、まさに露骨なくらいの栄達である。どんな働きゆえに許されたのかと問えば、まずは財政改革が挙げられる。タイユ税はじめ直接税は減税、間接税のほうを増やし、その業務を担う徴税請負人を整理統合して、より無駄が出ないように腐心した。シュリー以来のブルボン朝の王道といってよいが、コルベールは間接税を単に増やすのでなく、自ずと増えていくような努力も費やした。つまりは国内経済を活性化させる、いわゆる「重商主義《じゅうしょうしゅぎ》（mercantilisme）」に基づく諸々の取り組みである。

ひとつには保護関税で、フランスから外国商品を締め出すことだった。一六六四年、一六六七年と二度にわたる税率の引き上げで、コルベールは外国商品の輸入をほぼなくしてしまったとされる。そのうえで国内産業を育成する。そのためにコルベールは、ドーフィネ鉱山会社、ヴァン・ペロー王立毛織物会社、王立硝子《ガラス》鏡製作会社、王立レース製作所、ゴブラン絨毯《じゅうたん》製作所と、特権企業まで設立した。

流通も国内、あるいはフランス領内の話なら、どれだけ広域でも構わない、むしろ広域なほうがよいと、一六六四年にはアジア植民地に東インド会社、アメリカ植民地に西インド会社と、こちらでは特権会社を設立している。

もはやコルベールの独壇場である。ほとんど仕事を丸投げにされ、それを実行するのも自身、ないしは一族郎党ということなら、コルベールこそ事実上の宰相となりそうなものだ。フーケを失脚させた意味もないかに思われるが、そこは心配いらなかった。コルベールが王と並ぶような状態にも、ひとり権力の頂点を占めるような情勢にもならなかったからだ。

ルイ十四世の政府にはもうひとり、ルーヴォワ侯爵フランソワ・ミシェル・ル・テリエという有力閣僚がいた。マザラン時代からの閣僚のひとり、陸軍卿ル・テリエの息子で、一六六一年から父と共同で、一六六七年からは単独で陸軍卿を務めた。これがコルベールと同じように一族郎党で要職を固め、コルベール一派に対抗できる勢力をなしたのだ。

ル・テリエ
（シャルル・アントワーヌ・エロー画）

ルーヴォワが取り組んだのが、すでに父ル・テリエがマザラン下で始めていた軍制改革だった。軍制改革といっても、元が法服貴族であり、帯剣貴族のような軍事的伝統もなければ、戦略戦術の専門教育を施されていたわけでもない。それは軍人たちに任せて、ルーヴォワが進めたのは軍隊行政の刷新だった。

公私の別が曖昧なのは軍隊も同じで、例えば官職売買なども、連隊長や中隊長のポストで蔓延《まんえん》していた。軍隊が厄介なのは、指揮する連隊や中隊まで半ば私物化されていたからだ。下士官の任命なども連隊長や中隊長が好きに行っていたが、ルーヴォワはこれに介入、陸軍卿による直接任命を進めた。大袈裟でなく兵士たちの生死を分ける人事であり、血縁や縁故だけでは務まらないのだ。

この時代の兵士は基本的に志願兵で、軍隊の募集に応じた者だったが、その募兵も連隊長や中隊長にほぼ一任されていた。やはり地縁血縁の縁故を使い、ときには詐欺や誘拐まがいの行為で兵士を揃えたが、それはよい。王家にとって問題なのは、兵士の数が揃わないことだった。

いや、揃わなければ咎めるまでで、より深刻なのは「偽兵（pass-vollans）」の習慣だった。観閲《かんえつ》のときだけ頭数を揃えて、あとはいなくなる偽兵の分の給与を、連隊長や中隊長が着服する習慣だ。軍資金だけ要して兵力が整わないわけであり、この不都合にもルーヴォワは手を入れた。どういう手かといえば、やはりのアンタンダンだった。

各地に駐屯している部隊については各州のアンタンダン、遠征軍、方面軍については別に軍隊アンタンダンを設立して、この王権に直属する委任官を通じて、偽兵の監視や撲滅に尽力させることにしたのだ。

さらに陸軍卿は行軍監督、宿営冬営の手配、糧秣請負の管理を含む補給の手配、さらに装備の点検、財務運営にいたるまで自らに権限を集中させ、やはり州アンタンダンや軍隊アンタンダンを通じて、軍隊行政の強化に努めたのである。

財政のコルベール、軍事のルーヴォワ、この二閣僚とそれぞれに従う郎党を車輪の両輪として、ルイ十四世のフランスは前に進んだ。両者、両派の力が拮抗《きっこう》していたために、単独の宰相という形にはならなかった。しっかり左右を支えられて、ただルイ十四世ばかりが位置を高くしたのだ。

王のみ頂点に君臨するという理想は遂げられた。が、それでルイ十四世は満足したか。ただ担がれ、磐石の地位を約束されて、もう足れりと自分では仕事という仕事もしなかったのか。あるいは、それだけで、もうフランスを治めることはできたのか。そう問いを重ねられれば、いずれにも否と答えなければならない。

ルイ十四世は精力的に働いた。それは歴代の王のなかでも、一、二を争う働き者といえるほどだ。どんな仕事かといえば、ひとつには、まさしくコルベールの財政改革とルーヴォワの軍制改革に支えられる事業、つまりは戦争だった。

戦争の栄光

しかし、戦争は終わったはずだ。一六四八年のウェストファリア条約で、神聖ローマ皇帝との戦いは終わり、残されたスペイン王との戦いも、一六五九年のピレネ条約で幕を引いた。リシュリューが始め、マザランが続けた戦い――ヨーロッパの覇権を争い、ときにフランスの存立さえ脅かした両ハプスブルク家との戦いは、すでに終わったはずなのだ。

いずれもフランスの優位において落着させた。もうやらなければならない戦争はなかった。フランスを危うくする敵はなく、あえて敵対しようとする相手もない。ルイ十四世が自ら統治に乗り出したとき、フランスを巡る国際情勢は平穏そのものだった。

条約は全て履行されるべきである。が、ピレネ条約の一部が守られないままでいた。ロレーヌ公シャルル四世は公国のフランス割譲を約束し、それを一六六二年二月のパリ条約でも確認しておきながら、なお実効支配を続けて手放さなかったのだ。

のみならず要衝マルサルの防備を強化して、抗戦の構えを示した。ルイ十四世は出兵を決断した。自ら軍を率いてマルサルを包囲、九月四日に落城に追いこんで、七日には入城を果たした。ロレーヌ公国を手に入れれば、今度こそ戦う理由はなくなった。

ところが、一六六五年九月十七日、スペイン王フェリペ四世が崩御した。四歳の王太子がスペイン王カルロス二世となったが、そこに問題はない。いや、ないはずだった。ルイ十四世の王妃マリー・テレーズはスペイン王家の出だが、フランスに輿入れするときの約束で、スペインの王位継承権も、遺産相続権も放棄していた。が、かわりに五十万リーヴルの持参金が支払われる約束だったのだ。

それが果たされていなかった。ならばスペインは女系の相続を否定していないのだから、マリー・テレーズがフェリペ四世の王位を継いでもよいはずだ。妻のかわりにルイ十四世が、それを要求することができるはずだ。言いがかりをつけるような話だが、とにかく開戦の口実になればよかった。

ルイ十四世は新たな戦争を始めた。歴史に「遺産帰属戦争（La guerre de Dévolution）」と呼ばれる戦いである。「フランドル戦争（La gueree de Flandre）」とも呼ばれるのは、一六六七年五月に侵攻したのがスペイン本国のほうでなく、スペイン領低地地方、いうところのフランドルだったからだ。

ルイ十四世が親征したが、実質的な司令官は名将テュレンヌだった。シャルルロワ、モンス、ナミュール、リールと要衝を落とし続け、野戦でもマルサン伯爵のスペイン軍を撃破した。その日付である八月二十八日をもって、フランドルの戦闘は終了した。

一六六八年、ルイ十四世はブールゴーニュ州総督コンデ大公に軍を預け、今度はすぐ東のフランシュ・コンテを攻めた。フランス軍は二月六日に首邑ブザンソンを占領した。そこから再び王の親征になったが、勢いは少しも変わらず、二月十四日には要衝ドールを落とした。

　フランス軍は強い。このままではルイ十四世に、どこまで取られるかわからない。俄に危機感を強めたのが、スペイン領と国境を接するオランダだった。オランダはイギリス、そしてスウェーデンに声をかけ、一月二十三日にハーグ同盟を取り結んだ。その名前において促したのが、フランスとスペインの講和だった。

　このへんで止めろと三国で圧力をかけた。つまりは三国干渉である。それをルイ十四世は容れた。五月二日にエクス・ラ・シャペル条約で終戦とした。オードナルド、トゥールネ、リール、ドゥエなど、フランドルの諸都市は獲得したものの、せっかく占領したフランシュ・コンテのほうは、スペインに返還しなければならなくなった。

　悔しさは残る。なかんずく恨まずにおけないのが、オランダである。一杯食わされたままでは、フランスの栄光に瑕《きず》がつく。ルイ十四世は報復を準備した。一六七〇年六月一日、ドーバー密約でイギリス王チャールズ二世と同盟、さらにスウェーデンを引き抜くと同時に、バイエルン、ザクセン、ブランデンブルク・プロイセンとドイツ諸侯にも声をかけ、オランダ侵攻を呼びかけたのだ。一六七一年十一月一日、神聖ローマ皇帝レオポルト一世に中立を約束させれば、これで準備完了だった。

一六七二年三月二十三日、イギリスがオランダと開戦すると、まさに好機到来と四月六日、フランスも宣戦布告して続いた。オランダと利害の対立があるでなく、したがって攻め入る権利もないのだが、同盟国は助けなければならないと、それがこたびの口上だった。いわゆる「オランダ戦争（La guerre de Hollande）」は五月、テュレンヌ軍、コンデ軍、そしてルクセンブルク公が率いるドイツ諸邦軍、三軍による侵攻で始まった。

フランス軍は、やはり強かった。ユトレヒト、ナイメーヘンと落として、七月には首都アムステルダムに迫る。ここでオランダは大胆な策に出た。そこは海抜以下の堤防の国だ。水門を開放すれば、たちまち洪水が起きる。あれよという間にアムステルダムは、水に守られた孤島に変わってしまったのだ。

フランス軍は進撃できない。進路を変えて、一六七三年六月にはマーストリヒトを包囲、七月には攻略に成功したが、その間にオランダは外交で点数を稼いでいた。八月三十日、中立のオーストリア皇帝、さらにスペイン王という両ハプスブルク家と結んで、またも三国同盟をなしたのだ。これをみて、ブランデンブルク・プロイセンなどドイツ諸侯の一部、さらにデンマークまでが新たにオランダと結んだ。

圧力は高まる一方だったが、ルイ十四世は引かなかった。前回に無念を残していたならば、かえって望むところであると、戦場をスペイン領低地地方に移して戦いを続行した。

一六七四年には再びフランシュ・コンテを攻めて、五月十四日にはブザンソン、六月には他都市も片っぱしから占領して、ここぞと力を振るってみせた。

外交では苦戦が続いた。二月にはイギリスがウェストミンスター条約で、オランダと終戦していた。のみならず一六七七年には、イギリス王女メアリーとオランダのオラニエ公ウィレムが結婚し、つまりはイギリスとオランダの同盟が成立した。同盟国まで敵国となってしまい、ルイ十四世のフランスは完全に孤立したのだ。

戦争も苦しくなる。一六七五年七月二十七日のザスバッハの戦いでは、名将テュレンヌを失う痛手まで負わされた。それでもフランス軍は戦い続け、あげくにルイ十四世が結んだのが、一六七八年八月十日のナイメーヘン条約だった。オランダとの戦争は終結したが、領土はひとつも得られなかった。それどころか、この商業国に求められて、コルベールがフランス産業の保護のために設けた高関税を撤廃させられることになった。

九月十七日にはスペインとも和平を結び、ヴァランシエンヌ、カンブレといったスペイン領低地地方の一部、さらにアルトワ地方と、念願のフランシュ・コンテ地方を獲得した。一六七九年二月五日には神聖ローマ皇帝と和平を結び、こちらからは帝国都市フライブルクを手に入れた。両ハプスブルク家との戦いでは領土が増えて、フランスの栄光を高めるというルイ十四世の面目は、辛くも保たれた格好か。

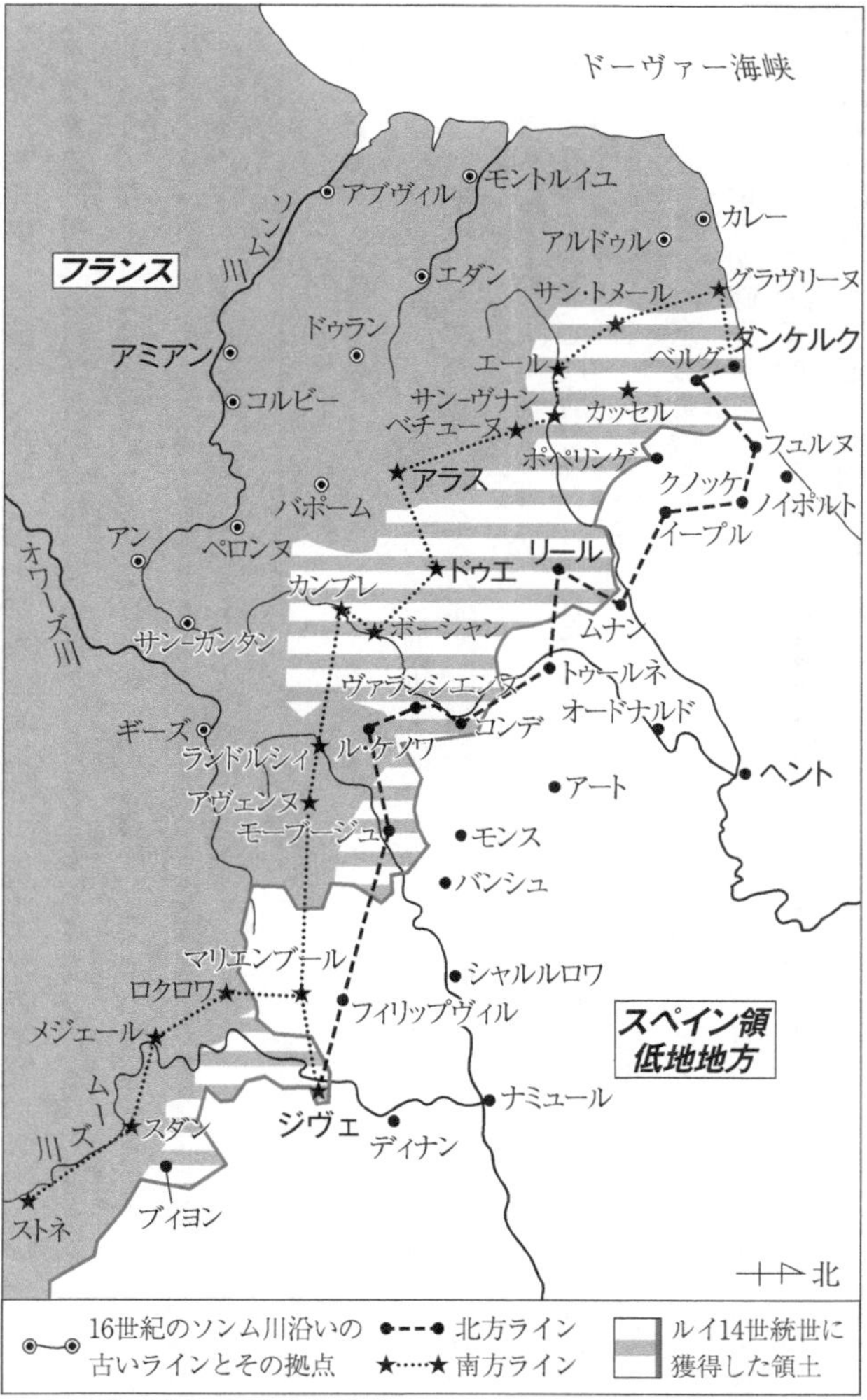

ルイ 14 世が戦争で獲得した地方

やらなくてよい戦争を、あえてやる。ひとえにフランスの栄光のためにやる。かかるルイ十四世の前に立ちはだかるのは、個別にオランダとか、イギリスとか、ドイツ、スペインというよりも、どこか一国、あるいは一勢力が抜きん出ることを望まない、ヨーロッパ勢力均衡の原理だったというべきかもしれない。それこそ以後のフランスにおいて、宿命の敵となるものだった。

宮殿がほしい

さて、フランスの栄光である。ルイ十四世は戦争を通じて追い求めたが、必ずしも思うに任せていない。それでもフランスの輝きを翳らせるわけにはいかない。ルイ十四世は他の手段も探さなければならなかった。

フーケ事件については前で触れた。財務総監の処断を王に決めさせたのは、あまりにも壮麗なヴォー・ル・ヴィコント城だった。ルイ十四世が自分も同じような城を持ちたい、いや、上回るほどの宮殿を持ちたいと考えるのは、むしろ当然といえる。

ルイ十四世は親政元年の一六六一年のうちに、ヴォー・ル・ヴィコント城を手がけた建築家ル・ヴォー、画家ル・ブラン、造園家ル・ノートルを自らの手に確保した。では、この三人の巨匠たちを、どこで働かせるべきか。

ルイ十四世が父祖から受け継いだ宮殿のなかで、現実的な選択肢になりうるのは、ルーヴル、フォンテーヌブロー、サン・ジェルマン・アン・レイ、ヴァンセンヌなどだった。そのうち最初に選ばれたのはルーヴルだった。

いわずと知れたパリ市内の宮殿である。即位後しばらくはリシュリューに遺贈されたパレ・ロワイヤルに暮らしていたが、フロンドの乱を治め、パリに戻ってきてからは、このルーヴル宮が主たる居城となっていた。その改築にはマザランも意欲的で、一六五四年から五六年にかけた工事では「王のパヴィヨン」が完成した。このときの建築家がル・ヴォーで、目をつけたフーケは自分のヴォー・ル・ヴィコント城も手がけさせたのだ。

さておき、引き続きルーヴル宮と考えるのは、ルイ十四世にとっては自然な選択だった。コルベールの賛成も得られて、一六六四年にはセーヌ河沿いを西に連なる棟に、「アポロンの回廊」を作る工事にかかった。壁画を含め、内装の装飾を命じたのが、画家のル・ブランだった。

ルーヴル宮の改築中、ルイ十四世はテュイルリ宮で寝起きした。南側でルーヴル宮と連結していた建物であり、あわせて王家のパリ宮殿だったというべきか。こちらも一六六六年から改装工事が始められた。

ルーヴルは現在も美術館になっているが、テュイルリ宮のほうは一八七一年に焼失し

騎士パレード（カルーゼル）
（アンリ・ジッセイとフランソワ・ショーヴォーによる版画）

た。が、その壮麗な庭園は無事で、今に伝えられている。造園家ル・ノートルが腕を振るったのが、現在のテュイルリ公園なのである。パリで往時のフランス王家の栄華を偲ばせる名所といえば、なんといってもここなのだ。

一六六二年六月五日から七日にかけて、王太子ルイ誕生を寿《ことほ》ぐ祝宴が張られたのも、このルーヴル、テュイルリだった。このとき華やかな「騎馬パレード《カルーゼル》」が行われたことから、今日まで伝わる「カルーゼル広場」の名前がある。

見物客が一万五千人を超えたという二日間のイベントで、催されたのは騎馬パレードのみならず、馬術大会、そして王自身が踊るバレエだった。ルイ十四世は「数に負けず（Nec plulibus impar）」の銘とともに「太陽」のエンブレムを初めて用いた。アポロンを演じて以来、すっかり気に入ったようだが、さておき、やはりバレエである。幼い頃から夢中で、大人になってもルイ十四世はバレエなのだ。

一六六四年一月二十九日にも、ルーヴル宮の王母の部屋で『無理矢理結婚』が演じられた。時代を代表する劇作家モリエールと音楽家リュリが共作した、コメディ・バレエという新しい形の舞台で、もちろんルイ十四世は大張りきりで出演している。ル・ブランが「アポロンの回廊」の天井画に取りかかったばかりという頃の話で、やはり理想の宮殿はルーヴルなのだと思いきや、それは思いに反して踊り心地が悪かったということなのか。

次のバレエが披露されたのは別の場所だった。パリでなく、他の王家の宮殿でなく、どこかといえば、ヴェルサイユだった。パリ西南に二十キロ、たとえ足を運んでも、そこまで散策する人は多くないが、実は今でも鬱蒼《うつそう》たる森が広がっている。森といえば狩猟であり、そこは先代ルイ十三世が気に入っていた猟場だった。

そもそもがヴェルサイユ村で、パリ、ドルーに通じる街道と、サン・ジェルマン・アン・レイに通じる街道の交差点だった。宿屋が数軒あったため、狩りで遅くなると泊まることが度々《たびたび》あり、そのうちルイ十三世は自分の家がほしくなったということらしい。

領主館もあったが、領主権はパリ大司教のものになっていて、それをルイ十三世は大司教に譲渡させた。一六二三年から工事にかかり、すぐ狩り小屋程度のものが建つと、今度は庭園がほしくなり、一六二四年には七十ヘクタールの土地を買収した。庭園のほうが立派になって、釣り合いが取れないと、一六三一年から三四年にかけて増築、ようやく屋敷くらいの建物になったところを、ルイ十四世が相続したのである。

初めて訪れたのが一六五一年、十二歳のときで、ルイ十四世もヴェルサイユを気に入った。束の間フロンドの乱が鎮静化していた折で、パリの印象が芳しくなかったこともあったかもしれない。以来ヴェルサイユには度々足を運ぶようになり、実をいえば親政元年の一六六一年から、こちらでも建築家ル・ヴォー、画家ル・ブラン、造園家ル・ノートルを働かせていた。

ルーヴル宮の改築を進めながら、ヴェルサイユまで何のためかといえば、それがバレエを踊るため、そこまで極言しなくとも、騎馬パレード、馬術競技、演劇、花火、饗宴《きょうえん》の諸々を含めた宮廷の祝祭のため、要するに王家の気晴らしのためだった。それが証拠に改築の力点は建物より庭園で、一六六二年からは造園家ル・ノートルを、こちらでフル稼働させている。

一六六三年九月十五日から二十二日にかけて、ルイ十四世は初めて狩猟目的でないヴェルサイユ滞在、つまりはご婦人方を含む宮廷全てを引き連れた滞在をしている。モリエールを初めて宮廷に呼び寄せて、有名な『ヴェルサイユ即興劇』をやらせたのも、このときの話である。これが王には随分《ずいぶん》と心地よかったようなのだ。

比べると、ルーヴル宮はしっくり来ない。そう感じ出したのではないかと疑わせるのは、一六六四年一月がルーヴル宮での最後の祝祭になったからだ。五月七日から十三日にかけた次の催しは、再びヴェルサイユなのだ。

しかも月並な祝祭でなかった。「魔法の島のお楽しみ」と題された大イベントは、寵姫ルイーズ・ドゥ・ラ・ヴァリエールのために催されたものだが、これが本当にお楽しみの連続だった。

七日がバレエで、十六世紀イタリアの詩人アリオストの『狂えるオルランド』の、魔女アルシーヌの島の逸話から仕立てた演目だった。主役がアルシーヌの魔法で島に捕われた騎士ルッジェーロだが、もちろん演じるはフランス王ルイ十四世である。

八日には劇中劇として、モリエール一座が『エリード姫』を上演した。九日が騎士ルッジェーロの続き、十一日はモリエール一座の『うるさがた』、十二日はモリエール一座の新作、あの『タルチュフ』の初演がかけられ、十三日には再び王が演じ踊る『無理矢理結婚』で終幕と、まさに目白押しなのである。

一六六八年七月十八日にも、ヴェルサイユで「国王陛下の大いなる喜び」と題された祝宴が行われた。フランドル戦争が終結した祝いだが、この間に王の愛情も移っていて、その宴は新しい寵姫モンテスパン夫人のためともいわれる。バレエ、饗宴、花火と催しは前回と劣らなかったが、ここで思いがけずも酷評が聞こえてきた。ヴェルサイユは建物があまりに貧相だというのだ。

モンテスパン夫人と彼女とルイ14世の間の子どもたち。右上、メーヌ公ルイ・オーギュスト、右下、ルイーズ・マリー＝アンヌ（マドモアゼル・ドゥ・トゥール）、左上、フランソワーズ（マドモワゼル・ドゥ・プロワ）、左下、ヴィクソン伯ルイ・セザール
（ピエール・ミニャール画の複製）

造園家ル・ノートル渾身《こんしん》の庭園が完成した年であり、その出来栄えのほどは、大満足のルイ十四世が自ら『庭園鑑賞法』というガイドブックを書いたほどだ。が、それと一緒に眺めるほど、屋敷のほうは確かにみすぼらしかった。

　思い出に残る姿を留めておきたいと、王は意図して小規模な改築に留めていた。母屋はほんの手直し程度で、あとは一六六二年に前庭の向かって左側、つまりは南側に厩舎の棟を、向かって右側、つまりは北側に調理室と召使の部屋のための棟を、それぞれ左右の腕を伸ばしたような細長い形で建てただけなのだ。これでは扱《と》き下ろされても仕方がない。

　ルイ十四世は決断した。もうルーヴルはいいと仕事を切り上げさせ、造園家ル・ノートルに加えて、建築家ル・ヴォーと画家ル・ブランもヴェルサイユに呼び寄せた。一六六八年秋から、母屋の外側を三方から取り囲むように増築、間口だけで三倍の大きさにして、田舎屋敷を宮殿の規模に変える大工事に、取りかからせることにしたのだ。

一六七〇年に増築が完成、そこで力尽きたかのように建築家ル・ヴォーは死没した。一六七一年からは内装の工事にかかる。謁見の間、大使の階段、湯殿《ゆどの》の間と贅《ぜい》を尽くした造作が、画家ル・ブラン、七二年からはフランソワ・ドルベーも加わって進められる。

一六七四年七月、ルイ十四世は「ヴェルサイユの喜び」と題して、久々の大祝祭を行った。フランシュ・コンテ征服の祝いとされたが、それは満を持したヴェルサイユ宮殿の御披露目でもあった。

七月四日は、音楽リュリ、作キノーによる歌劇『アルセスト』を観劇。それから「謁見の間」で夜食となった。七月十一日にはトリアノン宮、つまりは中国風の焼きタイルで仕上げられた離れに場所を移して、リュリによる『ヴェルサイユの牧歌』の演奏に耳を傾ける。七月十九日は庭園に設けられた大運河で舟遊びだった。ヴェネツィア共和国から贈呈されたゴンドラに運ばれると、「テチュスの洞窟」でモリエール一座の『気で病む男』を楽しんだのだ。

七月二十八日には庭園で、四季の泉の披露となった。北側の「竜の泉」の近くに架設された劇場で、リュリの『愛の女神とバッキュスの祝宴』を観劇してから、「アポロンの泉」で花火を鑑賞、あげく大理石の中庭で夜食となる。

八月十八日は「迷宮の木立」を巡り、オランジュリの仮設劇場でラシーヌの『イフィジェニー』をみた。八月三十一日は再び舟遊びを楽しみながら、仕上げの大饗宴――これでもかと凝らされた趣向の数々に、新生ヴェルサイユはどうだと鼻息荒く問いかけるルイ十四世の表情が、今にも目に浮かんでくるようである。

とはいえ、ヴェルサイユで行われる大イベントは、これが最後になる。以後ルイ十四世は、ここに頻々と訪れるようになり、新装なった宮殿では夢のような饗宴も、日常的に行われるものでしかなくなったからである。

一六七七年にはヴェルサイユ定住計画が正式に発表された。宮廷も定住する。ということは、政府機能も少なからずが移動する。パリが首都でなくなるとはいわないながら、フランスはヴェルサイユと二首都の国になるのである。

一六七八年からは第二期工事が開始される。王室建築官マンサールに命じて、庭園に面する西側の二階の回廊に「鏡の間」が造られることになったのも、このときの決定だ。さらに王族の住居としての南側の翼棟、貴族たちに与えられる部屋が並ぶ北側の翼棟も増設される。もはやヨーロッパ最大の宮殿である。

一六八二年五月六日、ルイ十四世はサン・ジェルマン・アン・レイ宮を発《た》ち、言葉通りにヴェルサイユ宮に転居した。まだ工事中だったが、王族の住居となる南翼棟は完成したところだった。八四年には「鏡の間」も完成した。八五年から八九年にかけては北翼棟も完成をみる。八七年には離れが「グラン・トリアノン」として増築される。

宮殿の周囲にも次から次と建物が並ぶようになり、森と狩り小屋しかなかった土地に、ほんの三十年ほどで新たな都市が誕生した。ルイ十四世は、もうヴェルサイユから動かない。そのとき、かわりに動くのは……。

ヴェルサイユ宮殿（上）と「鏡の間」（下）

ヴェルサイユという発明

それにしてもルイ十四世は、いつヴェルサイユ定住を思いついたか。なぜ思いついたのか。なんのために決めたのか。そもそもヴェルサイユは気晴らしのための宮殿、特別な催しが行われる場所ではなかったのか。王自らがバレエを踊るための極上の舞台ではなかったのか。それは三十歳を越えて、もう自分では踊れないからということなのか。

答えは否である。ヴェルサイユのルイ十四世は踊り続けた。いや、中年を迎える王が若かりし頃のまま、その肉体を躍動させたわけではない。そうではなくて、王はその日々の生活のほうを、出し物に変えてしまった。定住してもヴェルサイユは特別な場所のまま、ただ宮廷というものが、王を主役に据えながら破綻なく進行していく演目の、晴れの舞台になったのだ。

例えば、朝である。午前七時、王の寝台のかたわらにある、仮眠寝台で寝ていた首席近侍は静かに起きる。「控えの間」で身支度を済ませると、王の寝所に戻り、御火係を招き入れる。夏は照明に、冬は暖炉に、火を入れさせるためである。

他の近侍も入室する。ひとりが窓の鎧戸を開け、もうひとりが首席近侍の蠟燭、非常食、円い縁なし帽、仮眠寝台等を片付ける。綺麗になった七時半、首席近侍が王の寝台に向かうのだ。

「陛下、お目覚めの時間でございます」

同時に近侍が部屋の扉を開ける。入ってくるのが首席外科医、首席内科医、そして一六八八年までは、赤子の頃から世話をしてきた王の乳母だった。二人の医師は王の下着を取り替えがてら、王の身体をマッサージする。この間にルイ十四世も、はっきり目が覚めるのだろう。

八時になると、「小起床《しようきしよう》の儀」が始まる。参加できるのは王子や王女、王族、あとはごく稀に特別な寵遇を受ける者のみだ。面々が到着すると、首席近侍は寝台の幕を開ける。枕元の聖水器を王に差し出し、聖霊の聖務日課書を手渡す。司祭も来ていて、隣室で十五分ほど、朝の聖務を行う。全員がついていくが、王だけは寝台に留まり、そこから与る。皆が戻る頃には王付鬘師が、王に二つの鬘を差し出している。そこで王はかぶりたいほうを選ぶ。

時間は八時半になっている。ようやく王は寝台を離れる。部屋着を羽織り、小姓たちにスリッパを履かせてもらい、暖炉脇まで進むと、そこの肘掛け椅子に座る。侍従頭が寝帽を取ると、首席理容師がすっと近寄り髪を梳く。

侍従頭が呼び入れるのは「一般入室許可者」である。職務上その特権を与えられた者たちのことで、内科医、外科医、秘書係、朗読係、執事、衣装係がそれに当たる。理容師は朝の引見用の小鬘を頭に置き、衣装係が王に服を着せている。

用意が整うと、「大起床の儀」に移る。扉番は「御寝所許可者」を入室させる。特別に許された者たちだけといって、なお百人に上る貴族たちが、ぞろぞろ列をなしながら、王の面前をすぎていく。侍従頭は王の耳元で、ひとりひとりの名を告げるが、簡単には終わらないので、その間に王は身支度を整える。二日に一度は理容師が髭をあたる。

九時になると朝食で、王はセージかアンジェリカを煎じた薬湯二杯、ブイヨン一杯を飲む。もちろん食事係が毒見したものだ。それから王は部屋着を脱ぎ、袖付の短い寝間着も脱ぎ、夜の間の御守りも首から外す。近侍が下着を持ってくるが、それを受け取るのは王太子、でなくとも王族であり、つまりは居合わせた最高の身分を持つものが、それを王に手渡すことができる。

王は下着を自分で着る。その間に脱いだ部屋着は、二人の近侍に広げられている。用便椅子に座る王を隠すためである。やってくるのが「御座所会見勅許状」を持つ貴族たちで、要するに王がウンコをしている間だけ目通りが許される者たちである。

近侍が立ち働いて、身支度が整えられる。籠からクラヴァットを一本、ハンカチを二枚取り出している間に、時計係は懐中時計の螺子《ねじ》を巻かなければならない。身繕《みづくろ》いがすむと、王は「寝台と壁の間」で祈るが、このとき王と一緒に座ってよいのは枢機卿と司教だけで、他の全員は起立したまま──というような朝を、ヴェルサイユのルイ十四世は繰り返した。決められた通りにこなして、ただ起きるという日常を王は演じ続けたともいえる。

それは起床のみならず一日中、それこそ就寝まで続く。ルイ十四世は何故わざわざ、こんなことをしたのか。それは自ら主役を演じれば、他の人間にも配役できるからである。

謁見を受けるルイ14世
（伝アダム・フランス・ファン・デル・ミューレン）

ヴェルサイユ宮殿に集う者は、王との距離や関係性において、準主役、脇役、端役、あるいは台詞がある役、台詞もない役、その他大勢のエキストラと、自ずから区別される。宮廷の日常において、その人間が世界に占める地位が、一目瞭然に表現されてしまうのである。上に立てた者は、下に甘んじるしかない者を、遠慮なく侮《あなど》れる。ヴェルサイユには「侮蔑の滝(cascade de mépris)」が流れるとされた所以である。

太陽王とはよくいったもので、要するにルイ十四世は、自らを中心に星々を回転させたのだ。回らなければならない人々は、より王に近づきたいと思う。そのためには王が書いた台本に従うことだといわれれば、皆が目の色を変えて読もうとする。儀礼、しきたり、決まり事を必死に覚えて、なんとか王の目に留まろうとする。

それは傲慢な大貴族たち、帯剣貴族たちも例外でない。いや、その古い血筋で良い役がもらえるなら、進んでヴェルサイユに向かう。現実の社会においては、法服貴族たちの台頭に脅かされ、先祖がほしいままにしてきたような権力を失いつつあるならば、まして宮廷における地位に無頓着ではいられない。

王に近づきたい——これまでは、そうではなかった。権力を握る者は逆に王から遠ざかろうとした。ブルボン朝の祖であるアンリ四世からして、フランス王になる前はギュイエンヌ州総督として地方に籠もった。王国の行政機構や徴税機構、軍隊まで私物化しながら、地方で思うがままに振るまう、王にも文句をいわせないというのが、これまでの権力者の在り方だった。端的にいうならば、王から遠くいられる者が偉かったのだ。

ところが、リシュリュー、マザランと強権的な宰相が続いたため、もう地方にいても我儘には振るまえない。大権を与えられたアンタンダンに頭を押さえつけられて、州総督の権力さえ削られつつある。が、それだからといって、すぐ王に近づきたいと思うわけではない。

王に近づけば、必ずや権力が手に入れられるわけでもない。あるいは高位高官に就けるのかもしれないが、フランスの公職は例のポーレット法で、多くが売買されるものなのだ。王に近づいても、富が約束されるわけではない。年金だの、手当だのはもらえるかもしれないが、それ以上に宮廷生活は金がかかる。熱帯の鳥のように着飾る、あの身だしなみを整えるだけで、ほとんど破産しかけてしまう。

それでも王に近づきたいと思うなら、宝石をつけ、舶来のリボンを巻き、踵の高い靴だの、鬣《たてがみ》のような鬘だの、まさしく舞台衣装のような格好を日々こしらえなければならない。ルイ十四世からして、これからバレエでも踊るのかという格好だからだが、こんな王の遊びにつきあってられるかと、誰も投げ出さないというのは、ぜんたい何故なのか。

もしやバレエがみたいのか。祝祭、舞踏会、晩餐会と華やかな催しの虜にされてしまったのか。そう問えば、然りである。ヴェルサイユの贅を尽くした宮殿に、はたまた画布さながらの庭園に魅了されたのかと問えば、これまた然りである。

あるいは綺麗に着飾り、白々と化粧したかったのか。美酒、美食を心行くまで味わいたかったのか。奏でられる音楽に、うっとり酩酊《めいてい》したかったのか。文学、哲学、音楽、絵画、芸術と最高のものが集められているヴェルサイユは、楽しくてたまらなかったのか。そう問われれば、いちいち然りといわなければならない。

そこにあるのは文化だった。全てにおいて最高度に洗練された、まさしく究極の文化である。それを持つのがルイ十四世だからこそ、このフランス王に近づきたがる。それがあるのがヴェルサイユだからこそ、誰もがこぞって行きたがる。それというのも、他は素敵でないからだ。あるいは魅力をなくしたからだ。

地方に構えて、なにが偉い。今や難攻不落の要塞に籠もるより、ヴェルサイユ宮殿に小さなアパルトマンを与えられるほうが、何倍も羨《うらや》ましがられる。鉄砲、大砲に通暁《つうぎょう》して、なにが偉い。今やモリエールの喜劇、ラシーヌの悲劇と文学を語れるほうが、遥かに皆に尊敬される。鎧《よろい》兜《かぶと》が誰の目を惹く。今や注目されたければ、羊毛の鬘と絹の靴下だ。難攻不落の城塞を落としても、なんの自慢にもならない。美しい伯爵夫人を落としたほうが、どれだけ世の喝采を浴びることか。血と火薬の臭いが身体に沁みついているなど言語道断で、一端《いっぱし》の顔をしたいのなら白粉と香水を常に肌から薄ら燻《くゆ》らせることなのだ。

そうやって、ヴェルサイユの価値が他を凌駕《りょうが》した。起きていたのは、武から文への転換だった。ヴェルサイユに転居するに先がけて、フランス王家が力を傾注したのはバレエであり、祝祭であり、スペクタクルであり、あるいは儀礼であり、作法でありながら、つきつめれば、それら諸々を通じた文化の集積だったのだ。

最高の文化はフランス王のところにある。ヴェルサイユに行けば、それに触れられる。文化を手に入れられないでは、もう誰にも認められない。かくて皆がルイ十四世が主役を踊るバレエの舞台に上がりたがる。呼んでもいないのに、競うようにヴェルサイユにやってくる。宗教戦争で王家を苦しめたような帯剣の大貴族も、フロンドの乱で王家に手を焼かせたような法服貴族の実力者も、こぞってヴェルサイユに集まる。

王家の側からみれば、反乱を起こしかねない危険分子が、自ら人質になりにきたようなものだ。しかも好んで散財する。蓄財され、武器を買われ、人を雇われれば恐ろしいものを、着たくもない服を着て、したくもない化粧をして、味わいたくもない美食を繰り返し、つい最近まで年に一度くらいだった贅沢を日常にしながら、多額の借金まで拵える始末なのだ。

もう反乱など起こせない。要するに、日本の江戸時代にみられる参勤交代と同じことだ。幕府に逆らえないよう、諸大名が江戸に集められたのと同じで、フランスでは王家に逆らえないよう、皆がヴェルサイユに集められたのである。

もはや堪えられないのは、文化がないと笑われることだけだ。『赤穂浪士』では、高家《こうけ》の吉良《きら》に「この田舎侍め」といわれて、浅野《あさの》内匠守《たくみのかみ》は一気に逆上してしまうが、その追い詰められ方は、ヴェルサイユにも通じる心性なのだといえる。

思えば五代将軍徳川綱吉《とくがわつなよし》の時代の話だ。綱吉といえば「犬公方《いぬくぼう》」である。生類憐《しょうるいあわれ》みの令を天下の悪法というのは簡単だが、それまた武から文へと価値観の転換を誘導したものだったとの説がある。犬どころか、人にまで平気で刀槍ふるう時代は終わった。そんな野蛮な輩《やから》は今や笑いものだとして、江戸の元禄文化は花開いたのである。

バレエ大好きの太陽王と生物大好きの犬公方——十七世紀の後半にかけた同じ時代の君主であり、ただの偶然の一致というわけではあるまい。

武が荒々しければ荒々しいだけ、それを飼い馴らす文化は、より高度で圧倒的な力を持たなければならない。読んできた通り、フランスは戦争ばかりだった。外で戦わなければ内で戦う。とにかく戦う。それだけ野蛮な国だったからこそ、フランスは文化大国になった、いや、ならなければならなかったといえようか。さらに付言するならば、その文化に統べられるのは、貴族や文武の高官というような権力を振るう人間だけに限られない。

絶対王政とは

ブルボン朝のフランスは、しばしば「絶対王政（monarchie absolue）」といわれる。読んで字のごとく、王が絶対の力を持つ政治体制ということだ。「朕は国家なり」と、ルイ十四世の言葉も残されている。が、それは王の願望が述べられたもの、王は国家であるというより、国家でありたいという気持ちを表現したものにすぎない、その実の「絶対王政」は絶対でもなければ、さほど強力でもなかったというのが、今や歴史の定説である。

近代国家とは比べられない。所詮は前近代国家で、まだまだ脆弱《ぜいじゃく》な体制だったというのは簡単だが、ならば絶対王政はどこがどう弱いのか。

ひとつ中央集権化という物差を当ててみよう。王に権力が集中するプロセスということだが、それには三様あるとされる。ひとつが人格的中央集権化である。簡単にいえば、ひとりフランス王が全土の領主になる、フランス王国を構成している公領だの、伯領だのといった領国を、全て手に入れるプロセスのことだ。

これは遠くカペー朝の頃から熱心に進められた。フランス王家は最初はパリ周辺とオルレアン周辺の領主でしかなかったが、アルトワ伯領を取り、トゥールーズ伯領を取り、シャンパーニュ伯領を取り、さらにノルマンディ公領、アキテーヌ公領、ヴァロワ朝の時代にかけてはブールゴーニュ公領、ブルターニュ公領、ブルボン公領と取り続け、最後に残されたアルブレ公家とヴァンドーム公家の領国も、その主がフランス王アンリ四世になることで王家に吸収されてしまった。

フランス王国は、ほぼ全てが王の土地だ。が、それで直ちに王家の支配が完遂《かんすい》するわけではない。全てのトップをフランス王が兼ねているだけで、それぞれの領国と領国はバラバラなままだからだ。中央集権化は不十分なままなのだ。

そこでフランス王家は、王国という組織を作り始める。官僚も、軍隊も、最後はフランス王に行きつくように、ピラミッド型の組織を組み上げて、言葉にすれば今度は制度的中央集権化である。カペー朝の後期、とりわけヴァロワ朝の時代に大きく進展したプロセスだが、これで磐石の支配が築けるかといえば、これまた簡単には行かないのだ。
みたようにヴァロワ朝の末期は、ひどかった。ほとんど四十年に及んで宗教戦争を鎮められず、つまりは強力に築いたはずの国家の制度が役に立たなかった。逆に地方ごとに切り取られ、それを反徒に流用されて、かえって強力な反乱軍を与え、それを支える強固な基盤を与えることになってしまった。

内乱はアンリ四世の超人的な働きで、なんとか治められた。リシュリュー、マザランの時代には、アンタンダンの制度が導入され、中央の監視、さらに支配が地方に行き渡るよう、制度的中央集権化の強化が図られている。それでもフロンドの乱は起きたのだ。

まだ中央集権化は十全でない。まだバラバラだ。少なくとも何かあると、すぐバラバラになってしまう。一様にして、不可分な国としてのフランスは、まだ完成していない。地理的中央集権化という最後のプロセスが、なお果たされていないとみなければならない。

パリが首都だというが、例えば南西部のボルドー、あるいは南東部のマルセイユからすると、馬で数日もかかる。これは遠い。スペインだの、イタリアだの、むしろ外国のほうが近い。それなのにパリと同じフランスという国に属している、スペインではない、イタリアではないと言い切れる根拠は何か。言葉だって、それぞれの方言はスペイン語、イタリア語に近かったのだ。

ひとつの国としての一体感など、持ちえない。同じ国に属する意識を持ちにくい。要するに物理的に遠すぎて、お互いに同期できない。少なくとも鉄道が敷かれるまでは、地理的中央集権化など達せられない。蒸気機関が発明されるまでは、近代国家は成立のしようがない。歴史家によっては、そうやって片付けてしまう所以である。

とすると、前近代の君主たちは、あきらめるしかなかったのか。それこそが絶対王政の弱さであり、せいぜい制度的中央集権化を遂げられただけの、不完全な政体にしかなりえなかったと、自ら甘んじるしかないのか。コルベールやルーヴォワに命じて、引き続き制度を充実させたところで、さらに強くなることなどできなかったのか。

地理的集権化も、例えば日本のような島国なら多少は楽である。海に囲まれているだけに、その内側では一体感が生まれやすいのだ。裏を返せば、その一体感こそ問題の鍵であり、なんらかの方法で育むことができれば、その国は地理的中央集権化に近づいたことになる。

国としての一体感――それは国民意識《ナショナリズム》といいかえられる。フランスに国民意識の萌芽《ほうが》が確かめられるのは、中世末期の百年戦争の時代である。フランスを国としてまとめたいフランス王は、もう十四世紀にはフランス、フランスと唱え始める。これが上からの意識改革だとすれば、下からの意識改革は十五世紀前半のジャンヌ・ダルクに象徴される。女救世主は「フランスを救え」と叫ぶ。元は「羊飼いの娘」だが、その頭にもフランスという国の感覚があったのだ。

が、フランスの国民意識は、まだ弱かった。あるにはあるが、その優先順位は常に一番というわけではない。しばしば好敵手となったのが、神だった。まさしく宗教戦争が好例で、新教だの、旧教だのの大義を唱える者たちは、フランスなど簡単に後回しにしてしまえた。国よりも神のほうが大事なのだ。「フランスを救え」のジャンヌ・ダルクも、思えば神に遣わされた身だったのだ。

女救世主から百余年、その間に国民意識も成長した。宗教戦争の渦中でも、宗教より国の政治を優先しようという、いわゆる「ポリティーク派」が登場した。アンリ四世からしてフランス第一の考え方で、そのために新教の神、旧教の神、ともに虚仮にするような改宗を何度も繰り返した。リシュリューも国家理性を打ち出して、内に新教徒を討ち、外に旧教徒と戦った。その国をマザランが勝利させたが、なおフロンドの乱は起きたのだ。

まだフランスという意識は弱い。どうあっても逆らえないほど、神聖なものとはみなされていない。是が非でもフランスに属したい、この国の人間でいたいと思わせるだけの霊感を、人々はまだ与えられていない。

どうやれば——ルイ十四世が与えた霊感が、フランスの栄光だった。ひとつには戦争だ。王はフランスの栄光を高めるために戦う。戦勝の触れを全土に鳴らして、フランス人でよかった、こんなに強い国に生まれてよかったと思わせたのだ。

もうひとつが文化である。フランスの栄光を高めるために、王はフランスの文化を高め、それを自らに集める。フランスには息を呑むばかりに豪華な建物がある。フランスには恍惚となるような芸術がある。面白い文学も、最先端の学問も、美味しい食事も、憧れのファッションも、まさに魂を奪われるような文化が、これでもかとフランスには満ちている。ヴェルサイユ宮殿を一目瞭然わかりやすい広告塔に用いながら、ルイ十四世はフランス人でよかった、ああ、こんな素晴らしい国に生まれてよかったと、フランスに暮らす人々に思わせたのだ。

いわば意識的中央集権化のプロセスである。実際のところ、ヴェルサイユは広く開放されていた。少し意外に感じられるが、基本的には誰もが出入り自由だった。この光り輝くような世界を覗きみることは、誰に禁じられたわけでもなかったのだ。

フランス全土から人が集まる。故郷に帰れば、ヴェルサイユの土産話をしないではいられない。フランス王の宮殿は素晴らしかったと伝えないではいられない。フランスは素晴らしい国なのだと誇らないではいられない。

かくてフランスは霊感の源泉となる。その栄光は神のそれに勝るとも劣らない。かくて意識的中央集権化を図ることで、フランス王はフランスという国の中身を、地理的中央集権化に近づけていく。どうやらこれが、「絶対王政」のメカニズムということらしい。

得意の絶頂

蒸気機関も電信もなく、したがって遠隔の地と同期する術に乏しい時代状況において、ルイ十四世の意識的中央集権化は大健闘の妙策だった。実際のところ、前時代のような反乱は起こらなくなった。成果があったこと間違いないのだが、それがどの程度のものなのか、見極めは難しい。

であれば、なおのこと危ぶまれるのは、ヴェルサイユで世界の中心として暮らすうち、ルイ十四世が勘違いしてしまうことだ。作りこまれた舞台での万能感に酩酊して、現実の世界でも無理が通ると考えてしまうことだ。

あるいはルイ十四世でなく、勘違いさせた周囲を責めるべきなのか。王に見込まれ、一六七〇年から王太子の説教師を務めたカトリックの聖職者が、モー司教ジャック・ベニーニュ・ボシュエである。一六八一年に『世界史叙説』という本を書いたが、なかに次のような文言が綴《つづ》られている。

「神は国王を使者としたまい、国王を通じて人々を支配するものである」

「国王の人格は神聖であり、それがゆえに国王に逆らえば直ちに神の冒瀆になる」

王は神に地上の支配を委ねられている。王が国を統べ、民を治めるのは神意である。いわゆる「王権神授説（droit divin）」の考え方である。そのものは中世の頃からあったが、これをヴェルサイユに伺候《しこう》していたボシュエが提唱しなおせば、ルイ十四世としても悪い気はしなかったに違いない。

なにしろフランス王家は、宗教にさんざ苦しめられてきた。神はブルボン朝の宿敵なのだ。その神が今や王家の支配を正当化し、それを助けようとしている。ブルボン朝に刃向うことを、悪と断罪しているのだ。

ボシュエ
（イヤサント・リゴー画）

さらにボシュエは一六八二年三月十九日のフランス聖職者会議で、「四ヵ条の宣言」を起草した。俗権の独立、ローマ教皇に対する公会議の優越、フランス教会の自由、ローマ教皇の不謬性《ふびゅうせい》の留保の四ヵ条で、要するにフランス教会はローマ教皇権から自立するという宣言だった。

これまた中世から度々打ち出されてきた「ガリカニスム」の考え方を、力強く打ち出したものである。神は王に地上の支配を委ねたというが、その神はフランスだけの神ではない。わけてもカトリックには、国際的な権威としてローマ教皇がいる。これはフランス王としては、是非にも克服したいところだったのだ。

ルイ十四世はローマ教皇と対立することになった。が、フランス王ほど野心的でない他国の君主たちは、なお多くが教皇の意に従う。教皇が味方するなといえば味方しない。フランスは同盟国を失うことにもなりかねない。後で触れるような戦争の都合があり、ルイ十四世は一六九三年九月十四日には、「四ヵ条の宣言」を撤回せざるをえなくなった。ローマ教皇とは和解できたが、なんだか屈伏させられた感が否めない。ルイ十四世の性格で、よくぞ折れられたものだと感心するが、この決断には新しい寵姫である、マントノン夫人の影響も大きかったとされている。

マントノン侯爵夫人フランソワーズ・ドービニェは、一六三五年生まれで、ルイ十四世より三歳ほど上である。祖父はアンリ四世の側近だったアグリッパ・ドービニェだが、父コンスタンはルイ十三世とリシュリューに対する陰謀に加担して没落、その娘として苦境を余儀なくされて長じた。

一六五二年に結婚したが、相手は二十五歳も上の作家ポール・スカロンだった。さもなくば修道院に行くしかなかったからだが、スカロンとの夫婦仲そのものは悪くなく、またそのサロンの女主人として高い教養を身につけることもできた。

一六六〇年に夫に死なれてからは、王母アンヌ・ドートリッシュに与えられた年金で暮らしていた。が、それは一六六六年に王母が亡くなると、とたんに打ち切られてしまった。苦境に逆戻りのフランソワーズだったが、このときルイ十四世の寵姫モンテスパン夫人の知遇を得られた。ちょうど王の子を産むときで、その養育係に雇われることになったのだ。

聡明で教養があり、苦労人なので、働くことも厭わない。実をいえば、かなりな美人でもあったわけで、モンテスパン夫人の子供の養育係は、宮廷でも評判を取るようになった。辛抱強く、また堅実でもあり、貯めた給金で領地を買い求めると、その地名である「マントノン」を名乗りに用いるようになった。

マントノン侯爵夫人
（伝ピエール・ミニョー画）

マントノン夫人というわけだが、それを一六七八年にルイ十四世は「マントノン侯爵夫人」に格上げしてやった。一六八〇年には王太子妃の第二女官長に任じることもした。王とて夫人のことは、憎からず思うようになっていたのだ。

モンテスパン夫人が失寵して、新しい寵姫ができても、マントノン夫人はヴェルサイユから追われなかった。それどころか、王太子妃の第一女官長に昇進したくらいだ。いや、まだまだそんなものじゃなくて、一六八三年七月三十日、王妃マリー・テレーズが死没すると、ルイ十四世はマントノン夫人と結婚した。もう十月九日の話で、身分違いゆえに公にはされなかったが、確かに神の御前で結婚を遂げた。

フランスでは寵姫は公的な地位であり、日陰者の感は皆無なのであるが、それでも結婚までしたというのは、数々の美点ともうひとつ、マントノン夫人が敬虔なカトリックだったからである。結婚もせずに男女の関係にはなれないといわれて、夫人としては王をあきらめさせるつもりだったかもしれないが、ルイ十四世のほうは止まらずに進んだのだ。

なるほどマントノン夫人は、これまでの寵姫とは明らかに違う。もう王も四十八歳であり、ただ若くて、ただ美しい女でなく、もっと落ち着いた関係で、良い感化まで与えてくれそうな、永の伴侶といえる相手を求めたということかもしれない。

それだけにルイ十四世も、俺の仕事に口出しするな、とはならない。マントノン夫人の個性は、引き続き王の政治に影響を与える。敬虔なカトリックに感化されるほど、ローマ教皇に敬意を払わなければと態度を改めるだけではなくなる。他方の「異端」についても、疎ましい思いに駆られる。誰のことかといえば、プロテスタントのことである。

それはアンリ四世がナントの勅令で塞いだ、いわばブルボン朝の古傷だった。王家に歯向かうプロテスタントは容赦なく討伐したリシュリューも、王家に歯向かわないかぎりにおいては否定しなかった。が、ルイ十四世は新教徒そのものを認めたがらなかったのだ。

宗教戦争の愚を繰り返すわけではない。サン・バルテルミーの夜のように、大虐殺に手を染めるわけでもない。ただプロテスタントをカトリックに改宗させる――そのためにルイ十四世が最初に試みたのが、「ドラゴナード」だった。

そう呼ばれたのは、竜騎兵《ドラゴン》の宿営指定だった。プロテスタントの家を選んで、気の荒いことで知られる兵隊たちを住まわせたのだ。さんざの嫌がらせをさせることで、こんな思いをするくらいならと、カトリック改宗へと仕向けたのだ。

一六八一年、ポワトゥー州のアンタンダン、ルネ・ドゥ・マリヤックが試みたのが最初で、数千人の改宗に成功したとされる。が、マリヤックはルーヴォワの配下であり、この「ドラゴナード」にはコルベールが猛反対した。中止せざるをえなくなったが、その効果をルイ十四世は覚えていて、マントノン夫人と結婚した一六八三年に再開した。一六八四年にかけては、嫌がらせの域に留まらない、宗教弾圧に近いものになったという。

それでもプロテスタントの改宗は、思うように進まない。業を煮やしたルイ十四世が一六八五年十月十八日、とうとう出したのがフォンテーヌブロー勅令だった。フランス王国におけるプロテスタント教会の破壊、礼拝と学校の閉鎖、牧師の国外追放、新教徒の国外移住や亡命の禁止、破れば男子はガレー船の漕ぎ刑、女子は禁錮刑等々の定めは、つまりはフランスにおける新教信仰の禁止、信教の自由を認めたナントの勅令の廃止だった。

ルイ十四世の狙いは依然プロテスタントの改宗であり、カトリックに変えて国内に留めることである。移住や亡命が禁止してある通りで、これだけ厳しくいえば、さすがに従うだろうと、王は楽観していたに違いない。

というのも、フランスは素晴らしい国なのだ。戦争強国であり、文化大国であり、今や諸外国にも憧れの目を注がれているのだ。他国はヴェルサイユを真似ようと血眼になるほどだ。光り輝く宮殿の主役として、己が万能感に酩酊している太陽王には、よもやフランスを捨てる人間がいようとは考えられなかったのだ。

しかし、プロテスタントは違った。少なからずが信仰を捨てるより、官憲の目を盗んでまでも国外に逃れることを選択した。オランダ、ドイツ、スイス等々に移住して、その数は二十万人に及んだという。

フランスの人口が激減したわけではないが、プロテスタントに多いのが都市の住民、より具体的には職人や商人だった。いうところのブルジョワであり、その少なからずがフランスから出て行くのでは、コルベールが進めた重商主義が台無しである。かわりに「ユグノー」が逃れた国では、各種産業が発展した。ベルギー、オランダ、プロイセン、イギリス、なかでもスイスの時計や金融は有名なところか。

なんとも痛いが、それ以前にコルベールは苦境に立たされていた。フランスの栄光のためと、ルイ十四世が進めた戦争とヴェルサイユ造営は、どちらも途方もない金がかかる。財務担当のコルベールは、もちろん精一杯の努力をするが、ときには王に苦言も呈する。

それをルイ十四世も聞いてきた。マザランが授けた帝王学の賜物か、分別に欠けた暴君ではないとの自負か、面白くない話でも耳を傾けた。が、ヴェルサイユ転居を見越した頃から、だんだん我慢しなくなるのだ。一六八二年にはコルベールを面罵《めんば》したことがあった。一六八三年六月に出された財政再建案も、冷淡に無視して捨てた。これで財務総検は失脚した形になり、失意のまま九月六日に亡くなった。

それは太陽王のフランスを切り盛りしてきた大立者の死である。後任の財務総検にはル・ペルティエが就いたが、コルベールに代われる能力はない。それでもルイ十四世に懊《おう》悩《のう》した形跡はみられなかった。他方の大立者である陸軍卿ルーヴォワに、いっそう頼るようになったのみだ。そこで何を始めるかといえば、もう決まっている。フランスの栄光のため、またぞろ戦争なのである。

やはり、やらなくてもよい戦争だ。今度のそれはプファルツ継承戦争、あるいはアウグスブルク同盟戦争だった。一六八五年、ドイツでプファルツ選帝侯カール二世が崩御した。遠縁のプファルツ・ノイブルク公フィリップ・ヴィルヘルムが選帝侯位を継承したが、ルイ十四世の弟オルレアン公フィリップは、二番目の妃に没したカール二世の妹エリザベート・シャルロットを迎えていた。その線から継承権を主張できないではなかった。

当然ながら諸国は警戒する。勢力均衡を崩したくないからである。フランス王家によるプファルツ継承を許すまいと、一六八六年九月九日、神聖ローマ皇帝、オランダ共和国、スペイン王、スウェーデン王らがアウグスブルク同盟を結成した。

緊張が高まるなか、一六八八年六月にはケルン大司教選帝侯の継承問題が起こる。フランス王が推す候補と、神聖ローマ皇帝レオポルトが推す候補が異なったのだ。もう戦いは避けられないと、ルイ十四世は九月二十四日、アウグスブルク同盟に宣戦布告した。司令官が王太子ルイ、その補佐が天才築城家ヴォーバンという陣容で、フランス軍はプファルツ選帝侯領とラインラントに侵攻していったのだ。

十月末にフィリップスブルクを占領するなど、緒戦は優位に進んだ。ルイ十四世は短期決戦で終わると考えていたようだが、ヨーロッパ最強の軍隊が乗りこんできたと、ドイツ諸侯が結束した。ブランデンブルク、ハノーファー、ザクセン、バイエルンらの諸侯がアウグスブルク同盟に加わることで、フランス軍に戦線の拡大を強いたのだ。

さらに悪いことに、年末にはイギリスで名誉革命が起きた。カトリックを奉じるジェームズ二世は追放され、一六八九年、かわりに王位に就いたのがウイリアム三世こと、オランダ総督オラニエ公ウィレムだった。オランダとイギリスは、もはや一体である。オランダが加わるアウグスブルク同盟に、イギリスだけ加わらないわけがない。

一六八九年五月、実際そうなって、フランスは全ヨーロッパを相手に戦う格好になった。イギリスが敵に回ったことの意味は、それだけに留まらない。フランスは北アメリカの植民地でも、戦争を進めなければならなくなった。その「ルイジアナ（ルイの植民地）」は、イギリス植民地と隣り合っていたのだ。

もはや世界戦争である。いうまでもなく、ルイ十四世ひとりでは切り回せない。有能な大臣や高官に働いてもらわなければならない。が、一六八九年にルーヴォワは失脚していた。一六九一年七月十六日には死没して、これでコルベール、ルーヴォワと大立者が二人ともいなくなったことになる。

ルイ十四世は今度も動揺しなかった。他の大臣を立てる、高官は多く残っている、それらを働かせるまでだと動じなかったが、その大臣たちが役に立たない。高官たちが、いうことを聞かない。当たり前の話で、太陽王の政府はコルベール、ルーヴォワの二大巨頭が、それぞれ一族郎党を役職につけることで動かしてきた。いいかえれば個人の人脈を介

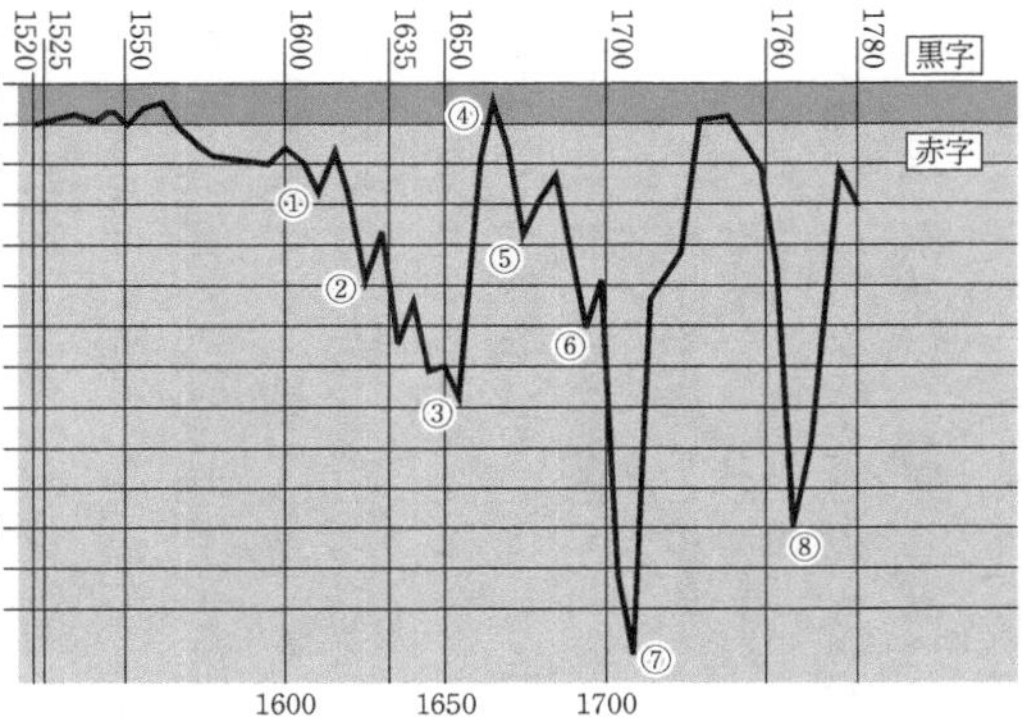

1520年から1780年までの国費の収支差（単位は銀・トン）
①シュリー着任②リシュリュー着任（デンマーク王クリスチャン4世の三十年戦争遂行への貸し付け）③三十年戦争（フランスの直接介入）④コルベール着任⑤オランダ戦争⑥アウグスブルク同盟戦争と飢饉（1693、1694年）⑦スペイン継承戦争と飢饉（1709年）⑧七年戦争
（Drévillonnによる）

することで、なんとか機能させてきたのだ。

国家がうまく回らないのに、巨大戦争は続けなければならなかった。一六九三年は厳冬で、一六九四年には飢《き》饉《きん》が起きたが、ヴェルサイユから出ることのないルイ十四世は気にしなかった。増えるばかりの戦費のために、一六九五年一月には新税カピタシオン、つまりは文字通りの人頭税を課すことにした。

それはコルベールが極力避けた直接税である。加えるにカピタシオンは、従来は免税とされてきた聖職者と貴族の特権身分にも課された。反発が起こるのは、火をみるより明らかだった。うまくいくはずがない。戦争など続けられるはずがない。さすがの太陽王も和平を受け容れるしかない。

ルイ十四世は一六九六年七月二十九日、まずトリノ条約でサヴォイア公と講和した。一六九七年九月二十日から十月三十日にかけて、イギリス、オランダ、スペイン、神聖ローマ皇帝とライスワイク条約を結んで、ようやく終戦となった。

フランスは全ての占領地の返還を求められた。ナイメーヘン条約で手に入れた領土を、ストラスブールとサルルイを除いて、ほぼ失わされるという惨憺《さんたん》たる現実が、やらなくていい戦争の結果だった。これではフランスの栄光も何もない。北アメリカではカリブ海にサン・ドマング島（現ハイチ）を獲得できたが、ほとんど慰めにもならない。

最後の戦い

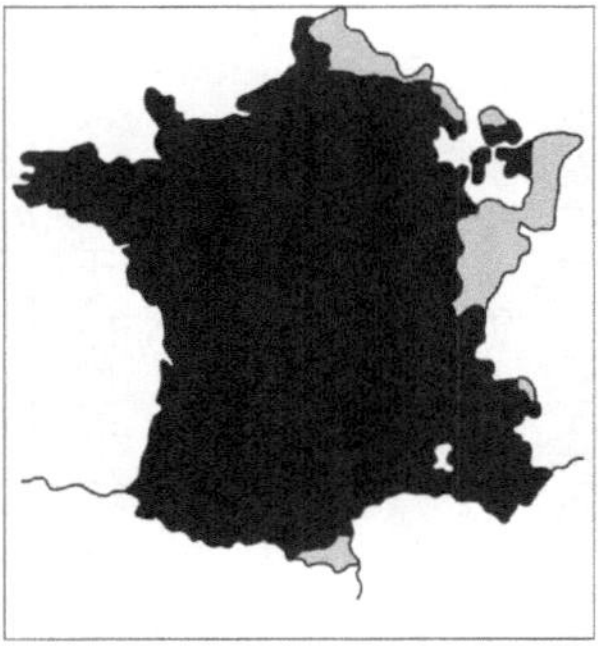

ルイ14世治世下（1643〜1715年）のフランス。灰色の部分が新たに統合された地域

それでもルイ十四世は目が覚めない。悔しくて悔しくて、現実など認められない。このままでは終われないと煮立ったところに、誂《あつら》えたような火種が転がっていた。

スペイン王カルロス二世は病弱で、しかも子供がいなかった。まだ生きているうちから、諸国は話し合いを始めた。それこそアウグスブルク同盟戦争の終結間もなくから、フランス、イギリス、オランダの三国で協議を行い、一七〇〇年三月に整えられたのがスペイン分割案だった。

スペイン王は激怒した。自分の国がバラバラに分解されるのだから当然だ。それも自分がいないところで決められたのだ。地団太踏むほどだったかもしれないが、そこが侮られてしまう所以で、十一月一日には呆気なく病没した。が、ただで死ぬものかという意地なりはあったようで、カルロス二世は十月のうちに遺言を作成していた。

そこでカルロス王は、フランス王ルイ十四世の孫、いいかえればフランス王妃であった自分の姉マリア・テレサ（マリー・テレーズ）の孫であるアンジュー公フィリップを、フィリップがフランス王位継承権を放棄するという条件において、スペイン王位継承者に指定した。スペインがスペインであり続け、諸国で分割されることも、フランスと同君連合を組むことも、その段階を経てフランスに併合されることもないよう、カルロス二世なりに頭をひねった遺言である。

さて、諸国はどうするか。十一月十二日、ルイ十四世はカルロス二世の遺言を受け入れた。先の分割協定は反故《ほご》にすることになるが、イギリス、オランダに義理立てして、これほどの好条件を見送る手はない。十一月十六日、アンジュー公フィリップは「スペイン王フェリペ五世」として即位した。

いうまでもなく、イギリス、オランダは承服できない。そこへもってきて、ルイ十四世は一七〇一年二月、スペイン王フェリペ五世も将来においてフランス王位継承が可能であると宣言して、その前言を翻した。同時にフランス軍をスペイン領低地地方に進駐させて、すぐ地続きのオランダを威嚇《いかく》した。

九月七日、イギリス、オランダ、そこに神聖ローマ皇帝が加わって、ハーグ同盟が締結された。こちらはカルロス二世の妹マルガレータ・テレサ（マルガレーテ・テレゼ）の孫だからと、皇帝レオポルトの末子であるオーストリア大公カールを擁立して、「スペイン王カルロス三世」を名乗らせたのだ。

スペイン継承戦争が始まった。またぞろ大戦争だった。戦火はスペイン領低地地方、北イタリア、北アメリカ植民地と広がった。一七〇三年五月には、ポルトガルもハーグ同盟に加わった。一七〇四年からはアラゴン、カタルーニャ、バレンシアというスペインの諸地方が「カルロス三世」を支持して、「フェリペ五世」に反旗を翻した。

スペイン自体が、これで内乱状態に突入する。一進一退の攻防が続いて、こたびの戦争も長引いた。結末は思いがけないものだった。

神聖ローマ皇帝はレオポルト一世から息子のヨゼフ一世に継がれていたが、このヨゼフ帝が一七一一年に急死、その弟であるオーストリア大公カールが帝位に就くことになった。これが同時に「スペイン王カルロス三世」になるのでは、ハプスブルク家が強くなりすぎる。勢力均衡の原理が働くのは同じで、諸国は講和に傾いていったのだ。

一七一三年四月十一日に結ばれたユトレヒト条約では、フランス王位継承権を放棄し、フランスとスペインは決して一体化しないという条件で、フェリペ五世のスペイン王位継承が認められた。大願成就のようだが、フランスは新大陸ではニューファンドランド、アカディアをイギリスに渡さなければならなくなった。

一七一四年三月七日には神聖ローマ皇帝も講和に応じ、ラスタット条約が結ばれた。以後はスペイン領低地地方、スペイン領ミラノ、ナポリ、シチリア、サルデーニャがオーストリア領となる。フランスはスペインを影響下に置いたとはいえ、喉から手が出るほど欲しかった諸地方からは、手を引かなくてはならなくなった。

悔しさは残るが、これでスペイン継承戦争は終わりである。フランスの栄光のためになったか。フランスの民を喜ばせることができたか。誰よりルイ十四世が納得したのか。釈然としないものは残るが、さしもの太陽王も戦争どころではなくなっていた。

一七一一年四月十四日、王太子ルイ、大柄な体軀から世に「大王太子」と呼ばれたルイ十四世の長男が、天然痘《てんねんとう》で亡くなっていた。その長男であるブールゴーニュ公ルイ、ルイ十四世には直孫にあたるルイが新たに王太子になった。その妃がマリー・アデライド・ドゥ・サヴォワだったが、ほどない一七一二年二月十二日に麻疹《はしか》で急死してしまった。と思うや、王太子になったブールゴーニュ公も感染して、十八日には妻の後を追うことになったのだ。

亡くなったブールゴーニュ公夫婦の次男、ルイ十四世には曾孫《そうそん》に当たるブルターニュ公が新たに王太子になったが、これも三月に死んでしまう。残るは同じく曾孫のアンジュー公ルイ、大王太子の三男で、ルイ十四世には孫に当たるベリー公だけである。このベリー公も一七一四年に事故死して、とうとうアンジュー公ルイだけになってしまう。

安泰と思われたブルボン朝が、今や断絶の危機だった。いや、ルイ十四世の直系が一人になったという話で、その弟であるオルレアン公フィリップの血筋は受け継がれている。コンデ親王家も、その分家であるコンティ親王家もあり、ブルボン朝の危機というほどではない。しかし、そこは自意識の塊ともいうべきルイ十四世なのである。

自分の血筋が王位を継がないでは満足できない。ルイ十四世は一七一四年七月、寵姫モンテスパン夫人が産んで、マントノン夫人に育てられた二人の庶出の息子、メーヌ公とトゥールーズ伯を嫡子化した。いいかえれば王位継承権を与えることにした。これで一安心だが、そんな調子で四苦八苦のルイ十四世のことを、なべて世人は冷ややかにみていた。

思想家ヴォルテールが「大世紀（Grand Siècle）」と讃える治世も、ただ長ければよいというものではない。また偉大な王も、ただ長生きすればよいというものではない。当時としては異例の長命となる七十を超えて元気で、息子にも、孫にも先立たれ、幼い曾孫に位を継がせなければならない王となると、これは如何《いかが》なものだろうか。そうやって、フランス人の大半は、うんざりしていたのだ。

それもヴェルサイユにいれば、わからない。その金ぴか宮殿で、ルイ十四世は未だ世界の中心として君臨を続けていたからだ。起床から就寝まで変わらず儀式を演じ続け、自ら政務も執り続けたが、それが一七一五年八月に俄に体調を崩してしまう。

十日から具合が悪かったが、まだ虚勢を張る気力はあった。十三日にはペルシア大使を迎えて、自分で立ちながらの謁見に臨んでみせた。痛いのが左脚で、健啖家の大食いで知られたルイ十四世は、どうも糖尿病を患っていたらしい。インシュリンが出ないので、左脚で壊疽《えそ》が始まっていたわけだ。

それでも立とうとした無理が祟り、その午後から容態が急変した。なお政務を執ると頑張るルイ十四世だったが、とうとう観念せざるをえなくなった。そこは全て自分でやらなければ気が済まない王であり、二十四日に告解、二十五日に終油と死出の旅立ちも準備した。

「世界で最も偉大な王となる我が子よ。汝は神に対して有している義務を決して忘れてはならない。戦争に関しては朕を真似てはならず、常に近隣との平和を維持することに努め、できうるかぎり汝の臣民を豊かにさせよ。これらのことは不幸にも、国家の必要性のために、朕ができなかったことだ」

二十六日には、そう王太子に言葉を残した。崩御が九月一日のことで、享年七十六歳、あと数日で七十七歳だった。九月四日には遺体もヴェルサイユから運び出された。王家の墓所であるサン・ドニに運ばれて、九日には葬儀となったが、これでもかと栄光を与えられたはずのフランス人は、やはり冷たい態度だったと伝えられる。

第四章　最愛王ルイ十五世（一七一五年〜一七七四年）

大人気

年寄りと子供であれば、子供のほうが断然好かれる。それが政治のスタイルであったとはいえ、尊大で、傲慢で、誰にも何もいわせなかった老王に、いい加減うんざりしていたところ、いかにも無垢で、あどけない五歳の男児が新王として現れた。

かてて加えて、ルイ十五世は可愛らしかった。まあ、子供は可愛らしいものだが、それも少し桁が違う。もはや美しいといおうか、長じては歴代のフランス王で一番の美男と讃えられる容姿であり、これで好かれないはずがない。もう爆発的といえるくらいの人気を博して、少し後の話になるが、ついた仇名が「最愛王（le Bien Aimé）」だった。

ルイ十五世の場合、もうひとつ人気が出た理由として、ヴェルサイユからパリに移り住んだことが挙げられる。即位が一七一五年九月一日だったが、年を越さない十二月三十日に宮廷そっくりヴェルサイユから移動させて、テュイルリ宮殿に居を移してみせたのだ。

これは親しみが湧く。可愛らしい王が日ごと成長する姿を、パリの人々は間近でみられるというのである。物理的に、それ以上に心理的に距離が縮まる。パリの他で暮らすフランス人にとっても、やはり身近に感じられる。常にヴェルサイユにいて、これでもかと御高く止まった老王と比べるのは、もはや酷なくらいである。

もっとも、パリ移住を決断したのは、ルイ十五世ではなかった。五歳の子供が決断できるわけがなく、すでに摂政が働いていた。ルイ十三世、ルイ十四世、ルイ十五世と、これでブルボン朝は三代続いて、摂政政治で治世が始まることになったが、こたび大役に就いたのは、オルレアン公フィリップ二世だった。

ルイ15世
（ルイ・ミシェル・ヴァン・ロー画）

ルイ十四世の弟、オルレアン公フィリップの息子である。親王家を継承した文句ない王族であり、四十一歳という年齢からも摂政として申し分ない。妥当な就任といえそうだが、生前のルイ十四世は実をいえば、この甥をなかなか認めたがらなかった。

一七一四年八月二日付の遺言では、ルイ十五世の未成年期には摂政会議が置かれ、その合議で国政が営まれるとされていた。会議のメンバーがメーヌ公、トゥールーズ伯、ブルボン公、ヴィルロワ元帥、ヴィラール元帥ら十四人で、オルレアン公もそのひとりにすぎなかったのだ。

特記されたのはメーヌ公のほうで、国王近衛隊の指揮権が与えられ、また新王の傅育《ふいく》責任者とされた。メーヌ公はルイ十四世がモンテスパン夫人に産ませた子供で、弟のトゥールーズ伯と合わせて、王位継承権まで与えた件は前述した。例の実子主義、直系主義が再び見え隠れするが、一応付言しておけば、メーヌ公は兄弟のうちでは優秀だったらしい。

かたわら、オルレアン公フィリップでは駄目だというのは、飲んだくれの女好きで知られていたからだ。パリのパレ・ロワイヤルを譲られていたが、ここを今に伝わる歓楽の殿堂として、夜な夜なの大宴会で賑わせたのは他でもない、このフィリップ殿下だったのだ。こんな甥に摂政を任せられるわけがないと、ルイ十四世が譲らなかった所以だが、それはそれ、これはこれという理屈もある。

前王の遺言通り、とは今回も行かなかった。九月十二日、パリ高等法院はルイ十四世の遺言を破棄、オルレアン公フィリップ二世を摂政と認めた。摂政会議における合議制は維持するとか、その議長を任せるとかではない、制限なしの全権摂政である。

事前の取り引きがあった。オルレアン公はルイ十四世が高等法院から剝奪した建白権、つまりは勅令登記を拒否して、その再考を促すという権限を通じて、政治力を行使する権利のことだが、この際それを戻すと打診して、法曹たちを自分の味方につけていたのだ。

摂政会議を廃止したわけでなく、そこにブルボン公ルイ・アンリ・ドゥ・ブルボン・コンデ、コンティ大公ルイ・アルマン・ドゥ・ブルボンと召集して、王族の大半を味方につけた。そのうえでメーヌ公から近衛隊の指揮権を剝奪、与えるのは王の教育総監の職だけにしたのだ。さらに孤立させるため、弟のトゥールーズ伯のほうは海軍顧問会議主席につけるなど優遇する。オルレアン公フィリップの政治力たるや、なかなかのものである。

メーヌ公は一七一七年には、ルイ十四世による嫡子化まで取り消された。王位継承権を奪われて、連絡したのがスペイン王となっていた甥のフェリペ五世だった。やはりフランスの王族で、ルイ十五世の叔父なのだから、自分にもフランスの摂政になる資格があると主張させ、自身は摂政代理を務めるという案を持ちかけたのだ。

フランス摂政のみか、フランス王位にも色気があるスペイン王のこと、かなり乗り気だったらしいが、オルレアン公フィリップはこれも未然に潰してしまった。例の勢力均衡の理屈で、超大国の出現を望まないイギリス、オランダ、そしてオーストリアに声をかけ、まずは四国同盟を結んだ。国際的に孤立させたうえで一七一九年一月、フランス軍をスペインに侵攻させたのだ。

一七二〇年二月の講和では、フェリペ五世にフランス王位の完全放棄を容れさせた。やはり、なかなかの政治力である。夜の放蕩児で知られたオルレアン公も、昼は意外なくらいに仕事ができる男であり、おかげで一波乱、二波乱とあって当たり前の摂政時代も、ルイ十五世のそれは至極平穏にすぎていった。

内政も無難に行われ、財政赤字まで解消された。スコットランドの銀行家ジョン・ローを採用して、中央銀行の設立、紙幣の発行、これを用いた債務の償還、さらにルイジアナ植民地との貿易を独占する「西方会社」の株券を販売するなど、数多の金融政策を実施したからだ。

一七二〇年一月、ローは財務総検に上り詰めるが、その五月に株価が暴落したために、フランスから逃げ出さなければならなくなった。金融の難しいところだが、それも含めて、フランス王家の財政やフランス経済に進化がみられた時期だったといえる。

かかる摂政政治に守られながら、幼王ルイ十五世はスクスクと成長した。両親を早くになくし、しかも五歳で王位につくという生い立ちゆえか、いくらか情緒不安定で、内向的な面もないではなかったが、まずは順調に大きくなった。

養育係のヴァンタドゥール夫人も愛情を注いだし、七歳からつけられた傅役ヴィルロワ元帥とフルリィ司教の二人も、故ルイ十四世の指定だったが、それとして悪くはなかった。それだからオルレアン公も取り消さなかったのだろうが、ちなみにメーヌ公のほうはスペイン王と陰謀を企んだ科で逮捕され、教育総監の職も解かれている。

家庭教師が教える諸々の授業に加えて、ルイ十五世は十歳からは摂政顧問会議にも臨席させられた。これも取り消されなかったルイ十四世の遺言で、曾祖父と同じように帝王学もきちんと教えこまれたのだ。

摂政臨席のもと教育を受ける幼王ルイ15世

（作者不詳）

ところが、長じるにつれて、王が熱中するようになったのは狩猟だった。可愛らしかった男児も、十歳、十一歳、十二歳と思春期にかかると、ずんずん身体が大きくなった。ただ美男であるのみならず、歴代フランス王のなかでも屈指の体格を誇ることになるのだが、この頃で内にたぎるエネルギーを発散せずにはいられなくなっていたようだ。

好きな狩猟のため、ルイ十五世はパリを出て、周辺の森へと足を伸ばす機会が増えた。そうするうちに、ルイ十三世やルイ十四世と同じように、これは優れた猟場であると気に入ることになったのか。あるいは幼少期にすごした思い出ゆえということか、ルイ十五世は森に囲まれたヴェルサイユに惹かれ出した。

パリの人々は落胆するし、すでにパリに屋敷を求めた高官や宮廷貴族も少なくなかったが、その思いは止めがたい。ルイ十五世たっての希望で、一七二二年六月十五日、宮廷はヴェルサイユに戻されることになった。

摂政オルレアン公はといえば、ローの金融政策が招いた株価暴落でパリで不人気になっていて、この移転にあえて反対するではなかった。十月二十五日にはランスでルイ十五世の戴冠式も挙行され、摂政時代が終わりに近づいていることは誰の目にも明らかだった。

大いにお励みになられたく

一七二三年二月十五日、ルイ十五世は満十三歳の誕生日を迎えた。翌十六日からは数えで十四歳、つまりはフランス王の成人に達する。二月二十二日にパリ高等法院で「国家の法に従い、自ら統治することを望む」と成人宣言が行われた通りである。

七年半に及んだ摂政政府は、これで終幕となったわけだが、そういうと、ルイ十四世の

「親政宣言」を思い出されるかもしれない。が、ルイ十五世は国の政治というものに、曾祖父ほど意欲的ではなかった。

それはルイ十四世のおかげで王の地位が確立され、摂政時代も平穏で、身の危険を覚えるような反乱もなく、つまりは権力を渇望するきっかけがなかったからか。あるいは生来の性格からおっとりしていて、先王たちのようにガツガツしていなかったのか。

ルイ十五世は宰相も置いた。すでにオルレアン公が一七二二年にデュボワ枢機卿を宰相にしていたが、王は成人宣言の後もその留任を認めたのだ。デュボワが一七二三年八月に亡くなると、元摂政オルレアン公が宰相に任じられた。オルレアン公も十二月に亡くなると、宰相の位はすぐブルボン公に与えられた。成人とはいえ、まだ十四歳でしかないルイ十五世は、宰相を置くことを認めたというより、むしろ好んだのだ。

が、それは誰より先にブルボン公と、切に望まれるような切れ者ではなかった。コンデ大公家の出と血筋は文句なしだったが、その政治力については史家の評価も一様に低い。無能と扱き下ろされることさえある。

実際のところ、宰相ブルボン公が熱心なのは保身だけだった。警戒していたのがオルレアン公フィリップ三世で、それは現下の王位継承者でもあった。たったひとりのブルボン直系、ルイ十五世が万が一にも亡くなれば、王位はそこに動く。現宰相は失脚を余儀なくされる。せっかく握った政治の実権を、コンデ家は手放さなければならない。

それだけは認められないと、ブルボン公が進めたのは、王の縁談だった。ルイ十五世に王妃を迎えて、直系の世継ぎさえできてしまえば、政権は変わらず、宰相の地位も安泰になるという理屈だ。

とはいえ、ブルボン公が張り切る以前に、ルイ十五世には婚約者がいた。一七二一年九月十四日の摂政会議で、スペイン王女マリア・アナ・ヴィクトリアとの結婚が決められたのだ。ルイ十三世、ルイ十四世に続く隣国の従姉妹との縁組で、何の問題もない。

マリア・アナ・ヴィクトリアも一七二二年三月にはフランスに来て、ルイ十五世の養育係ヴァンタドゥール夫人に預けられていた。が、このときで王女は四歳でしかなかった。ブルボン公が摂政になったときで五歳、とてもじゃないが、まだまだ子供など産めない。

食べすぎでルイ十五世が体調を崩すということがあり、このまま万が一と不安に駆られたブルボン公は、もうジッとしていられなかった。一七二五年三月一日、王女を返すとスペインに通達が行われ、婚約解消となった。激怒のスペイン王は以後オーストリアに接近していくことになるが、そんな国際政治の危険はブルボン公の眼中にはない。

次が御妃選びである。イギリスやロシアに適齢期の王女皇女がいるにはいたが、前者がプロテスタント、後者がギリシャ正教で、あいにくと宗教が違う。カトリックの国で探してみたところ、みつかったのが元ポーランド王スタニスワフ・レシチニスキーの娘、マリア・レシチニスカだった。

なんとも微妙な話だった。ポーランド王女といえれば、随分すっきりするのだが、父親スタニスワフは元ポーランド王なのだ。一七〇四年、スウェーデン王カール十二世の推しでポーランド王になったものの、この後援者をポルタヴァの戦いで撃退したロシア皇帝ピョートルが、一七〇九年にザクセン選帝侯アウグストをポーランド王に持ってきたので、故国にいられなくなったという経緯だ。

当時はフランス王家から年金をもらいながら、アルザス地方のヴィッセンブールに構えた邸宅に小さな宮廷をなしていた。亡命政権といえば亡命政権だが、没落王家といえば没落王家で、そもそもがスウェーデン王に利用されたポーランドの一有力貴族にすぎない。

マリア・レシチニスカ

その娘がヨーロッパ随一の権勢を誇るフランスの王妃になる、太陽王の玉座を受け継いだルイ十五世の隣に並ぶというのである。
同盟の証になるとか、領地や現金を持参するとか、これといった利益があるわけでもない。が、それはブルボン公の眼中になかった。大切なのは、なるだけ早く子供を産める王妃である

フランス王
シャルル10世
(1757〜1836)
(アルトワ伯)
＝マリー・テレーズ・
ドゥ・サヴォワ
(サヴォイア公・
サルデーニャ王
ヴィットーリオ・
アメデオ3世女)

クロティルド

エリザベト

ルイ・アントワーヌ
(アングーレーム公)
＝マリー・テレーズ
(マダム・ロワイヤル)

シャルル・フェルディナン
(ベリー公)
＝マリー・カロリーヌ・
ドゥ・ブルボン・シシール
(両シチリア王
フェデリコ1世女)

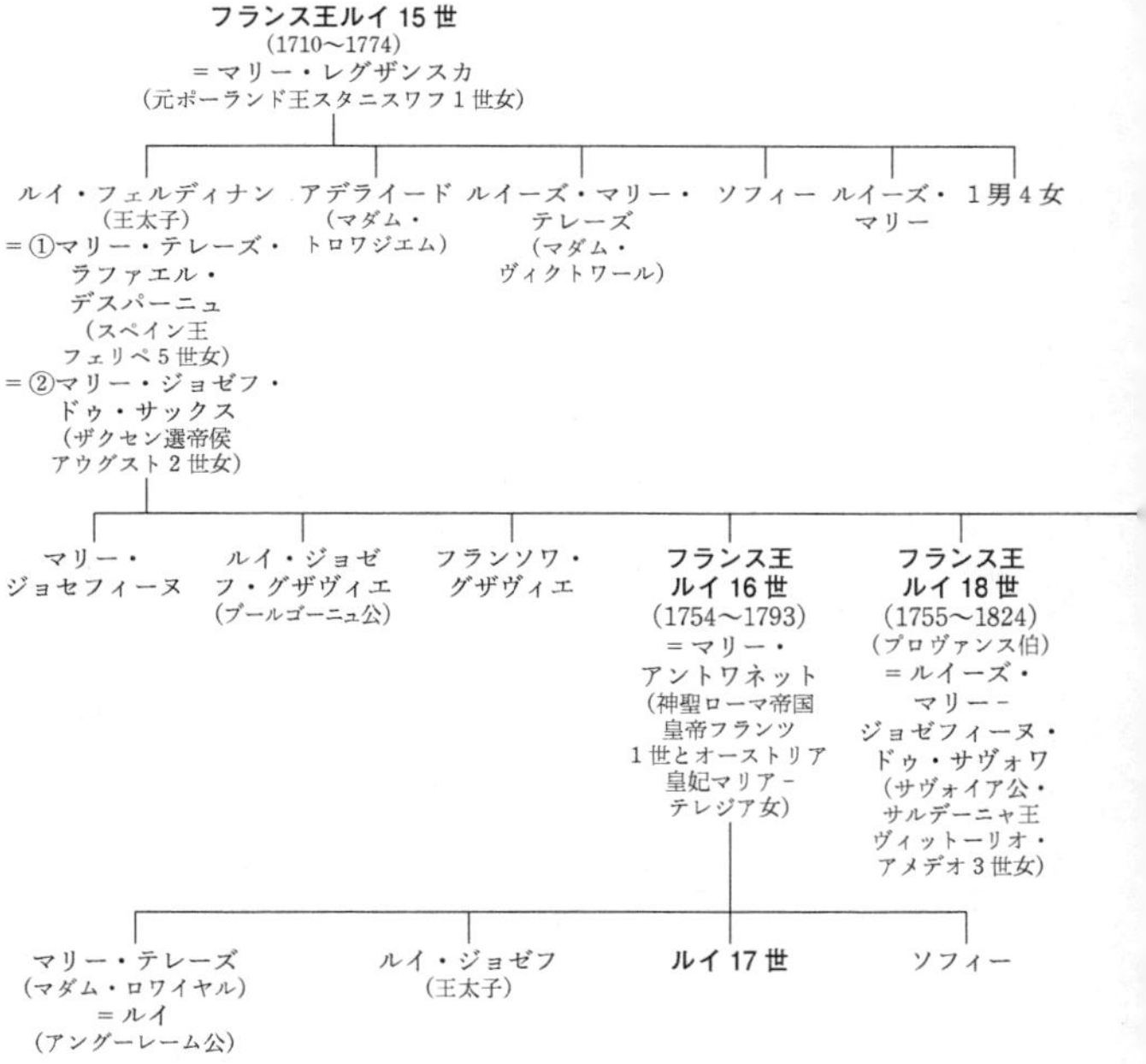

ルイ15世以降のブルボン王家（王のカッコ内は在位年）

こと、それだけなのだ。この点、マリア・レシチニスカは二十二歳の大人の女性で、みるからに健康そうでもあった。絶世の美女というわけでなく、花婿より七歳上という格好にもなってしまうが、肖像画をみせると、ルイ十五世は抗うことなく承諾した。

こうなれば善は急げで、三月三十一日には縁談が発表された。「身分違い」の声もあり、反対も叫ばれたが、ブルボン公は聞く耳を持たない。そのまま年を跨《また》ぐことなく、九月五日にはフォンテーヌブロー宮の礼拝堂で、晴れの挙式の運びとなった。

フランス王妃マリー・レクザンスカの誕生である。宰相ブルボン公としては、あとは主君に促すだけだ。国王陛下におかれましては、大いにお励みになられたくと。

十五歳のルイ十五世は、すでに立派な体格である。大いにお励みになられたくと。エネルギーを持て余して、それを狩りで発散するため、ヴェルサイユに移ってきたような少年なのである。二十二歳の成熟した女性をあてがわれ、大いにお励みになられたくと勧められれば、どんな十五歳が拒むというのか。

実際のところ、ルイ十五世は夢中になった。ひとたび未知の世界が開かれるや、未熟ゆえに溺れてしまったといえるくらいで、もう他はどうでもよくなった。困ったものだと周囲は閉口したかといえば、子作りに熱心であることは、理想の国王と褒められるべき振舞いなのだから、もう誰にも止められない。

結果も出た。一七二七年八月十四日、マリー・レクザンスカはルイーズ・エリザベートとアンリエットの双子の王女を産んだ。ルイ十五世は父親になったが、まだ十七歳である。一七二八年には王女マリー・ルイーズが続いた。一七二九年九月四日には待望の王子、王太子ルイまで生まれた。が、それで終わりではない。

一七三〇年にも王子アンジュー公フィリップが生まれ、一七三二年には王女アデライード、一七三三年には王女ヴィクトワール、一七三四年には王女ソフィー、一七三六年には王女テレーズ・フェリシテ、一七三七年にルイーズ・マリーと、マリー王妃は十年間に十回という、文字通り立て続けの出産だった。ルイ十五世は本当に励んだのだ。

励めたはずで、他は上の空だった。いや、ルイ十五世とて狩りをはじめ、遊興に励むことはあったかもしれないが、宮廷の儀礼は嫌々ながらで、日々の真面目な政務は形ばかりの有様、それが困難きわまる政治となれば、いよいよ無関心である。

フルリィ枢機卿

宰相ブルボン公はといえば、保身のための王妃探しを除けば、業績らしい業績もなく、一七二六年六月には解職となった。というより、ルイ十五世は十六日に宰相を廃止、これからは自分で統治すると、曾祖父ルイ十四世ばりの親政宣言を行ったのだ。が、これが口

フルリィ枢機卿
（フランソワ－アルベール・スティエマールによるイヤサント・リゴー画の模写）

先だけの話で、実際には何事も「爺や」に相談することにしただけだった。

子供の頃からの傅役、フレジュス司教フルリィのことである。同年十一月、王は枢機卿の赤帽子まで被らせたのだから、もう誰も疑わない。フルリィ枢機卿は、リシュリュー枢機卿、マザラン枢機卿の再来なのだ。肩書こそないものの、事実上の宰相なのだ。

ルイ十四世の御世を経て、もうフランス国内には敵という敵もないのだから、その地位はリシュリュー枢機卿、マザラン枢機卿より磐石なくらいである。一七二六年で七十三歳の高齢だったが、この文字通りの「爺や」にルイ十五世は、国の政治をほぼ丸投げにしたのだった。

フルリィ枢機卿の施政はといえば、その年齢ゆえか概して穏当だった。まずもっての急務が財政再建で、前王の戦争に継ぐ戦争で傾き、さらに摂政時代のローが混乱させたものを、建て直さなければならなかった。が、なに目新しいことをするわけでない。

八月から取り組んだのは、総括徴税請負制（Ferme générale）の確立だった。税金を前払いして、その分の徴税権を手に入れ、より多く取り立てることで、差額分を自らの利益とする、徴税請負人（fermier）という者がいて、フランスでは多く利用されていた。統括するのが四十人の総括徴税請負人（fermier général）で、六年契約で間接税分八千万リーヴルを前渡しさせるというのが、従来の形態だった。

かかる徴税請負制度を一元化、効率化することで、集金額を増やそうというのが、フルリィ枢機卿の試みだった。実際のところ、一七四四年には九千二百万リーヴル、五〇年には一億二百万リーヴル、六八年には一億三千二百万リーヴル、治世末の七四年には一億五千二百万リーヴルと、間接税収入は順調に伸びている。かわりに人頭税を軽減するのだから、つまりは直間比率の是正であり、シュリーやコルベールの手本を踏襲したのみだ。

倣うといえば、フルリィは貨幣の安定化、さらに道路の整備などを通じて、国内における商業活動の活性化にも尽力した。概して穏当ながら堅実にして着実であり、宰相枢機卿は地位が磐石であるだけでなく、その政治家としての能力もリシュリューやマザランに後れなかったと評価がある。

対外政策においては、ポーランド継承戦争を進めた。いや、フルリィとしてはやりたくなかった。一七二七年から政治を執るや、三月にスウェーデン、四月にイギリスとデンマーク、そしてオーストリアと同盟を締結して、心がけていたのは平和外交だったのだ。

ところが、一七三三年二月一日、ポーランド国王アウグスト二世が崩御した。ポーランドは選挙王政の国であり、九月十二日に議会で選出されたのが前の王スタニスワフ・レシチニスキー、つまりはフランス王ルイ十五世の義父である。大国フランスの後押しあったというわけで、王にとっての大事な王妃、マリー・レクザンスカの父親の話となれば、事なかれ主義のフルリィ枢機卿も動かないわけにはいかなかったのだ。

が、これがオーストリア、そしてロシアは気に入らない。アウグスト二世の息子フリードリッヒ・アウグストを担ぎ出し、ポーランド王アウグスト三世たるように推しにかかる。かくて十月十日、フランスが推すスタニスワフ・レシチニスキー、オーストリアとロシアが推すアウグスト三世に分かれて、ポーランド継承戦争が始まったのである。

一七三四年二月、スタニスワフ・レシチニスキーがバルト海の要衝ダンツィヒに籠城、これをロシア軍が包囲する展開になった。全力を挙げて救援するかと思いきや、フランスは形ばかり海軍を送るに留めた。かわりに力を入れたのが、オーストリア軍を向こうに回したライン地方と北イタリアの戦いだった。戦争の一環であり、後方の攪乱であるのかもしれないが、なんだか的外れな感もなくはない。

いわないことじゃない、一七三五年四月、スタニスワフ・レシチニスキーは陥落寸前のダンツィヒを脱出、ポーランドを後にすることになった。となれば、ロシア軍までライン地方に来るのは拙《まず》い。フルリィ枢機卿は急ぎ休戦を結び、さっさと和平に取りかかった。

八月からウィーンで始められた交渉は、最終的な妥結まで三年もかかり、一七三八年十一月十八日にようやくウィーン条約になった。決まったことには、スタニスワフ・レシチニスキーはポーランド王位をあきらめ、かわりにロレーヌ公領を与えられると。スタニスワフ没後は一人娘のマリア、つまりはフランス王妃マリー・レクザンスカに相続され、つまりはフランス王家に帰属すると。何故ロレーヌかといえば、ロレーヌ公フランツがオーストリア皇女マリア・テレジアと結婚していたからだが、このフランツは父祖伝来の領国を失うかわり、メディチ家が断絶したトスカナ大公国の領有を認められると。

フランスには悪くない結末である。ロレーヌの主となり、リュネヴィルに宮廷を構え、ヴォルテールだの、モンテスキューだのを客人に迎えながら、優雅な余生をすごせたのだから、スタニスワフ・レシチニスキーにとっても悪くはなかったかもしれないが、他面で晴れの王座に返り咲くことはできなかった。

それをフランス王家が熱心に応援したともいえず、フランス王家だけが得して終わるような結末になってみれば、なんだか薄情な印象もある。フルリィ枢機卿にいわせれば、これが綺麗事ならざる政治の現実であり、ルイ十四世の戦争より遥かに賢いということかもしれないが、当のフランス王ルイ十五世としてはどうなのか。

いくら政治に無関心とはいえ、それが王妃を喜ばせるためであれば、もう少し頑張りようはなかったのか。それとも、もうマリー・レクザンスカは大切でないとでもいうのか。そう責めれば、恐らくルイ十五世は苦笑いながらに肩を竦めてみせただろう。いや、朕ではないよと。少なくとも、はじめは朕ではなかったよと。

オーストリア継承戦争

一七三七年に王女ルイーズ・マリーが生まれたとき、ルイ十五世は「デルニエール・マダム（末の姫）」と呼びかけたと伝えられる。確かに王妃マリー・レクザンスカが産んだ最後の子だが、おかしい。それは結果論であって、生まれた時点でいえる言葉ではない。なにゆえの王の呼びかけだったかといえば、王妃がルイーズ・マリーを妊娠中の、ある夜の話に行きつく。ルイ十五世が寝室を訪ねていっても、マリー・レクザンスカはがっちり扉の鍵を締めて、決して中には入れなかったというのだ。

「なんてことでしょうね。いつも寝て、いつも妊娠して、いつもお産ばかりだなんて」

アルジャンソン侯爵の『回想録』によれば、日頃から王妃は零《こぼ》していたという。なるほど、理想的だと二十二歳で嫁いできたマリー・レクザンスカも、もう三十四歳である。十年間で十人も子供を産まされ、はっきりいって、もうクタクタだ。いくら務めであっても、限度というものがある。いや、務めなら、とうに果たしているのだ。

マリー・レクザンスカは嫌がるようになっていた。諸説あって、それは寝室に鍵をかけた夜の前からだったとも、王を締め出した一件はルイーズ・マリーが生まれたあとで、次の子を流産してから断固拒否するようになったのだともいわれるが、いずれにせよ、もう勘弁してほしいと請われたのは事実である。さて、ルイ十五世は、どうするか。

こちらは二十七歳の男性であり、まだ少しも衰えない。いや、今こそ夜が長い。覚えることも覚えたので、いよいよ力がみなぎって仕方がない。一種の性豪といおうか、ルイ十五世は後から振りかえっても、歴代フランス王のなかで屈指の絶倫男といえるのだ。

となればヴェルサイユは、陛下は妻帯の身でございますからと、堅苦しく咎めるような場所ではなかった。いや、自分から動くまでもない。長身で筋骨隆々、これまた歴代フランス王のなかで一、二を争う美男のこと、ただ黙っていても女たちが群がってくる。

結末は端からみえていたも同然だった。ルイ十五世が妻ならぬ女性に興味を抱き始めたのは、早ければ一七三三年頃からだったとされる。最初の相手がマイイ伯爵夫人で、一七一〇年生まれは王と同い年だった。嫁ぐ前の名前がルイーズ・ジュリィ・ドゥ・ネールで、ネール侯爵の長女は幼い頃から宮廷に暮らしていた、つまりは王の幼馴染なのだ。

美人とかなんとかより、心が落ち着く女を好む。王は王妃につれなくされると、かねて気心の知れた相手と男女の関係になったわけで、それが一七三三年頃だったとされる。まだ王妃マリー・レクザンスカに、完全に拒否されてはいない。

マイイ夫人とは数年なお人目を憚る秘密の交際だった。が、もういいやと公然たる愛人として、つまりはルイ十四世のルイーズ・ドゥ・ラ・ヴァリエールやモンテスパン夫人のような寵姫として遇するようになったのが一七三八年、デルニエール・マダムが生まれた翌年のことだった。

ブーヴロン夫人、アムロ夫人と他にも名前が挙がってくるが、これらは摘み食いといった程度で、やはり王はマイイ夫人に戻っていく——はずだったが、あまりに似ていたので、見間違えたということか。一七四〇年、新しい寵姫としてヴェルサイユに君臨したのは、ヴァンティミーユ侯爵夫人こと、ポーリーヌ・フェリシテ・ドゥ・ネール、つまりはネール侯爵家の次女で、マイイ夫人の二歳下の妹だった。

姉と同じに、やはり絶世の美女というわけではなかったが、やはり王の好みではあったらしい。一七三九年に見初めると、わざわさヴァンティミーユ侯爵に嫁がせ、それから自分の愛人にしたという運びである。姉と違っていたのは、より野心的だった点だ。寵姫になるや王にねだり、ショワジー城をプレゼントさせたほどだ。

物欲のみならず権勢欲も旺盛で、ヴァンティミーユ夫人は政治にも口出しした。折しも国際関係が荒れ模様になっていた。神聖ローマ皇帝カール六世が息子がないまま亡くなって、娘のマリア・テレジアがオーストリア、ボヘミア、ハンガリーの君主になった。それはハプスブルク家の相続だからよいとして、皇帝の位はどうするか。

ドイツはマリア・テレジアの夫、トスカナ大公フランツ・シュテファンを推す勢力と、バイエルン選帝侯カール・アルブレヒトを推す勢力に分かれた。フランクフルトで帝国議会が開かれることになったが、結論が出る前にプロイセン軍がオーストリア領シュレジエンに侵攻した。十二月十六日、後に「オーストリア継承戦争」と呼ばれる戦いの始まりだった。

ヨーロッパを激震させる大事件だが、フランス王ルイ十五世は政治に無関心である。愛人を作るようになってから、ますます無関心になり、以前に増してフルリィ枢機卿に丸投げである。これが事なかれ主義の宰相であり、大事件ではあるけれど、所詮は余所の国の話だと、オーストリア継承戦争になど介入する気もなかった。

しかしながら、フランスにもベル・イール侯爵シャルル・ルイ・オーギュスト・フーケ、つまりはあのニコラ・フーケの孫なわけだが、このフランス元帥はじめ、参戦派がいないでなかった。これを強力に後押ししたのが、ヴァンティミーユ夫人だったのだ。

寵姫にせっつかれては、ルイ十五世も動かないわけにはいかない。ベル・イール元帥と一緒にフルリィ枢機卿に働きかけて、一七四一年五月から六月にかけてはプロイセン、スペイン、バイエルンと対オーストリア同盟を結び、七月にはフランスも参戦することになった。

　また戦争である。栄光を高める。フランスの栄光、いえ、わたくしの栄光と、ヴァンティミーユ夫人は大満足だったかもしれないが、九月九日にルイ十五世の息子、幼少期には「半ルイ」と呼ばれ、長じてはリュック公爵となる赤子を産むと、産後の肥立《ひだ》ちが悪くて、そのまま命を落としてしまった。

　フランス軍は快進撃、十一月二十六日にはプラハ入城まで果たしたが、愛する寵姫を亡くしたルイ十五世の心は虚しいばかりだったろうか。王の傷心を癒したのは、マイイ夫人だった。こういうときは気心が知れた相手なのだと納得しかけるが、ネール侯爵家の三女、ローラゲ侯爵夫人ディアーヌ・アデライード、さらに四女のフラヴァクール侯爵夫人オルタンス・フェリシテにも手を出したというから、もしや気を惹くための悲しいふりだったかと疑いたくなる。あるいは姉妹を総なめにすることに、特殊な悦楽でも感じていたのか。

　一七四二年に新たに寵姫に迎えたのは、ラ・トゥールネル侯爵夫人こと、マリー・アンヌ・ドゥ・ネール、侯爵家の五女だった。いよいよ性癖を勘繰るべきかと思いきや、これまでと少し違うというのは、ラ・トゥールネル夫人は姉たちに似ず、すらりとした長身と魅力的な青の瞳を持つ絶世の美女だったからである。

似ていたとすればヴァンティミーユ夫人で、どこがといえば野心的な性格がである。寵姫になる時点で、公爵夫人にしてほしい、パリに屋敷を買ってほしい、宝石がほしい、毎月の手当を約束してほしい、子供は嫡出の手続をしてほしい、等々と王に条件を出していたほどだ。

それらは叔父のリシュリュー公爵が吹きこんだものともいわれる。かの宰相枢機卿の甥の子だが、このリシュリュー公爵を大侍従にしろだのと、夫人は宮廷の人事にも口を挟む。プロイセンとの同盟を更新しろだの、政治にまで口出しする。

一七四二年七月二十八日にベルリン条約が結ばれて、後に「第一次シュレジエン戦争」と呼ばれる戦いは終結していた。シュレジエンはプロイセンのものとなり、バイエルンのカール・アルブレヒトが神聖ローマ皇帝カール七世として即位することになり、フランスの同盟国の優位でドイツは一段落ついた。が、まんまとシャトールー公爵夫人になった寵姫は、まだまだ、こんなところで終わらせるわけにはいかないと、王に捲《ま》くし立てたのだ。

一七四三年一月二十九日、宰相枢機卿フルリィが八十九歳で亡くなった。ルイ十五世は今度こそ自分で政治をやると、かわりの宰相を置かなかったが、そのほうが好きにやれる

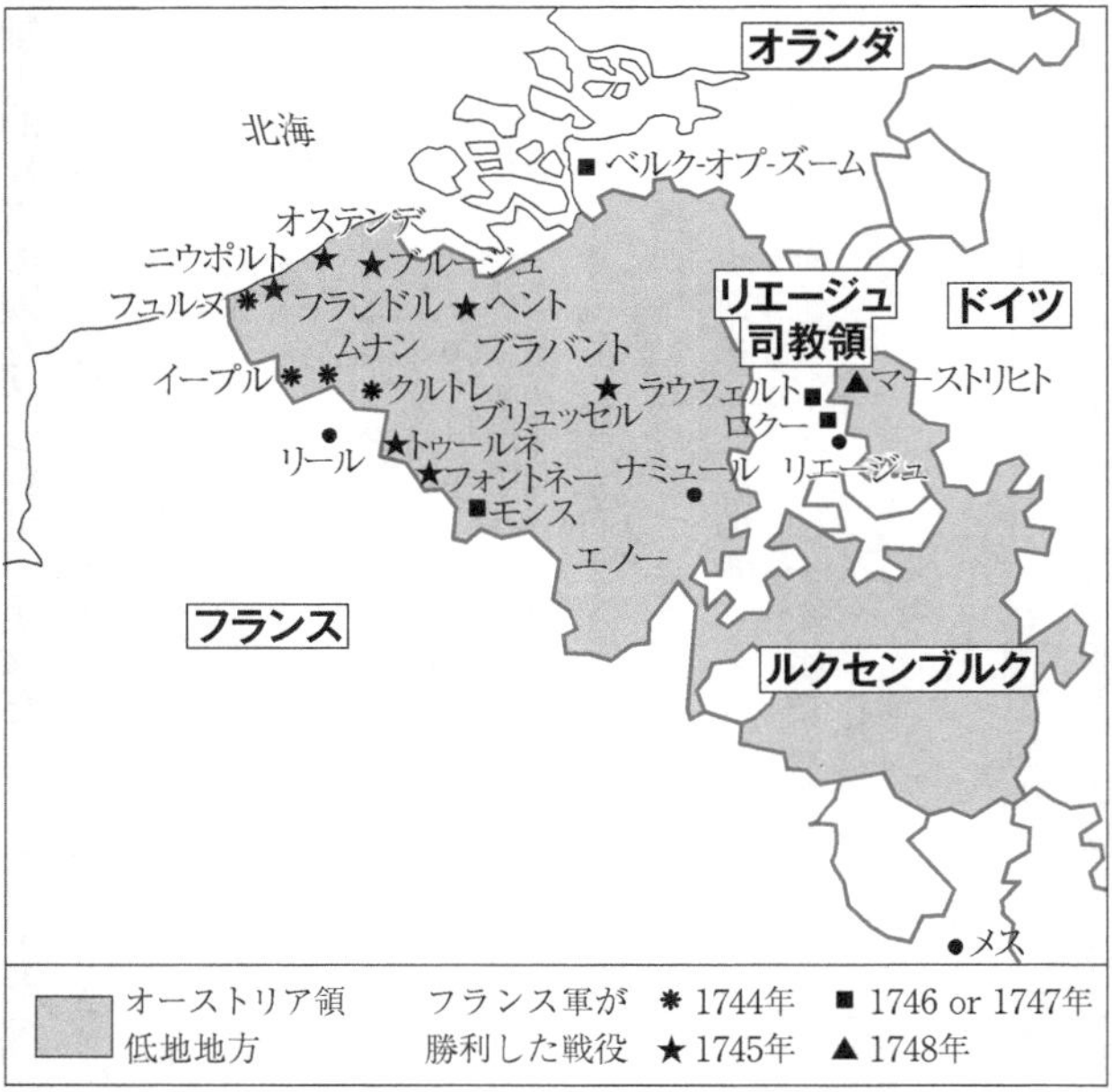

ルイ 15 世の戦争

と、あるいはシャトールー公爵夫人の囁きあっての話だったかもしれない。それが証拠にフランスの穏健政治は、ここで終了してしまう。それが地の性格とも思われないのに、王がやたらと好戦的になる。

北アメリカ大陸で船舶同士の小競り合いが起こると、一七四四年三月十五日、まずイギリスに宣戦布告だった。イギリス史にいう「ジョージ王戦争」の始まりである。イギリスは同盟国だと、オーストリア軍が三月のうちにアルザスに侵攻してきた。ルイ十五世は四月二十六日に宣戦布告で応え、こちらでもオーストリア継承戦争の再燃となる。

なんの気紛れか、このときルイ十五世は自ら戦場に出ることまでした。親征などと柄にもない真似をした報いか、これがちょっとした事件を招く。

王が国境地帯の都市リールにいた六月、シャトールー夫人がやってきた。ぞっこんのルイ十五世が呼んだか、この隙に他の女に乗り換えられてはかなわないと、シャトールー夫人が離れたがらなかったのか、とにかく戦場でヴェルサイユのような日々が繰り広げられる。いうまでもなく、居合わせた将軍はじめ周囲はそれを白い目でみる。

八月九日、ノワイユ公爵の軍と合流するため、王はメスに移動したが、そこにもシャトールー夫人はついてきた。が、ここでルイ十五世は急に熱を出したのだ。医師を呼んでも、薬を飲ませても一向に熱は下がらない。どんどん悪くなって、十二日には危篤が宣言されるほどになった。終油を受けさせるとなって、呼ばれた懺悔聴聞僧が、イエズス会出身のペリュソー神父、それにソワソン司教フィッツ・ジャムだった。

ここで二人の聖職者はルイ十五世に説いた。ふしだらな行いをしているから、神罰が下されたのだとかなんとか脅して、シャトールー夫人の宮廷追放を求めたのだ。将軍たちも同じ意見だった。王妃、王太子、王女たちという正しい家族も、呼ばれてメスにやってきた。さすがの王も愛人を呼べとは、ちょっと口に出せなくなる。

シャトールー夫人はヴェルサイユに帰された。直後にルイ十五世は健康を取り戻し、それ、みたことかと周囲は大いに喜んだが、元気になるのだったらと未練たらたらに後悔するのが、このフランス王なのである。

十月、ヴェルサイユに戻るや、ルイ十五世は寵姫とよりを戻そうとした。しかし、シャトールー夫人は激怒している。ブイヨン公爵、シャティヨン公爵、ラ・ロシュフコー公爵、ベルロワ公爵、ペリュソー神父、ソワソン司教、そしてモールパ伯爵と、自分に悪意を向けた面々を追放しなければ、絶対に戻らないとむくれてみせる。

ルイ十五世は弱った。モールパだけは勘弁してくれと、愛人に頼みこんだ。伯爵は有能な海軍大臣であり、北アメリカ植民地でイギリスとの戦争が続いている現下において、艦隊を動かす人材を外すわけにはいかなかったのだ。

自分でやるといっても、やはり王は臣下に任せきりだった。上記の旨を記した手紙も、モールパに届けさせた。おまえからも話してくれと、寵姫を説得する仕事も丸投げというわけで、十一月二十五日には実際に面会なった。

が、その直後にシャトールー夫人は倒れた。十二月八日、そのまま帰らぬ人となり、モールパの毒殺ではなかったかとも噂された。いずれにせよ王の心痛は一通りでない――とは結べないから、ルイ十五世という王は稀代の女好きだというのである。

ポンパドール夫人

いや、いくらかルイ十五世に味方すれば、先に動いたのは女のほうだった。出会いは少し遡る一七四四年二月、オーストリア領との国境に出陣する前のことである。パリ郊外セナールの森のこと、王が狩りで通りかかるところを見計らい、そのエティオール夫人という女は、ピンク色の馬車で通りかかったのだ。

わたしをみて――そういわんばかりの押しつけがましい振る舞いに、きちんと引っかかるのがルイ十五世である。いや、再び王を弁護すれば、目を留めずにおけないような絶世の美女ではあった。今に肖像画が伝わっているが、振り返らずに素通りできる男など、まずいないのではないか。

このとき二十二歳、エティオール卿シャルル・ギョーム・ル・ノルマンと結婚して、すでに娘がひとりいた。悠々自適なエティオール城の女主人というわけだが、まだまだこんなところで終わる女じゃないと、そこは自負があったのだろう。

要するにエティオール夫人は野心を抱いた。何を目指すかは決まっていた。この時代のフランスで、女が望みうる最高の栄達は、王の寵姫になることだった。王妃の位は別枠で、初めから争わない。自由競争で勝ち取れる地位だからこそ、寵姫の座を目指すのだ。が、それだけ望まれる地位である。簡単に手に入るわけがない。簡単に譲られるわけもない。現にルイ十五世の目を惹いたとたんに、シャトールー夫人に睨まれた。脅迫を加えられて、エティオール夫人もひとまずあきらめるしかなかった。

寵姫にネール姉妹が続いて、ルイ十五世には変な趣味があるのかと疑いたくなったが、実のところ他の女が王に近づくなど、簡単に許される真似ではなかった。姉だから妹だからと時の寵姫を油断させて、ネール侯爵家の女たちだから王に近づくことができたのだ。

しかし、そのシャトールー夫人が死んだ。不謹慎な言い方になるが、世の女たちには千載一遇の好機である。なにしろルイ十五世からして、次をみつける気まんまんなのだ。

一七四五年二月二十五日、ヴェルサイユで王太子ルイ・フェルディナンとスペイン王女マリア・テレサ・ラファエラの結婚を祝賀して、仮面舞踏会が行われることになった。もう息子が妻を娶《めと》る歳だというのに、ルイ十五世ときたら落ち着く様子も、ましてや枯れる気配もないのだ。

この夜も張り切るばかりで、取り巻きたちと諮《はか》りながら、イチイの庭木に扮した仮装で乗りこんだ。後に「イチイの舞踏会」と呼ばれる所以だが、仮装というより扮装で、誰が誰やらわからなくなっていたから、あるいは王は正体を伏せたまま、遊ぶ気でいたのかもしれない。相手に選ばれたのが、月の女神ダイアナに仮装したエティオール夫人だった。実際のところ、王は一夜で終わらせることもできた。次の寵姫の座を狙う者も、エティオール夫人だけではなかった。そんなに簡単な話ではない。なにしろ女だけでなく、男までが狙っている。寵姫の係累には栄達が約束されるからである。

有力視されていたのがネール侯爵家の四女フラヴァクール侯爵夫人で、妹のシャトールー夫人と同じにリシュリュー公爵が推していた。本命と目されたのはこちらで、エティオール夫人など摘み食いの最たるものと思われていた。宮廷にコネを持たなかったからだ。宮廷のコネどころか、エティオール夫人は貴族に嫁いでいたものの、もともとは平民だった。本名をジャンヌ・アントワネット・ポワソンといって、パリのブルジョワ家庭の生まれなのだ。富裕の家ではあったが、やはり平民である。「侮蔑の滝」が流れ落ちるヴェルサイユでは、ただ打ちのめされるしかない立場だ。

それでも王はエティオール夫人を選んだ。好きなものは好きなのだと、御執心のあまりに曲げようとしなかった。こういうときだけは、ルイ十五世も精力的に動くのだ。

頻々とパリに出向いて、逢瀬《おうせ》を重ねただけではない。夫人の屋敷にベルニス神父とゴントー侯爵の二人を、教育係として遣わした。儀礼や作法、名門貴族や高位高官たちの名前、その他宮廷の諸々を学ばせるためだった。あげく「ポンパドール侯爵夫人」と身分まで整えて、ヴェルサイユに正式に迎え入れることにしたのだ。

御披露目は一七四五年九月だった。新しい「部屋係」として王妃マリー・レクザンスカに挨拶すれば、ルイ十五世の新しい寵姫の誕生となる。が、これが以後二十年に及ぶポンパドール時代の始まりだと考えた者は、なお皆無に近かったに違いない。

王の気まぐれにも程がある。すぐ飽きられるに決まっている。でなければ、そのうち追い出してやる。それくらいに考えていたわけだが、あにはからんやでポンパドール侯爵夫人が寵姫になれたのには、それなりの理由があった。

他でもない、平民の生まれだったからだ。あるいはパリの生まれといおうか。ヴェルサイユにコネがないかわり、ポンパドール夫人にはパリのコネが、つまりはブルジョワの出であるからには財界の支援があった。わけても強力な後ろ盾が、軍隊の補給を牛耳《ぎゅうじ》り、「小麦王」と呼ばれるパリス・デュヴェルネ、徴税請負を営み、金融業も手広く、「宮廷付き銀行家」でもあるパリス・モンマルテルの、パリス兄弟だった。パリス・モンマルテルは、赤子のポンパドール夫人が洗礼を受けたときの代父でさえある。

政界では摂政時代の一七二〇年、ジョン・ローと対立して、故郷のドーフィネに追放されている。ロー失脚後の一七二四年にはパリに戻ったが、フルリィ枢機卿のときの一七二七年に、また失脚させられた。一七三三年には復権を遂げたが、まだまだ地位は磐石でない。思い通りにヴェルサイユを動かせない。そこで身内同然のポンパドール夫人が王の寵姫になったのだから、パリス兄弟としても前のめりにならずにいられなかったのだ。

　パリス兄弟は惜しまず資金を提供する。パリのブルジョワ資本が、これに倣う。莫大な金がかかるヴェルサイユ生活だが、ポンパドール夫人は困らなかった。みすぼらしく面目を失うどころか、他を圧するほどの豪奢をみせつけ、それと同時に発言力も大きくしていく。新しい寵姫が生まれてほどなく、財務総検がオルリィからマショー・ダルヌヴィルに交替したが、これはパリス兄弟の意向によるものだった。

ポンパドール夫人

（モーリス・カンタン・ドゥ・ラ・トゥール画）

　ポンパドール夫人は、ただ金をかけ、ただ豪奢というのでもなかった。生まれたパリでは、ブルジョワの文化が花開いていた。最先端の文化人がサロンに集い、最新の流行を紡ぎ出していたのだ。それを夫人は、ヴェルサイユに持ちこんだ。

嫌われるかと思いきや、ヴェルサイユも大歓迎した。はじめは反感を抱いても、じき受け入れざるをえなくなった。ルイ十四世の「大世紀」を体現した宮殿文化も、十八世紀に入ると形骸化、硬直化の嫌いが否めなくなっていた。

ただ古いものが守られているだけで、いうなれば活気がない。全てがマンネリ化に堕ちていたのに、それを新しくする力もない。頽廃していくばかりのヴェルサイユに、ポンパドール夫人は若々しくも新しいパリの活力を持ちこんだのだ。

例えば、ファッションである。今に「ポンパドール」といえば、前髪をこんもりさせるヘア・スタイルのことだが、いうまでもなく、これもポンパドール夫人が始めた髪型だ。のみならず、ドレスから、靴から、宝飾品、小物の類にいたるまで、ヴェルサイユでは「ア・ラ・ポンパドール（ポンパドール風）」と呼ばれる流行が生まれた。淡い色調に小さな花模様をあしらうタフタ織も、レースの飾り前掛けも、ハンドバッグの走りである巾着袋も、全てが「ア・ラ・ポンパドール」として持て囃《はや》されたのである。

皆がポンパドール夫人を真似ることで、ヴェルサイユの華やかさが蘇生した。ルイ十五世の目に好ましくみえたのも、それだった。このパリから来た女は一味違う。元からヴェルサイユにいた女たちと違って、実に面白い。それはファッションに留まらず、一体に趣味がよかった。例えば、今度は住まいである。ルイ十四世よろしくヴェルサイユ宮殿とはいかないながら、王の寵姫ともなれば、城館ひとつくらいは丸ごと好きに仕立てられる。
ポンパドール夫人は一七四六年にクレシー城、一七五〇年には最高傑作といわれるベルヴュー城を落成させた。いずれもパリ郊外だが、パリ市内にも周到に整えた屋敷があった。今日フランス大統領官邸となっているエリゼ宮である。それらをルイ十五世は一握りの気に入りだけ連れながら、たびたび訪れた。庭園から邸宅、室内装飾から家具調度にいたるまで、夫人が手がけたものは最先端に洗練されて、なんとも心地よかったのだ。

サロン育ちだけに、ポンパドール夫人は教養も高い。会話も知的で洒落ている。音楽の素養もあり、とりわけ歌が上手だった。これら全ての才能を発揮して、夫人は素人劇なども試みた。ヴェルサイユ宮殿の一角に仮設の劇場を設け、一七四七年一月に柿落《こけらお》としとなったのが、名づけて「小部屋劇場《テアトル・デ・プチ・カビネ》」である。

リシュリュー公爵
(18世紀のフランス派画)

演じたのがモリエールの『タルチュフ』で、ルイ十四世の玄人裸足《くろうとはだし》のバレエより、当世の流行はポンパドール夫人の初々しい素人芸というわけで、これが大受けとなった。まさに「小部屋」だけに客席は多くない。皆はチケットを争う。招待されれば選ばれた人間ということになり、これがヴェルサイユの新たなステータスになる。

太陽王を頂点としていた「侮蔑の滝」までが、ポンパドール夫人が持ちこんだ新たな文化で、見事に再編されたのである。すでに壮挙といってよいが、だからこそ気に入らないという向きもある。

まずはリシュリュー公爵だった。イギリス、オーストリアを相手に戦争が続き、公爵はポンパドール夫人のヴェルサイユ入りに重なる数年というもの、戦場に出ていた。それが一七四八年十月十八日、アーヘン条約で終戦なると、フランスに帰ってきた。ポンパドール夫人の郎党は、外務大臣ピュイジウ、外交特使サン・セヴランと増えていたが、この者たちのせいで散々な和平になったと、最初から喧嘩腰だった。

このリシュリュー公爵は、戦場では元帥だが、宮廷では大侍従である。ヴェルサイユを仕切れる権限で、「小部屋劇場」を開けなくなる意地の悪い措置まで講じたが、あげくが主君のルイ十五世に問われることになったのだ。

「これまでバスティーユに何度いった」

「三度でございます、陛下」

四度目を賜りたくなければ大人しくしたまえと王に脅され、リシュリューは折れた。

次がモールパ伯爵ジャン・フレデリック・フェリポーだった。二十一歳で宮内大臣、二十六歳で海軍大臣、三十五歳でパリ市の特務大臣と任じられて、ルイ十五世を支える重臣中の重臣だったが、このモールパもポンパドール夫人といがみあった。

ひどかったのが「ポワソナード」と呼ばれた風刺詩だった。モールパ伯爵は詩才もある男だったのだ。これがポンパドール夫人を揶揄《やゆ》する詩を書き、あるいはお抱えの詩人たちに書かせ、それを大量に印刷しては貼り出す、ばらまくという真似をした。

ポンパドール夫人の本名がポワソンなので、そこから拝借して「ポワソナード」なわけだが、実家を侮辱し、本人を嘲り、あげくが腰気《こしけ》の性病まで茶化したのだから、ひどいといわざるをえない。

ひとりで満足できないルイ十五世が、他の女からもらってきて、さらにポンパドール夫人にうつしたことは事実のようだ。それが証拠に寵姫に詩文をみせられるや、王は激怒を治めなかった。一七四九年四月二十六日の手紙でモールパ伯爵を解職、のみならず伯爵が持つ「ポンシャルトラン」の領地は近すぎるので、辞職後の引退先はブールジュとするように」と指定して、以後は近づくことさえ許さなかった。

文化大国

もはやポンパドール夫人の権勢に並ぶ者もない。ルイ十五世は変わらず女好きだったけれど、それも深入りすることなく、寵姫の座は揺るがなかった。それを夫人は自ら危うくしたというから驚く。

一七五一年十二月、三十歳のときだった。ポンパドール夫人はヴェルサイユ宮殿の三階に与えられていた部屋から、一階の部屋へ転居した。庭園に臨めて、悪い部屋ではなかったが、そういう問題ではなかった。三階の部屋は秘密の階段で、真下にある二階の王の寝室につながっていた。

いつでも行き来できる、まさに寵姫の指定席である。そこから引越す——出ていけ、と王に命じられたわけではなかった。ポンパドール夫人は自分の意志で出ていった。もう男女の関係は持ちたくないからだった。

実をいえば幼い頃から病気がちで、修道院の寄宿学校から度々帰されたほどだった。大人になっても、いわゆる蒲柳《ほりゅう》の質であり、身体つきも華奢で、胸も小さかったという。が、実用品より美術品が愛されたヴェルサイユの価値観で、それこそ結構とされた。巨乳は役に立ちすぎて、美しくないとされたのだ。王の寵愛を得る分には役に立ったが、それが寝台のなかでは「冷たい身体」で、つまりは男性を迎えても苦痛なばかりだった。

だから、もう勘弁してほしい——ルイ十五世はマリー王妃に続いて二度目である。こちらの絶倫がすぎたということかもしれないが、いずれにせよポンパドール夫人は、もう嫌だと拒絶した。しかし、だ。

王妃マリー・レクザンスカなら、わかる。男女の関係がなくなっても、夫婦は夫婦だ。ポンパドール夫人の場合は、どうか。男女の関係がない寵姫、つまりは愛人というものがあるのか。これからは「友人」としてヴェルサイユにおります、などといわれても、それでルイ十五世は納得することができるのか。

我慢しろとは、ポンパドール夫人もいわなかった。これまでだって、止めて止められる王ではなかったからだが、これまでとは状況が違う。これからは新しい寵姫の出現と、それにヴェルサイユから追われる恐怖に直結してしまう。

実際に危機は訪れた。一七五二年十月、ショワズール・ボープレ夫人シャルロット・ドゥ・ロマネは、結婚したばかりの十九歳で、いってみれば十年前のポンパドール夫人を彷彿させる女だった。つまりはルイ十五世の好みだ。手を出したが最後で、女の後ろには陸軍大臣アルジャンソン伯爵がいた。

絶体絶命の危機である。ポンパドール夫人は相手の陣営から、ショワズール・スタンヴィル伯爵を引き抜いた。ルイ十五世からの手紙を手に入れさせて、それを王に突きつけたのだ。ヴェルサイユから自分を追い出したいのかと詰問して、そのままシャルロット・ドゥ・ロマネを寵姫にしようなどという気を削いだのだ。

なんとか凌いだ。が、これで一安心とは行かないのが、我慢のない性豪ルイ十五世である。幸いにしてといおうか、このとき王が夢中になったのは「鹿の苑《パルク・オ・セール》」だった。

そのように呼ばれる邸宅が、宮殿から出て程ないヴェルサイユ市内にあった。作り物のように美しいけれど、貧しかったり、身寄りがいなかったりする娘たちが何人か暮らしていた。そこに王妃の親戚、ポーランドの公爵という紳士が夜な夜な訪ねて、気に入りを呼び、あるいは数人一緒に、いや、全ての娘たちを裸にしながら、夜っぴての御乱行に及ぶ。正体は明かさなかったが、この破廉恥こそルイ十五世の新たなお楽しみだった。

性欲なら処理させればよい。自らの寵姫の地位を守るため、ポンパドール夫人が用意したもののように語られることもあるが、そんな娼館のマダム扱いは不当なようだ。ルイ十五世のために奔走したのは、ル・ベルという侍従だったのだ。が、ポンパドール夫人が全く無関係というわけでもなかった。

それが男のやることで、この手の施設を拵えても、その管理運営となると、杜撰《ずさん》そのものだった。ここはポンパドール夫人が出るしかなかった。娘たちの健康を気遣い、妊娠したときは出産を手配し、子供が生まれれば里子に出し、あるいは余所に嫁入り先を探しと、実質的に「鹿の苑」を切り盛りしたのは事実なのだ。

ポンパドール夫人は済まなく感じるところもあったかもしれない。我慢できない男には必要悪であり、「鹿の苑」で解消してくれるなら、ありがたいことは確かだった。が、そうやって油断したものではない。貧しくて、学もなく、宮廷のコネがあるでもないからと、「鹿の苑」の娘たちを簡単に侮れたものではない。

ここでも一度、あわやという危機があった。一六五三年の暮れの話で、王はオ・モルフィという女を寵姫としてヴェルサイユに迎えようと、本気で考えたことがあった。アイルランド系で、本名はルイゾン・オマーフィーというのだとか、異国情緒を売りにするだけで、実際はフランス人のマリー・ルイーズにすぎないとか諸説あるが、自慢が「白い御尻」だったことだけは本当らしい。

それを売りに絵の裸婦モデルを務めていたとか、稀代の色事師カサノヴァに見出された売春婦だったとか、これまた諸説あるのだが、とにかくルイ十五世のことは、すっかり魅了してしまった。

オ・モルフィには後ろ盾にリシュリュー公爵がついた。いよいよ駄目かと思いきや、なんの天の配剤なのか、ポンパドール夫人の一人娘、アレクサンドリーヌが死んだ。一七五四年六月十六日のことだが、それで悲しみに打ちひしがれる寵姫に、王は新しい寵姫を置くなどという話を切り出すきっかけを失った。

そのままオ・モルフィの件は流れて、つまるところルイ十五世は、やっぱりポンパドール夫人だった。失うことなどできない。しかし、そんなにまで何がいい。男女の関係を持

セーヴル焼

たない寵姫が、ヴェルサイユで何をするのか。

　ポンパドール夫人は無駄にヴェルサイユに留まっていたわけではなかった。何もしないわけではない。その仕事を端的にいうならば、ひとつには文化だった。これまで以上に文化——単に自分が文化的であるだけでなく、世の文化を保護する、最高の文化をヴェルサイユに集める、そうすることでフランス王家の威光を増さしめる、フランスの栄光を高める。かかる仕事においても、ルイ十四世の後継者となったのが、ポンパドール夫人だったのだ。

　ポンパドール夫人といえば、すぐ挙がるのが、セーヴル磁器である。磁器といえば、日本や中国というような東洋の国々だったが、それに似せて、いち早く十七世紀に製造に成功したのが、オランダのデルフト陶器だった。十八世紀からはザクセンのマイセン磁器が一番になった。これに負けじと、ポンパドール夫人はフランスでこそ最高の磁器が作られるようにしたのだ。

　一七五六年、ヴァンセンヌにあった王立磁器製造所を、セーヴルに移したことが、決定的な一歩になった。パリから南西に二キロ、セーヌ河のほとりの小村だったが、ここにポンパドール夫人は窯《かま》を移した——と簡単にいってしまうが、地階が土の貯蔵庫、一階が材料保管庫と乾燥室、二階が製作アトリエ、三階が旋盤と鋳造設備を備える機械アトリエというような、四層の工場を築いたのだ。

ここに五百人もの職人たちを働かせて、最高の磁器の製造に取り組ませると打ち上げたからには、そのための宿舎も建設しなければならない。まさに巨費を投じながら、ポンパドール夫人は窯をセーヴル村に移したというより、新たな村をひとつセーヴルに作ったようなものだった。

セーヴルはルイ十五世の治世のうちには、宝物に等しいような磁器を生み出すようになる。「王の青」といわれる濃青色、紺碧の海の水色、黄水仙の黄色、豌豆《えんどう》の緑色とかねてあった四色に加え、「ローズ・ポンパドール」と呼ばれた、煙り立つかにくすんだ薄紅色を誇りえたセーヴル磁器は、ヴェルサイユの宮廷文化の象徴としてフランスに、いや、諸国に持て囃《はや》されるようになる。

ポンパドール夫人の取り組みから、もうひとつ挙げるとすれば、「中二階クラブ」の活動か。ヴェルサイユ宮殿のなかの文字通りの中二階、階段の途中にある部屋を与えられていたのが、国王付第一侍医フランソワ・ケネーである。蒲柳の質のポンパドール夫人が、よく世話になっていた医師でもあるが、それだけではない。

ケネーは他面で重農主義の経済学者という顔も持っていた。その関係で集まるのが、科学者、哲学者、作家等々、広い意味での啓蒙主義思想家である。自然と溜まり場になり、なるにつれて「中二階クラブ」と呼ばれるようになったわけだが、その面々ともポンパドール夫人は深い親交を取り結んだのだ。

パリ育ちのポンパドール夫人は、もともとサロンで活躍していた文化人と親しかった。ヴェルサイユに上がってからも、そこにヴォルテール、マリヴォー、アベ・プレヴォら錚々《そうそう》たる作家たちを招いた。宮殿でもケネーと知り合えば、さらに「中二階クラブ」と親しんで何も不思議はない。ポンパドール夫人が特筆されるべきなのは、啓蒙主義思想の後援、そして保護にも積極的だった点である。

夫人がヴェルサイユで部屋を変えた一七五一年は、この文脈でも転機だった。この六月、全二十八巻のうち記念すべき第一巻の発刊をみたのが、『百科全書』だった。出版業のル・ブルトンが、イギリスの百科事典、チェインバースのフランス語版を出したいと、ディドロに翻訳を頼んだのが始まりだった。売り出し中の作家で、「中二階クラブ」の仲間でもあるが、このディドロが単なる翻訳に終わらせるべきではないと意気ごんだのだ。

自らの手で独自の百科事典を編纂したいと、友人のダランベールらと新たな計画を立ち上げた。仲間のルソー、気鋭のモンテスキュー、大家のヴォルテールら、啓蒙主義思想家たちは無論のこと、文法のデュマルセ、化学のドルバック、経済のテュルゴ、博物学のラ・コンダミーヌら、各分野の専門家たちの筆まで借りて、『百科全書』はそれが完成した暁には人間精神の進歩の記念碑となるはずだった。

が、その一巻が出たとたん、反対の声が上がった。イエズス会、高等法院、宮廷の保守派などが大騒ぎして、たちまち発禁の処分に進めた。どうして百科全書が駄目なのかといえば、知りたいことを簡単に知ることができるからである。知識の解放は力の解放に通じる。誰彼なく力を与えては、体制が揺らぐことにもなりかねないのだ。

というのも、この時代においては、大工の子は大工にしかなれなかった。染め職人の子は染め職人にしか、パン屋の子はパン屋にしかなれない。職業のために必要な知識は、父親を通じてしか伝えられないからだ。あるいは余所に弟子入りする手もあったかもしれないが、いずれにせよ知識は自由に手に入れられるわけではない。が、そこに百科全書があったら、どうなるか。

大工の子でも、染め職人になりたければ、染めの頁を調べればいい。染め職人の子でもパン屋になりたければ、パンの項目を読めばいい。パン屋の子も大工になりたければ、鋸《のこぎり》、金槌、鉋《かんな》と引いて学ぶことができる。百科全書さえあれば、社会は流動化するのである。

どんどん弛《ゆる》み出してしまえば、平民の子は平民のままでいなくなるかもしれない。そうなれば、貴族の子だって貴族でいられなくなり……。社会が硬直していたほうが都合よい者が、『百科全書』を目の敵にする所以である。かくて発禁の措置が取られるが、それを撤回するために奔走したのが、ポンパドール夫人だった。

啓蒙主義思想が最先端を行く最高の文化であるなら、それをフランス王家は自らに集積しなければならないからだ。これだけ素晴らしいものがあるのかと、進歩に憧れるフランス人を敬服させなければならないからだ。万民に無知蒙昧な国に生まれなくてよかった、フランスに生まれてよかったと思わせるためには、必ずや文化は守られなければならなかったのだ。しかし、平民の子が平民でなくなり、貴族の子が貴族でなくなれば、王の子だって王にはなれないとも……。

ポンパドール夫人は引かなかった。一七五一年は、モンテスキュー男爵の『法の精神』が発禁にされた年でもある。王が全ての政治権力を独占したい「絶対王政」において、三権分立など唱えたのだから当然といえば当然だが、夫人はその取り消しにも尽力した。王の寵姫という立場を使って、ルイ十五世に働きかけた。『社会契約論』のルソーに逮捕状が出されれば、その撤回さえ運動したのだ。

ルイ十五世は、それを容れた。最後には容れなければならなかった。たとえ王政の否定に通じるものであっても、それが優れた文化として光を放つなら、フランス王家は容れなければならなかった。「絶対王政」など絵空事の理想にすぎず、文化大国としての求心力を維持できなければ、フランスなどいつバラバラになるとも保証の限りではないからだ。
文化は拒むことができない——それこそはブルボン朝の宿命だった。

女宰相

ポンパドール夫人の仕事は、もうひとつには政治だった。フルリィ枢機卿が亡くなると、それからルイ十五世は宰相はおろか、事実上の宰相といえる存在も置かなかった。リシュリュー公爵やモールパ伯爵は候補だったかもしれないが、いずれも失脚させられた。形としては親政が続いたわけだが、自ら政治を行う王でないことは知っての通りだ。

大臣たちはいたが、首脳というほどの存在感はない。というより、ほとんどがポンパドール夫人の息がかかった者たちだ。いっそはっきりいってしまえば、ポンパドール夫人こそ事実上の宰相になっていた。女宰相が取り組んだのが、いわゆる「七年戦争」だった。

前回の戦争から七年、それは一七五五年の秘密会談で始まった。場所はパリ南方のベル・ヴュー城、参加したのはポンパドール侯爵夫人、ベルニス神父、そしてオーストリア大使シュターレンベルクだった。

打診はオーストリアから来た。オーストリア女大公、ベーメンとハンガリー女王、神聖ローマ皇帝フランツ一世妃であるマリア・テレジアからで、端的にいえば同盟の申し込みである。

通常であれば打診は大臣のひとりに宛てる。ポンパドール夫人に宛てられたのは、オーストリア宰相カウニッツ伯爵の指示だった。二年前までパリ大使を務めた人物で、ルイ十五世の政府の実情はわかっていたのだ。政治の実権を握るのは向こうもマリア・テレジアであり、そこは女同士という気持ちもあったかもしれない。

それにしても、どうしてオーストリアがフランスと結ぶのか。二国はほとんど三百年来の敵だった。直近のオーストリア継承戦争然りで、オーストリアはイギリスと組み、フランスはプロイセンと組んで戦った。が、オーストリアの悲願は、そこでプロイセンに奪われたシュレジエンの奪還なのだ。そのために是非にもフランスと同盟したいというのだ。

フランスのほうも聞くところがないではなかった。ヨーロッパは平穏だったが、前年の一七五四年から、北アメリカ植民地でイギリスと小競り合いが続いていた。北のカナダと南のルイジアナをつなぐ「オハイオ回廊」を巡る攻防が、俄に熱を帯びてきたのだ。イギリスと開戦するなら、オーストリアを同盟から引き抜けることは大きい。中立なりとも確保できれば、フランスは背後を襲われる心配をしなくて済む。

交渉は続けられた。決定的だったのは、プロイセンの不穏な動きだった。フリードリヒ二世は一七五六年一月十六日、イギリスとウェストミンスター条約を結んだ。フランスの同盟国がフランスの敵国と同盟したのだ。

いや、フランスと敵対する意図はないと、プロイセンは釈明したが、それでルイ十五世は心を決めた。ポンパドール夫人が進めたオーストリアとの同盟に、ゴーサインを出した。急ぎ夫人が手配したのが五月一日のヴェルサイユ条約で、これによりフランスとオーストリアの同盟が成立し、フランスの同盟国だったプロイセンと、オーストリアの同盟国だったイギリスの同盟に対抗することになった。世にいう「外交革命」だった。

六月九日、ルイ十五世はイギリスに宣戦布告した。二十八日にはリシュリュー公爵が率いる軍が、イギリス領ミノルカ島を占領した。一七五七年にはイギリス王ウィリアム三世の故地、ハノーファーにも侵略の軍は送られる。が、こたびの戦争では、ヨーロッパ各地で激戦が繰り広げられただけではない。北アメリカでイギリス人がいう「フレンチ・インディアン戦争」が始まったのみならず、さらに戦火はインドのカルカッタ、さらにシャンデルナゴルに飛んでいったのだ。

激戦である。加えて、フランスでは不平不満も渦巻いた。つい先年までの敵と一緒に戦えるわけがない。父親や兄弟、あるいは息子を殺したオーストリア兵と、なかよく左右に

ダミアンの処刑

並んでいられるわけがない。そうやってポンパドール夫人の「外交革命」は、非難されないではなかったのだ。

それでも失脚させられるわけではない。フルリィ枢機卿のときと同じで、ルイ十五世はひとたび全幅の信頼を寄せた人間を、なかなか替えたがらない王だった。ポンパドール夫人の失脚が想定できるとすれば、王の代替わりくらいのものだ。ルイ十五世が崩御すれば、その寵姫はヴェルサイユを去らざるをえないのだ。

力量を見込まれて、宮廷に留まるというような可能性も考えられない。女だからというのでなく、反ポンパドール派が集結していたのが、次の王たる王太子ルイ・フェルディナンの周囲だったからだ。そこにイエズス会も身を寄せていた。啓蒙主義思想を憎み、かねて寵姫と対立してきた修道会は、政治のうえでは信心派をなしていたのだ。

とはいえ、ルイ十五世は元気だ。もう五十の声を聞くが、さすがルイ十四世の血筋というべきか、ますます元気で衰える様子もない。インフルエンザの大流行にも真実ケロッとしていたが、それにやられたヴィクトワール王女をトリアノン宮に見舞いにいこうとした、一七五七年一月五日の夕刻だった。

ヴェルサイユ宮殿の建物を出て、王が馬車に向かったとき、不意に飛びこんできた影があった。直後にルイ十五世は血塗れの腹を押さえていた。短刀で刺された。暗殺の企てだった。王が一命を取りとめたので、暗殺未遂事件になるが、その場で取り押さえられた犯人は、ロベール・フランソワ・ダミアンという四十二歳の貧しい下働きだった。単独犯として裁かれ、アンリ四世を殺したラヴァイヤックと同じ車裂きで処刑されたが、当時から高等法院、ヤンセン派、イエズス会と背後関係が疑われないではなかった。というのも、事件の衝撃は別にある。

ルイ十五世は冬の厚着のおかげで、ほんの掠り傷の程度で済んでいた。が、王の寝室は面会謝絶になった。急ぎ駆

ショワズール公爵
（ルイ・ミシェル・ヴァン・ロー画）

けつけたポンパドール夫人は、身構えていたイエズス会士に追い払われるばかりだった。シャトールー夫人の前例が思い起こされた。家族に囲まれ、イエズス会士に説得され、さすがのルイ十五世も改める。ポンパドール夫人の追放は確実とみられたが、それも数日のことだった。やはり王は帰ってきた。珈琲を淹《い》れてさしあげようなどと、惚けた台詞でポンパドール夫人の部屋に入ってきた。

追放されたのは外務大臣アルジャンソン伯爵、国璽尚書マショー・ダルヌヴィルら、王太子派の面々だった。かわりにポンパドール夫人が推すベルニスが外務大臣に、ショワズール・ロマネ事件のスタンヴィル伯爵も、オーストリア大使に任じられた。

一七五八年、ベルニスが枢機卿に転じると、スタンヴィル伯爵が後任の外務大臣となり、同時に公爵に列せられて、以後はショワズール公爵を名乗りに用いた。一七六一年、さらに海軍卿兼陸軍卿に転じて、外務卿のポストは従兄弟のショワズール・プラスランに与えられたが、女宰相ポンパドールの地位は変わらず、増して強固になるばかりである。

また戦争も力強く進められた。が、一七六三年二月十日にイギリスとパリ条約が結ばれてみると、フランスはカナダ、ルイジアナ、セネガルと植民地の大半を失い、カリブ海にサン・ドマング島、マルティニーク島、グアドループ島を確保するのがやっとだった。二月十五日にはプロイセンとオーストリアの間で、フベルトゥスブルク条約も結ばれた。結局のところ、こちらでもシュレジエンを取り戻すことはできなかった。
負けた――ポンパドール夫人は間もなく病に伏せるようになった。そのまま一七六四年四月十五日、四十二歳で亡くなると、当然ながら悪くいう者は後を絶たなかった。が、おかげでルイ十五世は何も問われなかった。臣下や民人の怒りの捌《は》け口になることも寵姫の役目であり、最期まできっちり果たしたポンパドール夫人だった。

ショワズールとデュ・バリー

二十年にわたるポンパドール時代は終わった。が、ルイ十五世の御世は終わらない。この王は変わりもしない。相変わらず、政治は他人任せである。ならば、フランスは変わるか。ポンパドール夫人と対立していた王太子ルイ・フェルディナンの一派が、今度こそ政治の表舞台に登壇するか。

そう思うも束の間で、当の王太子ルイ・フェルディナンが一七六五年十二月二十日に死んでしまう。元気も一長一短で、ルイ十四世に続きルイ十五世も、自分の息子に王位を継がせられないことになった。新しい王太子には、孫のベリー公ルイ・オーギュストがつけられたが、まだ十一歳である。

フランスも変わらない。政治を担うことになったのが、このときは外務卿兼陸軍卿のシヨワズール公爵で、ポンパドール夫人の置き土産といった人材である。施政もポンパドール路線の堅持であり、まず内政においては、いよいよイエズス会の追放に踏みきった。

外交においても、主軸は変わらずオーストリアとの同盟である。まとめたのが、フランス王太子ルイ・オーギュストとオーストリア皇女マリア・アントニアの縁談で、一七七〇年五月十六日には成婚に漕ぎ着けている。後のフランス王ルイ十六世と王妃マリー・アントワネットのことである。

ルイ十五世であるが、もちろん女が途切れることはない。ショワズールは妹のグラモン公爵夫人を、ポンパドール夫人の後釜に押しこもうとしたが、これはうまくいかなかった。やはり変わらないことに、王には「鹿の苑」があるので、ガツガツする必要がなかったのだ。

気の利いた侍従ル・ベルとて健在で、新しい女もせっせと連れてくる。一七六八年五月に出会うのがジャンヌ・ベキュという、色香ばかりが滅法高い女だった。

「もう六十という朕の歳を忘れさせてくれる」

そうルイ十五世にいわしめて、あるいは何か特別な技術でも持っていたのか。シャンパーニュの外れに私生児として生まれたジャンヌは、母親に連れられてパリに来た。そこで娼婦をしていたとか、いや、御針子をしていたが、店番に立ったところ、あまりの美貌に評判が立ち、男たちが群がるようになったとか。

数年はデュ・バリー子爵という放蕩者の愛人になっていた。夜の接待にも重宝されていたと伝えられる。そこでル・ベルに話が行き、ルイ十五世に届けられ、王はぞっこん惚れこんでしまったのだ。

ポンパドール夫人とは全くタイプが違ったが、平民はポンパドール夫人の前例があるからと、じき宮殿に迎え入れる気になった。九月にはデュ・バリー子爵の弟と結婚させて、デュ・バリー伯爵夫人に仕立てた。そのうえで一七六九年四月二十二日、ヴェルサイユに御披露目して、あれよという間に正式な寵姫としたのである。

野心家といえば野心家だったが、ポンパドール夫人のように教養が高いわけでも、頭が切れるわけでもない。デュ・バリー夫人は、せいぜいが贅沢したい、チヤホヤされたいくらいの望みしか持たなかった。

オーストリアから嫁いできた王太子妃、フランスの習慣に疎く、寵姫という存在が理解できないマリー・アントワネットに無視されると、どうでも言葉をかけられないでは済まされないと、ルイ十五世に泣きつく。あげくに「本日のヴェルサイユは大変な人出でございますね」と話しかけられ、それで納得してしまう。なんとも他愛ない程度の野心なのだ。

それだけ性格がよかったともいえるし、天真爛漫で根に持たない明るさこそ、ルイ十五世を虜にした美点だとも伝えられるが、やはりというか、ヴェルサイユの話である。それでは済まない。まずもってショワズール公爵が、デュ・バリー夫人を嫌った。ポンパドール夫人と比べるだに、なんとも低俗、いかにも下品ということだが、かたわらで色めき立つのが、反ポンパドール、反ショワズールで来た一党だった。

デュ・バリー夫人の背後には、実はリシュリュー公爵がいた。デュ・バリー子爵というのも、公爵の子飼いだ。これに信心派が結びつく。モープー大法官、財務総検テレー、リシュリュー自身の甥エギィヨン公爵と押しこんで、結局は夫人も政争の片棒を担ぐことになる。一七七〇年十二月二十四日、ショワズール公爵は失脚を余儀なくされてしまう。

ただ寵姫のいいなりでなく、ルイ十五世にも更迭やむなしとする理由はあった。ショワズール公爵はパリ高等法院に迎合的で、王政の弱体化を招いたというのが、それだった。

実は長らく高等法院と対立が続いていた。ルイ十五世時代が幕を開けるとき、摂政オルレアン公が建白権を返したからだ。武器を手にした高等法院は、モンテスキューの『法の精神』の影響もあって、我ら司法は王権に対抗できる機関なのだと自覚を高め、その立法や政策に反対するようになっていたのだ。

最初の大きな対立が一七四九年六月、財務総検マショー・ダルヌヴィルが二十分の一税を導入したときだった。増税であり、もとより歓迎されるはずもないが、高等法院が顔色を変えたというのは、この二十分の一税は身分にかかわらず、全てのフランス人が収入に応じて課税されるものだったからである。パリ高等法院は猛然と反抗、一七五一年十二月までかかって、聖職者の免除を勝ち取った。もう意地だ。

一七五二年からはオランダの神学者の教説に基づくカトリック厳格派、ヤンセン派の扱いで対立した。七年戦争開始に伴う増税で、一七五六年には第二次二十分の一税を、一七五九年には第三次二十分の一税を巡り、またぞろ角を突き合わせる。あげく一七六三年には「ブルターニュ事件」の幕開けとなるのである。

ブルターニュ州を管轄とするレンヌ高等法院が、総括徴税請負人に対する新税の登記を拒絶した。軍司令官として赴任していたエギィヨン公爵が、これに圧力を加えたが、検事総長ラ・シャロテはストライキに突入して、断固抵抗する姿勢を崩さなかった。

ブルターニュの対立は、一七六四年にはパリに、さらに他の地域にも届いた。ルイ十五世は一七六五年、レンヌ高等法院を集団免職に処した。十一月には検事総長ラ・シャロテを逮捕、臨時法廷で裁こうとしたが、これにパリ高等法院、さらにノルマンディ州を管轄するルーアン高等法院が抗議、レンヌ高等法院の支持を表明したのだ。

一七六六年三月三日、ルイ十五世はパリ高等法院で親臨を行い、国王の至上権を宣言した。やはり聞き入れられず、パリでもストライキで応じられてしまったが、なんだかおかしい。強権的な態度がルイ十五世らしくないというか、これまでの王とは雰囲気が違うというか、なんだか苛々している感じがあるというか。

ポンパドール夫人に死なれて、数年ルイ十五世は心安らがない日々だったのかもしれない。やはり寵姫という女性がいないでは、始まらない王なのだ。事実、デュ・バリー夫人と出会ってからは、平静を取り戻す。一七六八年八月にはエギィヨンを更迭、一七六九年七月にはレンヌ高等法院を再建して、俄に譲歩の態度を示す。

が、この頃には高等法院のほうが、もう止まらなくなっていた。パリ高等法院は一七七〇年四月、エギィヨン公爵を裁判にかけ、有罪判決を下した。王は六月に棄却したが、筆頭部長アリーニュに建白書を提出された。十一月二十七日、司法権は王に属し、その王冠は神のみに負うている、高等法院に建白は許されるが、停止命令は認められない、その罷業、さらに相互の共謀も然りであると通達して、建白書を差し戻した。十二月七日には親臨をもって登記を促したが、高等法院は十日から再びストライキに突入したのだ。

完全に泥沼化した。高等法院と宥和的だったのがショワズール公爵で、なお妥協を探る素ぶりだったため、更迭されたという運びである。レンヌ高等法院の検事総長ラ・シャロテは、そもそもポンパドールに連なる、つまりはショワズールに連なる人物である。啓蒙主義思想に強く影響されるのも道理だが、デュ・バリー夫人について、あちらの保守派、信心派が今や前面に出てきているのだ。

一七七一年一月十九日から二十日にかけて、大法官モープーは反抗的な司法官百三十人を追放、同時に罷免とした。二月二十三日に始まるのが司法改革で、官職売買の廃止、裁判の無償化、すなわち訴訟における謝礼の禁止と打ち出したあげく、パリ高等法院そのものを廃止、その管区を六分割して、それぞれに上級評定院を創設すると決めた。

かかるパリでの措置は他の高等法院にも拡大、同じように廃止され、上級評定院に変えられるか、高等法院として存続できても、権限を大幅に縮小された。高等法院の廃止とは大胆な、いや、過激なほどの改革であり、すでにして君主による革命といってよい。他国の「啓蒙専制君主」を先取りして、王が率先して司法の合理化、中央集権化を進めたといえなくもないが、あまりに乱暴な、ルイ十五世らしからぬ処断の印象がやはり拭えない。

全く、どうしてしまったのか。あの「最愛王」が今や暴君、専制君主呼ばわりだった。それが応えたわけではあるまいが、精力強壮を誇った王も、遂に倒れる日を迎えた。一七七四年四月二十七日、体調を崩して寝こむと、ほどなく顔に膿瘡《のうそう》が現れたのだ。

天然痘である。絶世の美男で知られた最愛王が、顔に醜い痕を残す無残な病に冒された。当時としては、ほぼ不治の病であり、ルイ十五世も早々に覚悟した。死を意識したのは一七四四年にメスの戦場を訪ねたとき、一七五七年に暗殺されかけたときに続いて、これが三度目ということになる。

前の二回は寵姫の追放と周囲が騒いで、シャトールー夫人にも、ポンパドール夫人にも不愉快な思いをさせた。その教訓からか、ルイ十五世は五月三日、デュ・バリーに自らヴェルサイユを退去するよう命じている。美点といってよいのだろうが、女性に向かってはルイ十五世なりに、いつも誠心誠意である。

崩御が五月十日の朝で、享年六十四歳、五十九年という長きにわたる治世だった。曽祖父ルイ十四世よりは短かったが、それでも長すぎるとフランスには嫌われて、王家の墓所サン・ドニまで冷ややかな葬送になるのは先代と同じだった。

第五章　ルイ十六世（一七七四年〜一七九二年）

パッとしない王

一七五四年八月二十三日生まれなので、ルイ十六世は一七七四年五月十日にフランス王に即位したときで十九歳、じき二十歳という年齢にしか達していなかった。ルイ十五世の息子でなく孫なので、未だ若い身空での即位にならざるをえないのだ。

とはいえ、十三世、十四世、十五世のように幼いというほどではない。世人には好ましくも思われたであろう、若々しい青年王の誕生である。が、その割にルイ十六世には、不思議なほど爽《さわ》やかな印象がない。

父が王太子ルイ・フェルディナン、母が王太子妃マリー・ジョゼフ・ドゥ・サックス（マリア・ヨーゼファ・フォン・ザクセン）だが、ルイ十六世は三男だった。いずれ王位を継ぐと思われていたのは、一七五一年生まれの長男ブールゴーニュ公ルイ・ジョゼフ・グザヴィエである。一七五三年生まれの次男フランソワ・グザヴィエ・マリー・ジョゼフがアキ

ルイ16世
（ジョゼフ・シフレ・デュプレシス画）

テーヌ公で、この兄は一歳を迎えずに亡くなったが、なおベリー公ルイ・オーギュストとは思われなかった。

　下の王子として愛されるかといえば、四男のプロヴァンス伯ルイ・スタニスラス・グザヴィエ、五男のアルトワ伯シャルル・フィリップと弟が二人いた。上と下に挟まれて、なんとも影が薄かったのが、ベリー公ルイ・オーギュストだったのだ。

　一七六一年にブールゴーニュ公が亡くなって、長子の位置に昇格したわけだが、その四年後には父の王太子ルイ・フェルディナンが、六年後には母マリー・ジョゼフが亡くなった。ルイ・オーギュストには両親に愛される暇さえ、ろくろく与えられなかったのだ。物静かで、内に籠もりがちな性格になるのも、わからないではない気がする。

　頭が悪いわけではなかった。教育総監ラ・ヴォーギィヨン公爵が下の二人の弟たちと一緒に育てたが、キリスト教、英語、イタリア語、数学、物理学、法学、歴史など一通り理解できたうえに、海事、そして地理には一通りでない興味を示したという。よく知られた話で、趣味が錠前作りだったが、そんなこんなを考えると、ルイ十六世は寡黙な理科系ないしは技術系という男子だったようだ。

これといった帝王学は授けられていない。王太子になっても、国王顧問会議に参加を求められるわけでなく、見学の機会さえ与えられなかった。故意でも悪意でもなく、祖父王ルイ十五世は自身も政治に興味が薄く、単に気が回らなかったのだろう。そのかわり大好きなのだから、少し教えてやったらいいじゃないかと思うのは、女の扱いのほうである。

オーストリア皇女時代のマリー・アントワネット
（フランツ・クサーヴァー・ワーゲンシェーン画）

一七七〇年五月十六日、ルイ十六世は十五歳でオーストリア皇女マリア・アントニア、つまりはマリー・アントワネットと結婚している。が、それから七年というもの、妻と性的関係を持たなかった。王は即位の年には、まだ童貞だったと思われるのだ。

一七七七年に王妃の実兄、神聖ローマ

皇帝ヨーゼフ二世がヴェルサイユを訪れたとき、ちょっとした助言をルイ十六世に与えた。包茎の手術を勧めたとされていて、以後めでたく夫婦になれたが、ここまで実に七年なのである。ルイ十五世も少し教えてやったらいいじゃないかと思う所以だが、やはり無理だったかと思い返してしまうのは、そもそもの問題がこの祖父王だったからである。

実をいえば、祖父であるルイ十五世と父である王太子ルイ・フェルディナンは、あまり仲の良い親子ではなかった。愛人を絶やさない父——息子の目からすれば、母親である王妃をないがしろに、ふしだらな女の尻ばかり追いかけている父親は、軽蔑の対象でしかなかったのだ。

それは政治的な対立でもあり、あちらがポンパドール夫人の進歩的な啓蒙主義思想の一派なら、こちらは信心派と呼ばれる保守的な一派で、常にイエズス会士がキリストの教えを説いていたのだ。勢い、道徳に厳しい空気になる。王太子ルイ・フェルディナンは終生ひとりの愛人も持たなかった。嫡出子が男子だけで五人と多いが、それも妻一途であればこそだったのだ。

さておき、こうした家庭の空気のなかで育てられた子供は、どうなるか。祖父王のようになっては駄目だ、それは罪深い行為なのだ、呪わしい振る舞いなのだと諭《さと》されて長じたなら、どうなるか。土台が寡黙な理科系、技術系の少年であり、女性にはついつい気後れがちになってしまうのは、むしろ当然であったといえる。

かくて、ルイ十六世という個性ができあがる。物静かで、内向的で、世辞にも女性に受けるタイプではないが、真面目で頭も悪くなく、しごく善良な個性――その意味では亡き父ルイ・フェルディナンの理想通りで、まさにアンチ祖父王、逆ルイ十五世なのである。いいつけも、よく守る。ルイ十六世がフランス王になって最初にやったのが、亡き父である王太子ルイ・フェルディナンの遺言に従って、モールパ伯爵を宮廷に呼び戻すことだった。もう七十三歳になるという老人は、かつてポンパドール夫人と対立し、あげくルイ十五世にヴェルサイユを追放された、あのモールパ伯爵である。この重臣は当時から、王太子ルイ・フェルディナンの信頼を勝ち得ていたのである。

一七七四年五月十三日、宰相に就任したモールパ伯爵は、まず人事に手をつけた。大法官モープー、外務卿エギィヨン、財務総検テレという、ルイ十五世の末年を支えた三人組を綺麗に更迭、かわりに大法官ミロメニル、外務卿ヴェルジェンヌ、財務総検テュルゴとつけて、内閣を一新してしまうのである。

そのテュルゴだが、経済的自由主義を唱える、いわゆる啓蒙主義思想家のひとりである。抜擢したモールパは、意外に進歩的だったのか。ポンパドール夫人とは対立したが、主義主張の違いではなかったのか。人事の次に手をつけたのが高等法院で、十一月十二日にはモープーの改革を白紙に戻しながら、それもパリ、そして全国で再建してみせた。

新しいフランス王ルイ十六世は専制君主ではない。啓蒙主義思想に基づいて、どんどん進歩的な政策を推し進める。またその決定に際しては、高等法院はじめ臣民の声に耳を傾ける。かかるポーズを示したわけだが、これが成功したかといえば首を傾ける。

テュルゴの政策は、穀物取り引きの自由化、道路普請賦役の廃止、親方制度や宣誓ギルドの廃止と、やはり進歩的だった。が、進歩的すぎて、すんなりとは受け入れられない。

例えば、穀物取り引きの自由化である。急な規制の撤廃に凶作が重なり、一七七五年には価格高騰や品不足が起きてしまう。飢えた農民が粉挽き小屋を襲うという暴動、いわゆる「小麦戦争」が、ブールゴーニュで、さらにパリやヴェルサイユで、いや、イール・ドゥ・フランスのみならずノルマンディでも頻発してしまう。それにテュルゴは弾圧で応じたが、正しいと支持する向きは皆無に等しかった。

他の改革にせよ、そのものは進歩的で、民人の利益に通じるものだが、高等法院の抵抗で、ことごとく頓挫させられた。一七七六年五月十二日、テュルゴは財務総検を罷免されることになったが、決断が少し早いのではないか。

その試みが新しければ新しいほど、結果が出るまで多少の時間はかかってしまう。ルイ十六世なら王として、モールパ伯爵なら宰相として、それぞれ後押しする気もないのなら、どうして進歩的な大臣など登用したのか。なんとも中途半端といわざるをえない。

アメリカ独立戦争

少し遡るが、一七七五年六月十一日、ルイ十六世はランスで戴冠式を挙げた。病人に手を触れて、たちどころに治すという「王の奇跡」のデモンストレーションは、これぞカトリックと改宗したばかりのアンリ四世も臨んだものである。

が、もはや迷信にすぎないと、実をいえばルイ十五世のときで廃止されていた。当時の摂政オルレアン公の判断だったが、それをルイ十六世は復活させたのだ。王自身の希望なのか、モールパ伯爵の考えなのか、古式通りの戴冠式を全うして、今生のフランス王家は、やはりといおうか本来的には保守的なのか。

だとすれば、すぐ翌年にテュルゴが解任されるのも頷ける。かたわら、ベンジャミン・フランクリンのパリ到着は、ほどない一七七六年九月だったから、早くも気の毒な気がしてくる。イギリス人だが、やってきたのは遠くアメリカからだった。一種の名物男はイギリス植民地に生まれて、もうアメリカ人になろうとしていたというべきか。

一七七五年四月十九日、アメリカ東海岸のレキシントンとコンコードで戦火が上がった。イギリス本国政府に対する、アメリカ植民地の戦いだった。一七七六年六月二十九

フランクリン
（チャールズ・ウィルソン・ピール画）

日、諸州の代表はヴァージニア憲法を採択、続く七月四日にフィラデルフィアで、アメリカ合衆国の独立が宣言された。勃発していたのは、アメリカ独立戦争だった。

イギリスは強敵である。十六世紀はスペインの時代、十七世紀はフランスの時代、十八世紀はイギリスの時代といわれるから、当時は世界最強の座を占めていた。アメリカごときが簡単に勝てる相手ではない。独立など片腹痛いと、順当に行けばイギリス軍に鎮圧されて終わる。が、フランスが味方してくれるなら、俄然話は違ってくる。これは是非にも同盟を結んで、支援を引き出さなければならないと、そのためにフランクリンはアメリカ大陸会議の特使として、パリにやってきたのである。

アメリカの事情は事情として、フランスが肩入れする理由はあるのか。フランクリンに持ちかけられる以前に、外務卿ヴェルジェンヌは王にアメリカ支援を進言した。戦う相手がイギリスだからで、それはフランスにとっても先の七年戦争で苦杯を舐めさせられた仇敵だった。

北アメリカの大半を奪われ、フランスは実力で大きく溝を開けられた。が、そのイギリスが「アメリカ合衆国」を称した部分を失うならば、フランスとの力関係も五分に近いところまで戻る。文字通りの失地回復、名誉挽回の好機であると、ヴェルジェンヌは大いに乗り気だったのだ。

そこにフランクリンが来たのだから、フランスは大盛り上がりになる。「自由、解放、独立」とアメリカの標語を唱えられれば、若い貴族たちは大合唱である。それは拙い、とはルイ十六世はいわない。高等法院の活動に理解を示す王であれば、王政に反旗を翻した独立など言語道断だと無下に退けたりしない。やはり意外に進歩的だということか。

もとよりイギリスに報復できる話であり、王が前向きになっても不思議でないが、よし、フランスも参戦しようとはいわなかった。やはり根は保守的なのか。いや、支援しないともいわない。劇作家で、金融家、事業家の顔も有したボーマルシェの会社を通して、武器、弾薬、装備等々を送り、実質的な資金提供もするという。それでもフランスとして、軍事的な援助はしないのだ。

つまるところ、ルイ十六世は煮え切らない。なんにつけ、態度が中途半端に留まる。人間らしいといえば人間らしいが、一国の王としてはどうか。

フランスでは声が高まる一方である。アメリカを助けろ、アメリカを助けろ。一七七七年四月二十六日、血気盛んな青年貴族ラ・ファイエットは海を渡った。義勇軍を組織して、アメリカ独立戦争に参加したのだ。王はそれを咎めなかったが、自分が動くわけでもない。

十月十七日にはアメリカ軍が、サラトガの戦いでイギリス軍に大勝した。一気呵成《いっきかせい》に独立を勝ち取らせようと、フランスの熱気も高まるばかりだったが、ルイ十六世は動かない。もう関心もないのかと思いきや、十二月十七日には諸国に先がけて、アメリカ合衆国の独立を承認したりする。やはり煮え切らない。どこまでも中途半端だ。

ラ・ファイエット
（レオポール・ボワイイー画）

いや、その一七七七年は四月に義兄ヨーゼフ二世がフランスを訪問した年である。忠告を容れたルイ十六世は、いつと日付は確定できないが、遅くとも年末までには、王妃マリー・アントワネットと完全な夫婦になれたと思われる。心境の変化があって然るべきだ。

一七七八年二月六日、フランスはアメリカと攻守同盟ならびに通商条約を締結した。五月二十四日にはイギリスに宣戦布告、ルイ十六世は遅ればせながらもアメリカ独立戦争への参戦に乗り出したのだ。

七月二十七日に行われたウェッサンの海戦では、ドルヴィリエ伯爵のフランス艦隊が、イギリス艦隊を撃破した。見事な緒戦だ。十二月十九日には王妃マリー・アントワネットが、王女を産んでくれた。長女のマリー・テレーズ・シャルロットだが、ルイ十六世も見事な緒戦だ。

一七七九年も海戦が続いた。が、すでに義勇兵として戦うラ・ファイエットが寄こしたのは、フランス陸軍を派遣してほしいとの求めだった。ルイ十六世は聞き入れた。ロシャンボー伯爵をアメリカ方面軍司令官として、フランス軍は一七八〇年七月十一日、とうとうアメリカ大陸に上陸した。

陸海で戦いは続く。一七八一年九月、グラースのフランス艦隊は、イギリス艦隊の進行を阻止して、チェサピーク湾に入れなかった。その間にロシャンボーのフランス軍とワシントンのアメリカ軍は、イギリス軍の重要拠点ヨークタウンを包囲した。

マリー・アントワネットと子どもたち。左、王女マリー・テレーズ、右、王太子ルイ・クザヴィエ・フランソワ
（アドルフ・ウルリッヒ・ヴェルトミュラー画）

十月十九日に行われたのがヨークタウンの戦いで、連合軍はコーンウォリス将軍のイギリス軍を撃退し、もって戦いの帰趨を決定的

ヨークタウンの戦いで指揮を執るロシャンボー（中央）。その右隣がワシントン。左端の帽子を取っている人物はラ・ファイエット
（ルイ・シャルル・オーギュスト・クデー画）

に自らに引き寄せた。ほどない十月二十二日には、ヴェルサイユで王太子ルイ・ジョゼフが生まれた。ルイ十六世も決定的な勝利だ。

十一月二十一日には、宰相モールパが死没した。が、今や自信に満ちたルイ十六世は、戦争を止めるとはいわない。アメリカだけにも留まらない。地中海でも一七八二年一月、イギリス領ミノルカ島を占領した。インド洋でも二月から四月にかけて、シュフランのフランス艦隊が、イギリス艦隊を放逐した。四月十二日にカリブ海で戦われたサントの海戦では、グラース提督のフランス海軍が惜しくも敗退したが、ほどない十月からはパリで和平会議が始まった。

一七八三年九月三日に結ばれたのが、ヴェルサイユ条約だった。アメリカ合衆国はその主権を認められ、つまりは独立が承認された。イギリスを敵と挑んだ戦争は勝利に終わった。フランスの地位も相対的に向上した。が、得たものも多かったとはいいがたく、アフリカのセネガル、カリブ海のセント・ルシア、トバゴ、あとはインドの商館をいくつかと、植民地を僅か回復しただけだった。

アメリカ合衆国建国の理念、民主主義や共和主義の考え方もフランスに広まったが、それは果たして利益なのか。アメリカ独立戦争が終わって、はっきり見間違えようもなかったのは、フランスの国庫が空になっていたことだった。

ルイ十六世は深刻にならなかった。気が晴れたか、その頃は気球実験に夢中だった。十一月二十一日、ピラトール・ドゥ・ロジエとダルランド侯爵はミュエット城から気球を飛ばし、人類初の有人飛行を成功させたのだ。呑気にみえる王だったが、財政再建の必要を認識していないわけではなかった。

財政再建

戦争は金を食う。煮え切らないだけルイ十六世は熟慮の性格であり、いずれ財政問題が重くのしかかるだろうことくらい、アメリカ独立戦争に参戦するときから考えていた。実際、王は切り札といえる人材を登用していた。一七七七年六月二十九日に財務長官(directeur général des finances)に就任した、ジャック・ネッケルである。

ネッケル

（ジョゼフ・シフレ・デュプレシス画）

ネッケルは辣腕で知られたスイスの金融家だった。外国人であり、プロテスタントであり、なにより平民であったことから、財務のトップである財務総検でなく、その下の財務長官に甘んじたが、財政全般の権限を与えられるのは同じだった。が、与えて、果たして正解だったか。

フランスがアメリカ独立戦争に注ぎこんだ戦費は、およそ十億リーヴルといわれる。かかる巨額の費用を、財務長官ネッケルはほぼ借入によって用立てた。増税を試みれば、高等法院に反対される。揉めていては、戦争に間に合わない。現実的に借入に頼るしか術がない。だから広く金融家に顔が利き、自身も金融家であるネッケルが重宝されたのだ。が、借金は返さなければいけない。ことさらネッケルの借入についていえば、これなら辣腕の金融家でなくとも借りてこられるだろうと思うほどの高利だった。フランス王家の通常の収入など、ほぼ利息の支払いで消えてしまう。なお国家機構は回さなければならないので、さらなる国債の発行に迫られる。フランス王国の財政は借金のために借金するという、まさしく火の車になる。

借金を返すためには、やはり税を取らねばならない。高等法院が黙っていないというかもしれないが、それなら高等法院を黙らせる手を打てばよいだけだ。すなわち、直接フランスの世論に訴え、先んじて人民の支持を取りつけるのだ。

このへんが曲者というか、あるいは共和国スイスの人間らしいというべきかもしれないが、ネッケルは巧みだった。王のためとか、国家のため、人民のためとかというより、自分のため、保身のため、人気取りのためなのだが、やはりうまい。

一七八一年二月に発表したのが、『王に寄せる国家財政報告書』だった。借入やら税金やらの使途を明らかにしたもので、これを印刷にかけると、十万部も出たというから、ネッケル人気の凄まじさが窺える。

他方でフランス王家は堪らない。戦費などの赤字は伏せられるかたわら、ことさら宮廷費が詳らかになっていたからだ。財政破綻の原因が、王族の贅沢にあるみたいじゃないか。そう王妃や王弟たちの怒りを買って、ネッケルは五月十九日に財務長官を辞任した。

財政再建は進まない。戦費ばかり嵩《かさ》み続ける。国庫は空になる。帳簿に赤字が増える。が、アメリカ独立戦争は一七八三年に終わった。財政再建も仕切りなおしと行きたかったが、返す返すもネッケルの報告書は痛かった。とりわけ贅沢を責められたのが王妃マリー・アントワネットだが、その評判をいっそう悪化させる事件が起きたからだ。一七八四年に発覚、一七八五年に裁かれた「王妃の首飾り」事件である。

真相は典型的な詐欺事件で、ラ・モット伯爵夫人という女が、王妃が買うといっていると宝石商からは百六十万リーヴルの首飾りを騙し取り、王妃が買ってほしいといっているとローアン枢機卿からは現金をせしめたと、それだけの話である。宝石商に支払いを求められ、マリー・アントワネットは身に覚えがないとなって、明るみに出た格好だ。

王妃は勝手に名前を使われただけで無関係、でないとすれば被害者の立場なのだが、庶民はそうとは受け取らなかった。冤罪だ。王家の揉み消しだ。また王妃は贅沢したのだ。のみならず浮気もした。今度はローアン枢機卿を誑《たぶら》かそうとした。いや、ラ・モット伯爵夫人とも同性愛の関係だった——等々の悪口を際限なくするばかりだったのだ。

マリー・アントワネットの不人気に拍車がかかる。贅沢とは無縁だったとはいいがたく、パリで最先端のモードがヴェルサイユにせっせと運びこまれる様は誰もがみていた。夫と性的関係がなかった数年、その欲求不満からマリー・アントワネットが遊び歩いていたことも事実だった。それで国家の財政が傾いたわけではないが、それだからと庶民が納得できるわけでもない。

さらに悪いことに、王妃に対する不満は、王に対する反感に発展した。これが寵姫の話なら、庶民に憎まれ次第に追放すればよいだけだが、正式な王妃となるとそうは行かない。自分の身を守るためにも、ルイ十六世は浮気くらいするべきだったが、祖父王ルイ十五世を反面教師に妻一途の夫なのだ。この真面目が仇になって、財政再建のため今こそ民に痛みを強いなければならないというときに、王は急速に人気を失うことになった。

とはいえ、まだルイ十六世は深刻に捉えていなかった節がある。一七八四年六月には吊るし駕籠《かご》に「マリー・アントワネット」と名づけた気球を、ヴェルサイユから飛ばしている。一七八五年一月七日には、飛行家ブランシャールと物理学者ジェフリーズの気球がイギリス南東岸のドーバーから海上に出たと伝えられ、初の英仏海峡横断なるかの期待に胸躍らせた。王が目を輝かせるのは、相変わらず理科系、技術系の話ばかりだ。

近くの森に狩りに出る以外、ルイ十六世は全くといってよいほどヴェルサイユを離れなかったが、一七八六年六月の終わりには常ないことにノルマンディに出かけた。目的は軍港シェルブールの視察で、その拡充工事をみたいと望んだのだ。イギリスとの戦争ではフランス海軍の強化を痛感させられたからと、たっての意向で進めた事業だったわけだが、海軍オタクはそれまた金がかかる話であると、どこまで認識していたのか。

財政再建ならカロンヌに任せてある、という思いも王にはあったろう。それはネッケル解任のあと、一七八三年十一月十日に財務総検に就任した人材である。典型的な法服貴族は高等法院検事からアンタンダンまで務めた実力派で、その手腕が大いにみこまれるところだった。

カロンヌ
（エリザベート・ヴィジェー・ル・ブラン画）

取り急ぎ財政破綻を避けるため、カロンヌもまずは借金だった。一七八三年末に一億リーヴル、一七八四年末に一億二千五百万リーヴル、一七八五年に八千万リーヴルを借り続けたが、その間にまとめたのが、一七八六年八月二十日に提出した『財政改善計画の詳細』だった。

まさに抜本的な改革だった。骨子が中央銀行の下支えによる借入の継続、国内関税の撤廃、穀物取り引きの自由化などテュルゴ改革の復活、なかんずく二十分の一税と人頭税《カピタシオン》といった直接税に代わる「土地上納金」の新設だった。

いうまでもなく要が「土地上納金」で、これは全ての土地の所有者に支払わせる税金である。いいかえれば、免税とされてきた特権身分も逃れられない。聖職者も貴族も課税される。大胆きわまりない試みで、抜本的な改革という所以である。が、平民大衆からの徴税が限界に達した現状においては、誰の目にも避けられない方策だといえる。持たざる庶民が払うのに、持てる貴族や聖職者が払わないというのは、どう考えてもおかしいのだ。

特権身分にも課税するしかない。自明の解決策が取られてこなかったのは、それを発表したが最後で、どれだけの騒ぎになるか知れなかったからである。高等法院の反対は目にみえている。ネッケルのように冊子を出して、庶民大衆に直接訴えかける手もあるにはあるが、もう懲りたという気分もある。

十二月二十九日、カロンヌの改革案を問う場として、ルイ十六世は名士会議(Assemblée des notables)の召集を決めた。宗教戦争の時代はしばしば開かれたが、アンリ四世が開催した会議を最後に、ルイ十三世も、十四世も、十五世も召集していない。それをルイ十六世は召集することにした。もはや内乱に匹敵する事態と自ら認めるようなものだったが、高等法院の抵抗を封じるためには、公の決定という体裁を整えなければならなかった。

名士会議がよいのは、その議員を王が選べることだった。一七八七年二月二十二日、ルイ十六世は高位聖職者、貴族、最高諸院や市政庁の官吏ら、いわゆる名士のなかから百四十四人をヴェルサイユに集めた。かかる名士会議でカロンヌの改革案を審議させたところ、借入の継続は当然として、国内関税の撤廃、穀物取り引きの自由化にも議員たちは賛同した。案の定で問題視されたのは「土地上納金」で、これには大多数が反対だった。

やはり駄目か——名士会議とて甘くはなかった。議員ほぼ全員が免税の特権身分であるからには、当然の結果である。四月八日、ルイ十六世はカロンヌを財務総検のポストから解任した。引責辞任さえさせれば、まだなんとかなると思ったのか。

五月一日、王は名士のなかからロメニィ・ドゥ・ブリエンヌを選んで、財務顧問会議の議長に据えた。そのうえでカロンヌ案を修正したものを再び名士会議に諮らせたが、新税が拒絶されるのは前と同じだった。だから、当然の結果なのだ。

のみか、アメリカ帰りのラ・ファイエットが手を挙げた。真に国民的な議論を行うために必須であると、全国三部会の召集を求めたのだ。聖職者、貴族、平民、それぞれの身分別に、選挙で議員が選ばれる議会である。名士会議に増して、しばしば王の制御が効かなくなる難物で、やはりアンリ四世が一六一四年に開いた三部会を最後に、長らく話題にすらならなかった。それをアメリカで共和政とかにかぶれてきた輩が……。

五月二十五日、ルイ十六世は名士会議を閉会した。やはり正攻法で行くしかない。六月からは高等法院が相手だった。新税の勅令を登記せよと、一転して強行突破を狙ったが、案の定で高等法院は拒絶、七月には「土地上納金」を王家に差し戻した。

のみならず、こちらからも全国三部会を召集しろと求められる。業を煮やしたルイ十六世は八月六日、奥の手である親裁を行うことで、高等法院に新税の登記を強制した。「八月勅令」と呼ばれるものだが、やはり高等法院は登記無効を宣告する。

そのような権限はないと一喝、ルイ十六世は八月十四日にはパリ高等法院のトロワ追放を決めた。が、直後のパリで暴動が発生すると、俄に弱気になってしまい、八月末には宰相になっていたロメニィ・ドゥ・ブリエンヌを通じて、八月勅令の撤回を発表した。

なんとも煮え切らない。やはりルイ十六世で、押すのも引くのも中途半端だ。九月に高等法院がパリに戻ると、まずは無難なほうと国債発行勅令の登記を求めた。これに異を唱えたのがオルレアン公ルイ・フィリップ・ジョゼフで、ブルボン朝の分家であるにもかかわらず、自由主義の旗手を気取るという変わり者だった。

腹が立つ——ルイ十六世はオルレアン家の城があるヴィレル・コトレに蟄居を命じた。が、このオルレアン公の追放に、今度はパリ高等法院が異を唱えた。また王は腰砕けになり、とにかく怒りを鎮めてほしいと、最後には一七九一年以前における全国三部会の召集を約束する羽目になる。

強気、弱気と行き来すれば、今度は強気だ。ルイ十六世は一七八八年五月、国璽尚書ラモワニョンに司法改革を断行させた。高等法院から勅令の登記権と建白権を剝奪、それを王が任命する司法官、高位聖職者、元帥らでなる新設の司法機関に委ねるという内容で、要するにルイ十五世時代の大法官モープーが試みた改革の焼き直しである。ルイ十六世は自らがモールパに取り消させた大改革を、やっぱり行うというのである。

驚くまでもないながら、ラモワニョン改革に対する反対は凄まじく、抗議運動はたちまち全国的なものになった。パリ高等法院、レンヌ高等法院、わけてもアルプス山麓のドーフィネ州を管轄するグルノーブル高等法院は六月七日、後に「瓦の日」と呼ばれる騒動まで起こした。鎮圧の軍隊に屋根瓦を投げつけて抵抗したのだ。

しかし、ルイ十六世は今度こそ不退転の決意なのか。いや、順当に弱気の番が来た。八月八日、王は事態の鎮静化を図るため、翌一七八九年五月一日に全国三部会を召集すると発表した。空約束でない証に具体的な日付まで入れさせられて、もう逃げられない。

八月二十四日、宰相ロメニィ・ドゥ・ブリエンヌも辞任となった。財政再建は何も進んでいない。財務長官に再任されたのが、あのジャック・ネッケルだった。財政再建は何も進んでいない。借入で急場を凌ぐというが、これだけ騒ぎが続けば銀行家、金融家も貸したがらない。自転車操業すら思うに任せず、とにかく借入に強い人材が求められたのだ。九月二十三日には高等法院の権限が旧に復され、改革を担当した国璽尚書のラモワニョンは職を辞した。

全国三部会

右往左往しているうちに窮地である。全国三部会を開かなければならない。しかし、どうやって開けばよいのか。なにしろ百七十五年ぶりの開催である。古文書を調べなければならない。細目を定めていかなければならない。選挙を行わなければならない。そのなかで浮上したのが、議員定数と議決方法の問題だった。

一六一四年の全国三部会は、第一身分聖職者代表議員三百人、第二身分貴族代表議員が

三百人、第三身分平民代表議員が三百人、全部で九百人の議員で開かれていた。この「一六一四年方式」でなく、「ドーフィネ方式」で行きたいという声が上がってきたのだ。

ラモワニョンの司法改革に、とりわけ激しく抵抗したのが、グルノーブル三部会である。そのドーフィネ州では抵抗運動の梃入れとして、七月に州三部会も開かれた。このドーフィネ州三部会で採用されたのが「ドーフィネ方式」と呼ばれるもので、議員定数が第三身分平民代表だけ、他の倍の六百人にされたのだ。

王は気づいていない。いや、王を専制君主と責めて、正義を振りかざすような特権身分さえ気づいていない。が、その実のフランスでは第三身分と呼ばれる平民が、誰より発言権を欲するようになっていた。

選挙が行われた一七八八年から八九年にかけた冬に、フランスでは無数の政治パンフレットが出されたが、そのひとつがシェイエスの「第三身分とは何か」である。

「第三身分とは何か。全てである。政界において今日まで何者であったか。無である。何を欲するか。相応のものになることである」

これが爆発的に読まれたのも、平素の不満が見事に表

シェイエス
（ジャン－バティスト・ヴェリテ画）

第３身分のみに過重に課せられた税への風刺画。鍬を持った農民１人に聖職者と貴族が乗っている

現されていたからなのだ。卑しい人間だから、政治に参加できなくても仕方ないとは思わない。フランスには啓蒙主義思想が根づいていたからだ。アメリカ独立戦争を支援して、かの国で実現された民主主義、共和主義の政治に対する憧れも、強くなるばかりだ。それなのに高等法院の法曹でなく、名士会議の議員でなく、どこの機関にも依れずに、何の発言権も与えられてこなかったのだ。

それが、ようやく全国三部会の召集になった。発言したい。財政再建とて前向きである。聖職者や貴族は反対しているが、その新税がならなければ、負担が増えるのは平民である。どのみち免税にならない平民は、聖職者や貴族に課される新税に賛成なのである。しかし、その声は「一六一四年方式」では通らなかった。

特権身分とは第一身分、第二身分のことであり、その議員数は合わせて六百人になるからだ。第三身分の議員が一丸となったところで、三百人では勝てない。が、第三身分の議員数だけ倍の六百人にすれば、どうか。「ドーフィネ方式」が出てきた所以だが、もうひとつ、それは議決方法の問題でもあった。

従来の「一六一四年方式」では部会毎投票で議決が取られた。聖職者の第一身分部会、貴族の第二身分部会、平民の第三身分部会、それぞれで決を取り、賛成か反対か部会ごと意見を集約する。それを全体会議に持ち寄り、全国三部会の議決とする方式で、例えば第一身分反対、第二身分反対、第三身分賛成ということになれば、二対一の反対多数で議案は否決されてしまう。いいかえれば、第三身分の意見は通らなくなる。

それでは議員数を倍にしても意味がないと、「ドーフィネ方式」は頭数投票を採用していた。部会に持ち帰るのでなく、はじめから全体会議で投票する。これなら特権身分と第三身分の意見が完全に対立しても、六百対六百になる。特権身分の一人でも説得できれば、平民の意見が通る計算になる。それなら新税の案件でも、可決に持ちこむことができる。それは王の勝利でもある。

平民と共闘すれば勝てる——特権身分の反対の声を潰して、新しい税を課すことができる。ルイ十六世は全国三部会の召集を強いられた格好だったが、怪我の功名で思いがけずも、打開の活路を与えられていた。が、そのことを王は一体どこまで理解していたのか。

王はヴェルサイユにいる。パリにさえ滅多に来ない。きらびやかな宮殿で、いつも貴族たち、高位聖職者たちに囲まれている。平民と一緒に、といった発想そのものがない。議員定数と議決方法の問題についても、ルイ十六世が諮問したのは、またも名士会議とパリ高等法院だった。

十一月六日、ヴェルサイユで開かれた名士会議は、議員定数は各身分三百人の同数たるべしと決めた。そこは庶民が暮らしているパリということか、反対に高等法院のほうは、第三身分の議員定数を倍増してよしと結論した。

十二月二十七日、ルイ十六世は第三身分の議員定数倍増を決め、議決方法については引き続き検討とした。完全な「ドーフィネ方式」にしてしまえば、全て御破算になりかねない。日頃は煮え切らないばかりの王も、こたびは賢明な留保といえた。

一七八九年一月二十四日、王国全土のバイイ管区、セネシャル管区ごと、各身分の議員選挙が告示された。同時に議員たちに託す陳情書の作成も各地で進められることになった。全国で選ばれた議員たちは陸続とヴェルサイユを目指し、概ね予定通りの五月五日には、本当に全国三部会が開催されることになった。

ヴェルサイユ市内を練り歩く三身分代表議員の行進という、和やかな祭り気分で開幕したが、議場のムニュ・プレジール公会堂に皆が着席、ルイ十六世が冒頭の演説を行うと、それも一気に緊迫の度を高めた。王は財政再建が主たる議題であり、審議は身分別に行われ、議決も身分ごとであると発表したのだ。

馬鹿な——全国三部会は、のっけから紛糾した。王はさておき、血気さかんな第三身分は部会毎投票など認めなかった。それでは審議など無駄だと、議事を空転させるままにした。六月十七日、頭数投票が認められないならばと、第三身分代表議員たちは独自に「国民議会（Assemblée nationale）」を設立した。

なんだか違う話になってきた。ルイ十六世は国民議会に解散を命令し、引き続き全国三部会で審議するよう望んだが、第三身分の議員たちには全く聞き入れられない。六月二十日、親臨会議の準備のためと口実して、ムニュ・プレジール公会堂を閉鎖すると、かわりに球戯場に集まった議員たちは、憲法制定まで国民議会を解散しないと宣言した。いわゆる「球戯場の誓い」だが、財政再建が憲法制定になり、ますます方向がずれていく。

六月二十三日、ルイ十六世は親臨会議を開き、改めて身分別の審議を命じた。王は強気だ。そのはずで二十四日にはヴェルサイユとパリの周辺に軍隊が集結した。が、こうなると、次は弱気に振れるのだ。

ヴェルサイユでの三部会の開会の場面（1789 年 5 月 5 日）

（シャルル・モネ原画を元にしたイジドール・スタニスラス・エルマンの版画）

六月二十七日、ルイ十六世は聖職者と貴族の代表議員たちに第三身分代表議員たちとの合流を命令、通じて国民議会の成立を認めた。これが七月九日には「憲法制定国民議会」と改称し、その目的を改めて明示した。財政再建が完全に忘れさられたわけではないが、もう全く別な話になってしまった。わけがわからない。

あるいはルイ十六世には理解する余裕などなかったかもしれない。六月四日、かねて病気がちだ

球戯場の誓い
(ダヴィッドによるデッサン)

った王太子ルイ・ジョゼフが、不慮の死を迎えていた。善き夫、善き父だった王のこと、悲しみのあまり三部会でも議会でもないというのが、このときの本音だったかもしれない。が、少し落ちつけば、今度は強気の番が来る。

七月十一日、ルイ十六世は財務長官ネッケルを更迭した。あまりに思いもよらない展開に、引責辞任を強いたのだ。が、それは「平民大臣」と呼ばれて、変わらずの人気を誇る人物である。憲法制定国民議会はショックを受ける。いや、それ以上に伝え聞いたパリが激怒した。軍隊の動員も止まらない。蜂起など起こせば、問答無用に鎮圧される。いや、

サン・バルテルミーの夜のように虐殺されてたまるものかと、遂にパリは反発した。

七月十二日、蜂起はオルレアン公の住まいであるパレ・ロワイヤルから始まった。王軍とテュイルリ周辺で戦闘、いったん引いたが、十四日にはパリ左岸の廃兵院《アンヴァリッド》が占領された。パリの群衆は武器を探していた。あるかもしれないと向かったのが、右岸の東側に聳えるバスティーユ要塞だった。

パレ・ロワイヤルでの蜂起
（ルシュウール兄弟によるグワッシュ）

夕刻までにはバスティーユも陥落した。ルイ十六世はといえば、その日もヴェルサイユで狩りに出ていた。気晴らしということだったかもしれないが、獲物はなかった。

「何もなし《ドゥ・リアン》」

そう日記に綴られているが、その七月十四日、パリからの急報は夜になってヴェルサイユに届けられた。バスティーユの陥落を告げたリアンクール公爵に、王は確かめたという。

「というと、暴動が起きたのかね」

「いいえ、陛下、革命でございます」

ルイ十六世はどこまで理解できたやら。理科系、技術系

バスティーユの陥落
（作者不詳）

が悪いとはいわないが、この手の頭脳は何より人間がやることがわからないのだ。が、その理解を待つことなく、どんどん進んでいくのが革命というものでもある。

七月十五日、パリ選出の平民代表議員ジャン・シルヴァン・バイイが、初代のパリ市長に選出された。パリの民兵隊である国民衛兵隊の司令官に就任したのは、あのアメリカ帰り、ラ・ファイエット侯爵だった。その意味を理解したかは定かでないが、王はそろそろ弱気に振れる頃である。ルイ十六世は憲法制定国民議会に、パリ・ヴェルサイユ間に集められた軍隊を速やかに撤退させると通達した。

フランス革命

ルイ十六世は変わらない。強気に出たり、弱気に引いたりの優柔不断が、いつも通りの王なのである。呆然自失の体というわけでなく、その意味では余裕がある。事態を深刻に受け止めたのが、二人の王弟だった。プロヴァンス伯とアルトワ伯は東部国境の都市メスに向かい、駐屯軍に守られているべきだと兄王に進言したという。

七月十六日の話だが、弟たちの意見を退け、ルイ十六世が決めたのは、つけたばかりの財務総検ブルトゥイユを更迭し、ネッケルを財務長官に復職させることだった。十七日には珍しくも自らヴェルサイユを離れて、パリに行き、その市庁舎において市長バイイ、国民衛兵司令官ラ・ファイエット、そしてパリの群衆に迎えられた。

このときルイ十六世が渡されたのが、赤白青の三色の徽章だった。フランス国旗として今に伝わる三色だが、ときに巷でいわれるように、それぞれが「自由、平等、友愛」を表しているわけではない。元来パリの色が赤青で、その間に王家を表す白を挟み、すなわち赤白青の三色は、パリあるいはパリが象徴している国民と、王の和解を表現していた。ルイ十六世が余裕を失わないはずで、必ずしも革命に敵視されたわけではなかったのだ。

革命はパリに留まるものではなかった。フランスの田園地帯では、七月、八月と「大恐怖《グラン・プール》」と呼ばれた農民一揆が猛威を振った。襲撃したのが領主の城館で、狙ったのが領主権だの、年貢徴収権だの、裁判権だのが記されている、その地の領主が後生大事に先祖から受け継いできた古文書だった。これを焼いてしまえば、もう頭上に重たくのしかかる人間はいなくなるというわけだ。

が、それでフランスが大混乱に陥るのは困る。無秩序な暴力の横行は看過ならない。人民の感情を慰撫する目的もあって、ヴェルサイユの憲法制定国民議会は八月四日、封建的諸特権の廃止を決議した。フランスには、もう領主も貴族もいなくなったのだ。八月二十六日には「人間及び市民の権利の宣言」が採択された。いわゆる「人権宣言」であり、ここにフランス革命のテーゼである「自由、平等、友愛」の精神が明記される。

革命の敵は、やはり貴族であり、特権身分だった。それは高等法院だの、名士会議だのに集まりながら、ことごとく王のやることに反対してきた、いわば王の敵でもある。つまりは共通の敵を持つわけで、やはり王と革命は結び合うことができる。が、そのことをルイ十六世は、どこまで明確な意識としていたか。

封建制の廃止を決めた八月四日の決定を、王は批准《ひじゅん》しなかった。王は貴族の肩を持った。いや、自らも領主の顔を持ち、自らも貴族、それも筆頭なのであるとの思いからか。あるいは革命が起きたことなど、もう忘れてしまったのか。

ヴェルサイユは平穏を取り戻したようだった。なにやら議会は喧《かまびす》しいが、議員たちは暴力に訴えるわけではない。少なくとも宮殿の生活は、前と少しも変わらずに続いていた。それで元通りのルイ十六世は、そろそろ強気の番というわけなのか。

パリはといえば、まだ落ち着いていなかった。それどころか苛立ちを募らせて、またぞろ怒りを爆発させんばかりになっていた。パンがなかった。あっても馬鹿みたいに高くて、とても手に入らない。ひもじい。

実のところ、一七八八年のフランスは記録的な冷害に見舞われていた。迎えた一七八九年は飢饉に近い状態だった。全国三部会の召集を聞けば、第三身分が意気ごむはずで、フランスを何とかしなければならないという思いには、この生活の危機感も無関係ではなかったのだ。

「ヴェルサイユへ！　ヴェルサイユへ！」
（同時代の版画）

その貧しさ、ひもじさ、食べ物のなさが、秋を迎えて限界に達していた。十月五日、ふとした弾みからパリの女たちが、ヴェルサイユに歩き出した。唱えたことには、パンをなんとかしてもらおうと。小麦をなんとかしてもらおうと。誰にといって、フランスの王さまにだと。

女たちに何ができると侮るなかれ、ヴェルサイユまで二十キロの道にぞろぞろ列をなして、その人数は三万を数えたという。これが金ぴか宮殿を呑みこんだ。王と王妃を捕まえて、小麦の供出を約束させた。王は弱気になる番で、これを断れなかった。「パン屋をパリに連れて帰ろう」と声が上がれば、とても断れる雰囲気でないとも怯えてしまう。「パン屋」というのは、国王一家のことである。

六日の午後、女たちに囲まれながら、ルイ十六世は家族と一緒にパリに向かうことになった。えんえん馬車に揺られることになり、とりあえず荒れ放題のテュイルリ宮に押しこまれた。

ヴェルサイユから文字通りに引きずり出された。とんでもないことになった。いや、フランスではとんでもないことが起きていたのだと、王は今さら慌てたろうか。少なくとも貴族たちは、この頃から外国に亡命するようになった。

王弟のひとり、アルトワ伯も、このとき国外に逃れている。が、ルイ十六世は逃げなかった。王たる者が自らの国を捨ててはならないという使命感か。あるいは相変わらずグズグズして、それを決断できなかったのか。

革命は休むことなく、どんどん前に進んでいく。十一月二日、タレイラン議員は教会財産を国有化して、これを売却することで、財政赤字を解消すべしと提議した。これに始まり、一七九〇年七月十二日の聖職者市民基本法に帰着するまで、教会改革も断行された。十二月二十二日の議決では、州、バイイ管区、セネシャル管区と雑多な行政区を撤廃して、全土を一律に八十三の県に分けるという、地方制度改革も進められた。一七九〇年六月には世襲貴族の制度も廃止となった。十月二十一日には王家の旗に代わり、三色旗が正式な国旗になった。もちろん憲法の制定も着々と進められた。

フランスは議会の手でみるみる形が変えられていく。が、ルイ十六世はフランス王であることを否定されたわけではなかった。王という地位も新たな国制のなかに位置づけられ、議会の立法権に対する執行権、つまりは行政の長であるとされたのだ。

司法も含めた三権分立の考え方が、啓蒙主義思想のおかげで広く共有されていた。執行権の長として、王は立法権の決定に拒否権を発動することもできた。それは高等法院が振るう建白権より、遥かに強い権利である。形だけの権利でなく。強気になったルイ十六世は実は聖職者市民基本法にも拒否権を発動し、十二月二十六日まで批准に応じなかった。

当然ながら議会は苦々しく思うが、それでもフランス王の位を廃止しようとか、ルイ十六世は廃位しようとかの議論にはならなかった。カペー朝、ヴァロワ朝、そしてブルボン朝と、八百年も伊達に続いてきたわけではない。王政を廃止しようという議論は皆無なのだ。

ただ憲法は制定される。王が全て決められる「絶対王政」でなく、これからは与えられた権限だけを行使する「立憲王政」になる。それでよければフランス王家は、なおフランス王国に君臨することができる。進歩派としてルイ十六世は、それを受け入れるのか。

憲法制定に先がけて、受け入れを説得してきたのが、有力議員のひとり、ミラボー伯爵だった。この時点で議会の暴走、革命の先鋭化を危惧していた慧眼《けいがん》の持ち主だったが、そのコントルポワ、英語にいうカウンターウェイトだが、つまりは極端に振れないように押さえる錘《おもり》になりうるのは、王だけだと考えていたからだ。

かかる政見を有するミラボーが、議会で睨みを効かせている。革命が勃発しているというのに、思いがけないくらいに王の立場が守られていたのには、そういった事情もある。が、そのミラボーが死んだ。若い頃からの放蕩生活が仇になって、あっさり命を落としてしまった。一七九一年四月二日のことで、これよりフランス革命の迷走が始まったともいわれるが、またルイ十六世の運命も狂わされていった。

ヴァレンヌ事件

ミラボー亡きあと、早々に思い知らされた。一七九一年四月十八日、ルイ十六世は家族と一緒に、パリ郊外の離宮サン・クルー宮に行こうとした。復活祭をすごすためだったが、馬車でテュイルリ宮を出ようとしたところ、国民衛兵だの、パリの群衆だのに取り囲まれて、それを断念させられたのだ。

なんでも三月二十八日の議会で、王は居所より二里以上離れてはならないと定められ、その法令は憲法にも盛りこまれる予定だとか——それが立憲王政という意味なのか。行動の自由がないということなのか。これでは虜囚《りょしゅう》と変わらないではないか。思い知らされたルイ十六世は、そこで決断したのだといわれている。

パリを逃れる——それを薦める者もいた。なかんずく、王妃マリー・アントワネットだった。アルトワ伯も、コンデ大公も、宮廷の貴族たちも、次から次と亡命している。王妃にすれば、フランスに留まることのほうが不可解なくらいだったのだ。

実家のオーストリア領に逃れればよいと薦められたが、それはルイ十六世には容れられなかった。こだわりがあって、フランス王がフランス王国を見捨てるわけにはいかないと、逃亡先に考えたのは東部国境の都市モンメディだった。オーストリア領低地地方までいくらもなく、何かあればすぐ国外に亡命する気がみえみえで、それならはじめから亡命でいいのじゃないかとも思うが、煮え切らないところがルイ十六世らしい。

計画はありながら、これまで煮え切らない、というか踏み切れなかったのは、まだミラボーが生きていたからだけではない。マリー・アントワネットと密かに連絡し、あるいは国境地帯で駐屯軍を率いるブイエ将軍に渡りをつけ、その実現のために奔走していたのが、フェルセン伯爵というスウェーデン貴族だったからだ。

外国人にして、実に献身的である。一生懸命にもなるはずで、それは王妃マリー・アントワネットの愛人ではないかと噂された男だった。史家によっては、次男王子ノルマンディ公ルイ・シャルルはフェルセンの子だと断言するほどだ。いや、そういう関係ではないと弁護の声もあるが、いずれにせよ、ただの親切でないことは確かだ。

そういう男が立てた計画に乗る。ルイ十六世が気乗りしないのは道理である。とことん鈍感で、妻の浮気になど気づいていないとする説もあるが、さすがに馬鹿にしすぎというものだ。やむにやまれぬ事態を迎えて、それは複雑な感情を押し殺しての決断だったのだ。

決行は六月二十日、ルイ十六世、マリー・アントワネット、王女マリー・テレーズ、王子ルイ・シャルル、王妹エリザベートに数人を加えた一行は、深夜にテュイルリ宮を抜け出した。変装し、国民衛兵の歩哨をかわし、ぐるぐる回る馬車に数人ずつ拾わせながら、こっそり脱出したのである。

パリの外に出て、最初の中継地であるボンディに着いたところで、ルイ十六世はフェルセン伯爵に「ご苦労」と告げた。もうよいと追いはらって、やっぱり何も思わないわけではなかった。毒を食らわば皿までと、覚悟を全うするではないところは、やっぱりルイ十六世である。

ルイ 16 世、ヴァレンヌ事件の逃亡ルート

逃避行は順調なようにみえた。それはシャンパーニュ地方を横断、ひたすら東に抜けていく旅である。途中で何度か休憩を入れながら、ただ時間は当初の予定から四時間も遅れてしまった。午後四時にシャロン・シュール・マルヌに着いてみると、迎えに来ているはずの騎兵隊がいなかった。王の到着が遅すぎる、逃亡計画は中止になったに違いないと、もう引き上げてしまったのだ。

王の馬車は先に進んだ。ポン・ドゥ・ソム・ドゥ・ヴェール、サント・ムヌーと経てからアルゴンヌの森に入り、ヴァレンヌという村にさしかかったときだった。サント・ムヌーの宿駅長ドルーエが追いかけてきた。パリから王が脱出したと報せが来た、おまえがルイ十六世だろうというのだ。

王は言い抜けを試みた。ドルーエもアニシャ紙幣の肖像に似ていると思っただけで、違うと頑張られると弱かった。が、ヴァレンヌのような僻地の村にも、かつてヴェルサイユにいたという人物が暮らしていた。この宮殿にはフランス全土から人が集まってくる。王の顔を直接みた者が地方にもいる。特に珍しい話でないから、フランス王家はヴェルサイユの求心力を誇れるわけであるが、それも痛し痒《かゆ》しである。

ヴェルサイユにいた判事デステは間違えなかった。認めるしかなくなって、ルイ十六世と家族はヴァレンヌで身柄を拘束された。目的地のモンメディまで、ダン・シュール・ムーズ、ストネと宿駅二つを残すのみという位置まで来ていた。一緒にテュイルリ宮を脱出して、別ルートを取った王弟プロヴァンス伯のほうは、無事モンメディに達していた。逃亡は失敗した。ヴァレンヌから逆戻りで、ルイ十六世と家族はパリに連行された。六月二十五日の夕に入市したとき、沿道に詰めた群衆は言葉もなく、ただ冷ややかな目を向けたと伝えられる。フランス王のくせにフランスを捨てた、我らが王だと思っていたのに裏切り者だと、民心は決定的に離れていた。

ヴァレンヌで捕まったルイ 16 世の一行。
ルイ 16 世（中央）とマリー・アントワネットと 2 人の子どもたちがヴァレンヌ村の検事に釈放を嘆願するも拒まれる
（ルシュウール兄弟によるグワッシュ）

　責める眼差しは、当然マリー・アントワネットにも向けられる。その心理的な重圧に王妃は髪という髪が、一気に白くなってしまった。もともと薄色の金髪だったが、それにしても老けこんで、これ以前と以後の肖像画を別人にみせてしまうほどだ。

もはや一巻の終わり――ルイ十六世も観念したと思われる。が、ここで事態は思わぬ展開をみせる。六月二十六日、トロンシェ、デュ・ポール、ダンドレらの議員たちがテュイルリ宮を訪ねてきて、こたびの逃亡について王と王妃の供述を取っていった。全容解明のための調査が行われるということだったが、発表された報告書が驚きの内容だった。

国王一家は誘拐された、王党派の策謀で無理矢理パリから連れ出された、それがヴァレンヌ事件の真相だというのが、議会が出した結論であり、公式の見解だった。当然ながら、ルイ十六世はお咎めなしである。王を罰するというのも馴染まない表現だが、立憲王政が想定されている今や、それもできないわけではなかった。

憲法の制定も着々と進み、もはや九月三日に発布を待つばかりになっていた。が、その憲法には執行権の長として、きちんと王の地位が書きこまれていた。それを削除してしまえば、憲法を一から作り直さなければならなくなる。ルイ十六世は廃位して、王太子ルイに王位を継がせる選択肢もないではないが、それではルイ十六世に罪があることになる。王太子ルイは罪人の子供である。それを推戴する立憲王政は成り立つのか。

いっそ王など廃してしまえと、共和政を求める声が上がるかもしれない。革命はいっそう過激化するかもしれない。急進派が厳しい要求をするかもしれない。いや、立憲王政という線で、うまく着地させたいというのが、このとき議会の主流派を占めたラ・ファイエットや三頭派の望みだった。そのために誘拐というフィクションを設けて、ルイ十六世を王座に留めることに決めたのだ。

恣意的な政治もあったものである。反対の声が上がるのは当然で、急進派のとりわけコルドリエ・クラブが王の廃位運動、共和政の樹立運動を始めた。署名活動を展開したが、それを中止させるためにラ・ファイエットの国民衛兵が銃撃に及んだという、「シャン・ド・マルスの虐殺」まで起きた。

立憲王政の実現のためなら、どんな強硬手段も辞さない構えが奏功したか、予定通り九月三日に「一七九一年憲法」の制定となった。ルイ十六世も執行権の長たる王として、九月十四日、それを議会で承認した。九月三十日には憲法制定国民議会が解散、十月一日には新たに立法議会が成立して、バスティーユ襲撃以来の動乱は一段落した格好である。

ルイ十六世は、なおフランス王である。結局のところ、フランス王である。なにをやっても、フランス王なのである。この結果に驚きながら、かたわら王は自信を深めたのではないか。フランス王の地位は揺るがない、フランス王が必要だからだ、それが立憲王政だとしても、フランスは王なしではいられないのだ、と。

かかる居直りにも似た自信のおかげか、ルイ十六世は変わり始める。優柔不断で出たり引いたり、いつも周囲の状況に流されるようだったものが、積極的に、それこそ周囲を利用し、状況に乗じながら、自ら道を切り拓くかの態度に変わる。

王の逆襲

武器は与えられていた。以後のルイ十六世は意欲的に拒否権を発動するようになった。十一月九日、議会は亡命者たちはフランスに対する陰謀の容疑者であるとの宣言を採択したが、王が認めるわけがない。というのも、亡命する権利は誰にでもあるとするのが、民主主義ではないのか。十一月二十九日、今度の議会は、法令により憲法に忠誠を捧げる宣誓を聖職者に強制することを決めた。神に宣誓するのが聖職者ではないかと、やはり王は批准しない。

議会は唖然《あぜん》としたかもしれない。誘拐説をでっち上げたのは、そんな風に好きに拒否権を発動させるためではないぞと、今やフイヤン派と呼ばれる主流派は、なかんずく臍を噛む思いだったろう。が、それが憲法に認められた権利であれば仕方がない。憲法は王をも縛るが、議員をも、判事をも、等しく縛り上げるのである。

一七九二年二月、またフェルセン伯爵がテュイルリ宮に忍びこんできた。十三日に王妃と会い、十四日にはやはり王妃がいるところで王とも話した。また逃亡しようと持ちかけたが、今度のルイ十六世は耳も貸さなかった。逆転の絵図はすでに描いていた。戦争をすればよい、というものだった。

折しも開戦の気運が高まっていた。一七九一年八月二十七日、神聖ローマ皇帝レオポルト二世とプロイセン国王フリードリッヒ・ヴィルヘルム二世が会談、ピルニッツ宣言を出した。フランス革命を全ての君主政に対する挑戦とみなし、ヨーロッパ諸国に準備なり次第に行動するよう促すものだった。

フランスの革命家たちは恐怖する。揺り返しの勢いで、いっそうの戦意に逸る。冷静になる時間もないというのは、一七九二年二月七日には神聖ローマ皇帝とプロイセン王が正式に対フランス同盟を締結したと聞こえてきたからだ。

皇帝のほうは三月一日にレオポルト二世が没し、フランツ二世に変わったが、フランスに対する敵意は変わらない。王妃マリー・アントワネットの甥であれば、兄である前皇帝と変わらないのは、フランス王家に寄せる好意だったというべきか。

開戦なれば、オーストリア軍、プロイセン軍はフランス王家の救出に向かう。それが交戦の大義であり、革命勢力を粉砕しないではおかない。そうなれば、ルイ十六世には重畳である。ここぞと革命前の王政を再興する。

あるいはフランス軍は健闘するかもしれない。オーストリア軍もプロイセン軍も国境の彼方に押し返してしまうかもしれない。そうなっても、やはりルイ十六世は困らない。軍を率いるのは、究極的には執行権の長であるフランス王だからだ。そのとき英雄になるのはフランス王なのだ。立憲王政の枠組みは残るとて、その軍事的カリスマを前に、将軍として指揮するわけでも、兵士として戦うわけでもない議員どもに、なにほどの真似ができるというのか。

戦争さえ起これば——議会で開戦の議論が始まった。ルイ十六世も動いた。閣僚の任免も、執行権の長である王の権限とされていた。内閣改造も随意だ。三月十五日、気に入りの海軍軍人デュムーリエを外務大臣に抜擢、さらに議会でジロンド派と呼ばれる党派から内務大臣ロラン、陸軍大臣セルヴァン、財務大臣クラヴィエールと選んでつけた。

ジロンド派こそ議会で最も熱心に開戦を唱えていた。諸派で争う内的葛藤は、外へ向けて解消させるべきとの理屈からだったが、その是非は関係ない。戦争に前向きなら構わない。みつけるや内閣に取り上げて、それをルイ十六世は自分の目論見に利用したのだ。

組閣したのは、つまりは開戦内閣だった。三月二十五日、フランスは国王ルイ十六世の名前で、神聖ローマ皇帝フランツ二世に最後通牒を送りつけた。返答がないので四月二十日、今度は宣戦布告となり、ここにフランスは戦争に突入したのである。

軍隊の動員が始まるなか、ルイ十六世は拒否権の発動も続けた。五月二十七日、議会は憲法に宣誓しない聖職者、いわゆる「宣誓拒否僧」を流刑に処す法令を出したが、言語道断とそれを拒絶する。二十九日には二ヵ月前に創設された立憲衛兵隊、つまりは刷新なった国王近衛隊の解散を決めたと告げてきた。指揮官のブリサック公爵はじめ、旧貴族が根城に用いて、革命に反抗するというのが理由だが、もちろん王が認めるはずがない。

ルイ十六世の攻勢に、議会も神経を尖らせ始めた。六月八日にはパリに二万人の連盟兵、つまりは国民衛兵の駐屯地を置くと決議した。陸軍大臣セルヴァンが提議したもので、要するにジロンド派が圧力をかけてきた。六千人の近衛兵を解雇して、王を丸裸にするに飽き足らず、さらに議会側の武力で取り囲んでやるというのだ。

あからさまな脅しだったが、ルイ十六世はフラフラしなかった。憲法には王の身体の不可侵性が明記されている。憲法を作った議員たちが、それを破れるはずがない。変わらず攻勢あるのみと、六月十一日、またも拒否権を発動した。続く十三日には再度の内閣改造にも訴えた。陸軍大臣に替えてデュムーリエは留任させたが、ロラン、クラヴィエール、セルヴァンのジロンド派は開戦なれば用済みと、綺麗に解任してやった。

同日、突然の更迭に議会は抗議してきたが、ルイ十六世には口実も与えられていた。開戦したはよいが、フランス軍は連戦連敗だった。こちらのパターンかと内心ほくそ笑みながら、王は表向き大いに遺憾であるとして、大臣たちを引責辞任させたと発表できたのだ。

ジロンド派は悔しさに身震いする。が、拒否権の発動も、閣僚の任免も、憲法が保障している王の正統な権限なのである。議会は抗議することしかできないが、革命勢力は議員だけとは限らない。パリの民衆もルイ十六世の態度に憤慨していた。かつてバスティーユを陥落させたように、こちらはしばしば実力行使に訴える。

実際に来た。六月二十日は「球戯場の誓い」の記念日であると同時に、「ヴァレンヌ事件」の日付でもある。パリの民衆が大人しくしているはずがないと見越していたが、ルイ十六世は狼狽して下がるのでなく、あらかじめ意を決して身構えた。

パリの民衆はテュイルリ宮に乱入してきた。王は暴徒に取り囲まれたが、毅然たる態度を少しも崩さなかった。革命家の徴《しるし》である赤帽子をかぶらされ、安酒まで呷《あお》らされたが、この屈辱的な仕打ちにも堪えた。媚びず、怯えず、丁寧に受け答えして、最後は暴徒を手なずけてしまった。なかなかの人物だと唸らせながら、ルイ十六世はパリの人々を大人しく引き上げさせることに成功したのだ。

王の完全勝利である。革命はいいところがない。戦争もオーストリア軍、プロイセン軍に負け続けである。議会は七月十一日に「祖国は危機にあり」として、国家非常事態宣言を出した。やはり、こちらのパターンかと、ルイ十六世には思惑通りの展開である。

記念日といえば、バスティーユを陥落させた七月十四日も革命の記念日で、連盟祭が行われる。例年のように全国の連盟兵がパリに上京してきたが、六月二十日の再現のようなことは何も起こらなかった。十七日になってから、連盟兵の一部とジャコバン派が、王権の停止を求める請願を議会に提出しただけである。

二十八日には、いわゆる「ブラウンシュヴァイク宣言」がパリに届いた。オーストリア・プロイセン連合軍の司令官、ブラウンシュヴァイク公爵が七月二十五日に発表したもので、「国王一家の髪の毛一本にでも触れたが最後で、パリとフランスに血なまぐさい報復を加えてやる」というような、激越な言葉遣いによる威嚇だった。

署名はブラウンシュヴァイク公爵だったが、実際に文章を書いたのは、ジュネーヴの記者マレ・デュ・パンだとされている。このマレ・デュ・パンがパリにいた四月、そもそも書くよう依頼したのが、他でもないルイ十六世だった。

もはや侮れない政治家である。押すも引くも中途半端な、優柔不断な人物はどこへやらで、ルイ十六世は今や確信的な手腕さえ振るうのである。

パリは再び「ブラウンシュヴァイク宣言」に激怒、同時に再び戦慄した。何かしなければならない。手を拱いてはいられない。七月二十九日、革命家のロベスピエールは議会に王の失権を要求した。八月三日にはパリ市長ペティオンも、パリの四十七街区の総意であるとして、同じく王の失権を要求した。

ルイ十六世はといえば、鼻で笑っていたかもしれない。自分たちで、もう憲法を作ってしまったのだ。王を失権させたければ、憲法を作り直してこい。それまでは、どんなに卑劣で非道、かつ悪辣であったとしても、王たる地位は微動だにしない。そうやってルイ十六世は勝利を確信していたかもしれないが、人間は常に尋常に行動するとは限らない。

八月十日、パリの夜に動いたのは急進派だった。ダントン、マラ、デムーランら、コルドリエ・クラブの面々が中心になって、再び民衆を動員した。連盟祭に出るつもりが、上京が遅れてしまったプロヴァンスやブルターニュの連盟兵も、一緒に蜂起に参加した。

暴徒の群れはテュイルリ宮を襲撃、スイス衛兵たちと戦闘になった。が、そうなる前、騒然たる空気を認めた時点で、ルイ十六世は家族を連れて議会に向かった。議会はテュイルリ宮の調馬場に置かれていたので、すぐ歩いていくことができたのだ。

ある意味では、そこも敵地である。が、憲法が支配する場所でもある。法に悖《もと》る真似を断じて許さない安全地帯なのである。大胆に飛びこんだようにみえて、ルイ十六世はしたたかに計算していたはずだった。

実際に守られた。国王一家は議長席の下の、いつもは書記が仕事をしているスペースに匿《かくま》われた。きちんと保護され、一安心していたところに、スイス衛兵たちとの戦闘を制したパリの群衆が乗りこんできた。

翌八月十一日、議会は「王権の停止」を決めた。その立法議会も解散され、選挙で国民公会が召集されることになった。そんな馬鹿なと思うも、カミーユ・デムーランの説明は出色だった。すなわち、合法な革命などありえない。革命はむしろ不法でなければならない。バスティーユ襲撃だって、ときの政府にいわせれば違法行為そのものだったろう。

革命を読み違えた、ルイ十六世の負けだった。

裁かれる王

はじめ議場近くのフイヤン修道院に置かれたルイ十六世とその家族は、八月十三日にタンプル塔に移された。タンプルはパリ右岸の東部に古のテンプル騎士団が建てたもので、解散後は聖ヨハネ騎士団の所有とされたが、それが革命で国有財産化されていた。

ルイ十六世、王妃マリー・アントワネット、王女マリー・テレーズ、王子ルイ・シャルル、王妹エリザベート、さらに侍従ユーが一緒だったが、パリ市が派遣した看守も常駐していたので、収監されたというほうが正確である。以前のような事実上の捕囚でなく、扉に鍵をかけられた本当に監禁である。

勝負に敗れたルイ十六世は、王たる地位も、執行権の長としての権限も、自らの政府も、行動の自由さえ奪われて、とうとう革命の牢獄に入れられてしまった。無残な結末のようだが、ひとまずはそれで助けられたといえるかもしれない。

八月の蜂起で革命の穏健派は後退、急進派が新たな進路を決定づけたといいながら、なおパリは恐慌を来たしたままだった。戦争は続いていて、絶望的な敗報が次から次と飛びこんでくるばかりだったからだ。八月二十三日、オーストリア・プロイセンの連合軍の攻撃で、フランス北東部の都市ロンウィが陥落した。九月一日には、プロイセン軍に包囲されたヴェルダンが降伏した。戦火がパリを襲うまで、あと僅か二百キロになった。

首都を支配する空気は、もはやヒステリーにも近い。敵の工作員がいるのではないか、裏切り者がいるのではないか、亡命貴族の手先が暗躍しているのではないかと、疑心暗鬼に襲われる。起きたのが九月二日に始まる、いわゆる「九月虐殺」だった。

パリ各地の牢獄に収監されていた政治犯や反革命容疑者、宣誓拒否僧らが、まさに問答無用に襲われた。「臨時裁判」を称する民衆に、その場で裁かれ、判決を下されて、端から惨殺されていったのだ。私刑の嵐は六日まで吹き荒れて、千人以上の被害者を出した。

プティット・フォルス監獄も襲われた。収監されていたのが、王妃マリー・アントワネットの気に入りで知られたランバル公妃だった。公妃も民衆に捕まり、その場で裁かれ、殺された。その死体は裸に剝かれ、のみならず首から上を切り離され、それを槍の穂先に刺された。高く差し上げながら、パリの人々が突きつけた先がタンプル塔の窓だった。

戦慄せざるをえない。が、ランバル公妃の生首で脅されただけで、ルイ十六世と家族は正気をなくした群衆に襲われることはなかった。囚人も最重要人物ということで、タンプル塔に収監され、きちんと看守が身構えていたからだ。囚われの身になることで、さしあたりは救われたという所以である。

戦況のほうは、ほどなく好転の兆しをみせた。九月二十日のヴァルミィの戦いで、フランス軍がオーストリア・プロイセン連合軍を撃破した。その同じ日に立法議会は解散され、翌九月二十一日に召集されたのが国民公会だった。

新たな議会は一番に王政の廃止を宣言した。九月二十二日には、共和政樹立の宣言が続いた。フランスという国の制度に、もはや王という地位はなく、またそのような人間も認められない。フランス王ルイ十六世は、従前あえて名乗れば「ルイ・ドゥ・フランス」だったが、もはや王族はいないとして、以後は先祖の名前から取られて、「ルイ・カペー」と呼ばれることになった。あとは裁かれるのみだ。しかし、何の罪で？

「王の裁判というものは、その者が統治において重ねた犯罪についてでなく、その者が王であったという事実そのものについて、行われなければならないのです。どの世界に行こうと、簒奪行為を正当化する理屈などありえない。罪なくして、ひとを支配することなどできないのです。すでにして、その狂気は明らかだ。なべて王とは反逆者であり、簒奪者

「革命の大天使」サン・ジュスト
（ダヴィッド・ダンジェ作）

なのです」

十一月十三日の国民公会におけるジャコバン派の議員、ほどなく「革命の大天使」と呼ばれるサン・ジュストの発言である。

八月十日の蜂起では、テュイルリ宮に王が保管していた大量の書類も押収された。十一月二十日に報告されたところ、秘密の戸棚に隠されていた重要書類も発見された。革命当初における王とミラボーの関係も明らかになり、激怒の民衆によってミラボーの墓が暴かれ、その遺骸が塵として捨てられるという一幕もあった。

さておき、その文書の精査によって、二十八項目の起訴状が作られた。それに基づき、十二月十一日からは国民公会において、「ルイ・カペー」の裁判が行われた。尋問は四時間に及んだが、かつてフランスの王だった人物は、最後まで堂々たる受け答えだった。とはいえ、それは端から答弁が左右するような裁判ではない。

一七九三年一月七日、国民公会は「ルイ・カペー」の裁判につき、審理の終了を宣言した。一月十四日には結審のために議員による投票が行われることが決まった。裁判というが、罪状を決めるのは裁判官でも、陪審員でもなく、議員たちの多数決とされたのだ。

問われるのは、ルイ・カペーは国民の自由に対する陰謀と国家の安全に対する加害の容疑について有罪か否か、判決はそれがいかなるものであれ人民の批准を得るべきか、いかなる量刑が科せられるべきか、の三点である。

一月十五日、全七百四十九議員のうち六百九十一議員が投票する圧倒多数で、まず有罪が決まった。人民の批准については賛成二百八十七票、反対四百二十四票で、行わないことになった。ここまでは大方予想通りで、はじめから最大の問題は最後の投票だった。

十五日は時間切れとなり、十六日に再開された投票は、指名点呼で行われた。つまりは議員ひとりひとりが登壇し、自らが適当と思う量刑を述べるという形式である。二十四時間かかり、終了したのが十七日の夜八時で、集計してみると、死刑が三百六十六票、戦争が終わるまで監禁し、その後に国外追放が三百十九票、投獄二票、執行猶予が三十四票だった。

過半数を得て、量刑は死刑となったが、ここでジロンドが異議を申し立てた。再投票が行われることになり、十八日の集計では死刑が三百六十一票と、僅か一票差の過半数ぎりぎりになった。戦争が終わるまで監禁し、その後に国外追放という意見は二百八十六票まで減り、かわりに増えたのが執行猶予だった。はっきり猶予を求めたのが四十六票、猶予の議論を行いたいというのが二十六票である。

王は殺したくない――そんな声が聞こえてきそうな投票行動である。「ルイ・カペー」と呼び捨てたところで、それはフランス王ルイ十六世である。愚鈍だの、寝取られ男だの、あるいは裏切り者だの罵《ののし》ろうと、それはフランス王なのである。

殺してしまうことについては、理屈では割り切れない恐れがある。八百年の時間を経て、フランス王家が身に帯びてきたカリスマ、ほとんど呪術的といえるくらいの神聖不可侵を、この土壇場に及んで議員たちは思い知らされていたのである。

十九日、執行猶予の可否について、再び指名点呼による投票が行われた。二十日までかかって、賛成三百十票、反対三百八十票の結果が出された。執行猶予は認められず、これで「ルイ・カペー」の死刑が確定、しかも即時の執行が決まった。

結果はすぐタンプル塔に伝えられた。死刑執行が翌二十一日に行われることも、ほとんど間を置かずに告げられた。それをルイ十六世は、いつもと変わらぬ平静で受け止めた。あらかじめ結果は予想していたのだろうが、それ以前に達観していた節もある。

あるいは納得していたというべきか。革命という未曾有の大事件に見舞われながら、それに王として立ち向かった。果敢に戦いを挑み、及ばずに敗れたとはいえ、戦い終えたルイ十六世には、悔いのような感情はなかったのではないか。

実際のところ、例えば祖父のルイ十五世では、ここまでは戦えなかったろう。ルイ十四世とて、どこまでやれたかわからない。ルイ十三世では恐らく話にならなかったろう。切り抜けたかもしれないと思わせるのは、アンリ四世くらいのものであり、してみるとルイ十六世はブルボン朝屈指の力ある王だったことになる。そのことは実感として、自身が最もわかっていたに違いないのだ。

納得できたからこそ、タンプル塔のルイ十六世は穏やかだった。妻がいて、子供たちがいて、あとは妹がいて、本当に家族水入らずですごせる時間を、幸福とさえ感じていたのかもしれない。それは、ただの男としての幸せだ。王でなくなったからこそ、十全に味わえる幸せだ。死刑を告げられ、無念を覚えたとすれば、それを失わなければならなかったからに違いない。

一七九三年一月二十一日、ルイ十六世は馬車に乗せられ、霧が立ちこめるパリを革命広場まで護送された。以前は「ルイ十五世広場」と呼ばれていた場所だが、変わってしまったといえば、その中央に奇妙な機械が据えられていることだった。

断頭台はフランス革命の発明である。いや、起源については諸説あるが、そこに意義を見出し、かくも普及させたのは、やはりフランス革命だったといってよい。それまでは身分の高低で、処刑方法も違っていた。誰もが平等になったからには、誰もが同じ方法で、それも最も苦しむ時間が少なくて済む方法で処刑されなければならない。かかる民主主義的な思想から生まれたのが断頭台だが、それが機械であるからには理科系、技術系の発想も必要である。

開発者はパリ大学医学部教授ジョゼフ・イニャス・ギヨタン、その名前から断頭台はフランス語で「ギヨティーヌ」と呼ばれる。英語読みして、「ギロチン」である。

採用が検討されたのは一七九二年の春、まだ一年とたたない頃にすぎないが、このときルイは執行権の長だった。ギヨタンに設計図をみせられたとき、木枠を滑り落ちる刃は三日月のように窪んだ形だった。刃が斜めに入るようにしないと、首のような太いものは切

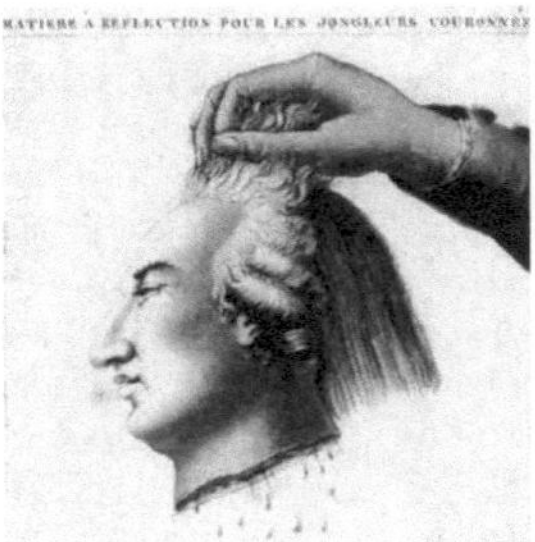

（上）「ルイ・カペー」の処刑を描いた絵皿
（下）処刑されたルイ 16 世の版画（フランス国立図書館）

れないと、それを三角に改良させたのがルイ十六世だった。

それが目の前にある。なお落ち着いた様子で台に上がると、ルイ十六世は「人民よ、私は無実である。しかし、諸君らのことは許そう」とだけ告げた。その日の革命広場は見物人が群がるようだった。注視されるなか、その太い首は綺麗に籠に落ちた。午前十時二十二分、ブルボン朝の落日だった。

第六章　最後の王たち

ルイ十七世

これでブルボン朝は終わり――と簡単にならないのが、歴史というものである。王朝一体にいえる話だが、末裔とか、係累とか、その後も誰かは必ず残り、王朝再興を目指す場合が少なくない。また政変が起きたりすると、探し出されて担ぎ上げられることもある。ブルボン朝も然りで、ルイ十六世が最後の王にはなっていない。

ルイ十六世が処刑されたとき、王位継承者の地位にいたのが、息子の王太子ルイ・シャルルだった。即位してルイ十七世であると、一七九三年一月二十八日に声明が出された。まだ七歳の本人に出せるわけがなく、打ち上げたのは一七九一年六月に亡命して、当時はウェストファリアのハムにいたプロヴァンス伯ルイだった。

ルイ十六世の弟は、自分は甥を支える摂政に就任し、末の弟であるアルトワ伯シャルルは国王総代であるとも発表した。こちらは端からフランス革命を認めていない。共和政の正当性など頭から否定する。なお王政は続いていると主張しながら、亡命王族と亡命貴族たちが集まって、自称フランス政府をなしていたのである。

かくて国の外ではフランスの君主とされながら、当のルイ十七世はといえば、自分が「ルイ十七世」と呼ばれていることすら知らなかった。父王が処刑された後も、タンプル塔に囚われたままだったからだ。

母親のマリー・アントワネット、姉のマリー・テレーズ、叔母のエリザベートも一緒だったが、七月三日になると、この家族からも引き離された。ルイ十七世はひとりルイ十六世が使っていた部屋に移され、そこで元靴屋の看守兼教育係アントワーヌ・シモンの手に委ねられることになった。

少年は「ルイ十七世」でなく、単なる「カペーの息子」として育てられるべし。かかる国民公会の決定で、サン・キュロットの服を着せられ、ラ・マルセイエーズを歌わされ、要するにルイは理想の王でなく、模範的な市民になる教育を施されることになったのだ。

実際にはシモンに使用人同然に扱き使われ、虐待さえ加えられる日々だったという。何か教えられたとすれば、汚い言葉や猥褻《わいせつ》な行為くらいのものだ。真偽ははっきりしないものの、八歳の少年を捕まえて自慰を教えたとか、場末の売春婦と関係を持たせたとか。

全ては王家の者を貶《おとし》めるためだった。「カペー未亡人」と呼ばれたマリー・アントワネ

マリー・アントワネットの処刑を描いた版画

ットのほうは、八月二日にコンシエルジュリ監獄に移された。十月十四日から十五日にかけては、夫と同じように裁判にかけられたが、このとき取り沙汰されたのが、息子に自慰を教えたとか、近親相姦に及んだとかの罪だった。

認めるかと裁判官に尋ねられて、マリー・アントワネットは答えなかった。

「わたくしが答えないのだとすれば、母親というものにそのような嫌疑をかけられたとき、何か答えるということを、自然が拒否しているのだと思います」

まったく見事な答弁であり、もはや革命の下衆ぶりばかりが目につく。それでも死刑を宣告されるのは、マリー・アントワネットだった。十月十六日に革命広場で処刑されてしまうのも、夫の「ルイ・カペー」と同じ末路だった。

王妹エリザベートも処刑された。姉のマリー・テレーズはタンプル塔にいたが、相変わらず別々の部屋で、ルイ十七世と顔を合わせることはなかった。そのまま幽閉は続けられたものの、しばらく姉弟は忘れ去られたかのようになった。

フランス革命は暴走を始めていた。恐怖政治を敷いたジャコバン派は、異分子を次から次と粛清した。一七九四年三月二十四日には、エベールの一派が処刑された。四月五日にはダントンやデムーランも処刑された。革命家たち、政治家たちは、いつ自分の番になるかと戦々恐々で、王家の姉弟のことなど気にする余裕もなかったのだ。

この恐怖政治を終わらせたのが、いわゆる「テルミドール九日の反動」である。七月二十七日、ジャコバン派のロベスピエールやサン・ジュストが議会で逮捕され、その身柄はいったんパリ市政庁に保護されたが、二十八日未明にクー・デタ派の突入隊が再逮捕、その日のうちに処刑したという事件である。その突入隊を率いたのが、ほどなく政府総裁となるポール・バラスだが、この男がタンプル塔のことを思い出した。

ロベスピエール
（作者不詳）

訪ねたのが事件の直後で、ひどい状態だったという。ルイはかつての食堂に移されていたが、閉じこめられたまま、ろくろく陽の光も浴びられず、重度のクル病に冒されていたのだ。

バラスは九月一日に大掃除を手配したが、このとき移動するよういわれても、ルイはひとりでは歩けない状態だった。ずっとズボンが取り替えられず、小さなときのままだったので、身体の成長とともにパンパンになって、それで足を痛めたのだとの説もある。

姉のマリー・テレーズと合わせて、待遇の善処が図られた。が、ルイの容態は快方に向かわなかった。一七九五年に入ると症状が悪化して、五月八日には医師ドゥゾーが呼ばれたが、なんたることか、この医師が急死する。次に医師が呼ばれたのが六月六日で、ペルタン医師が看たときには、手の施しようがなくなっていた。

ルイ十七世は六月八日に死亡した。ペルタン医師の死後解剖によると、ルイの死因は結核だった。結核？　クル病でなかったのか。悪いのは足ではないのか。この齟齬《そご》から伝説が生まれる。このとき死んだルイ十七世は偽物だったのではないか。本物は医師ドゥゾーが呼ばれたときに、密かに逃亡させられたのではないか。その秘密を知ったので、医師は殺されたのではないか。つまりルイ十七世は生きているのではないか。

ルイ十七世生存説の幕開けである。実際、我こそルイ十七世と称する人物も、何人か現れている。フランスでは戯曲や小説の定番になっていたりもする。が、これは生きていてほしいという感情が生み出した伝説、あるいはルイ十七世にはむごい真似をしたという罪の意識の裏返し、一種の贖罪の意識が形を変えたもののようだ。

遺体や遺髪を用いた現代のＤＮＡ鑑定によって、タンプル塔で死んだ少年こそマリー・アントワネットと確かな血縁ある人物、つまりは本物のルイ十七世だと判明した。今や誰もが全て知っているのだ。ルイ十七世だけが自分が「ルイ十七世」とされていることを知らず、のみか母マリー・アントワネットや叔母エリザベートが処刑されたことさえ教えられていなかった。フランス革命の最たる犠牲者といってよい。

流謫の王

一七九五年六月二十四日、ルイ十七世の死が伝えられたとき、プロヴァンス伯ルイはイタリアのヴェローナにいた。兄が死に、兄の息子までが死に、このとき王位継承権者の第一位にいるからには自分の番だと、いよいよ伯は「フランス王ルイ十八世」を名乗る。が、要するに従前の自称フランス摂政が、向後は自称フランス王になっただけの話だ。

プロヴァンス伯ルイ、そしてアルトワ伯シャルルというルイ十六世の弟たちは、フランスから国外に亡命して、すでに久しかった。とりわけ早かったのがアルトワ伯で、パリの民衆がバスティーユを陥落させた翌日、一七八九年七月十五日には、もうフランス脱出を試みている。一七八七年、八八年の名士会議に出席したときから、王権神授説を信奉する守旧派で鳴らしただけに、革命の事態に身の危険を覚えずにはいられなかったのだ。

それをルイ十六世も支持した。王妃マリー・アントワネットの気に入り、贅沢の一味と庶民に憎まれていたポリニャック伯爵夫人も逃亡させたいとなって、アルトワ伯と同道させることにしたのだ。一行は伯妃マリー・テレーズ・ドゥ・サヴォワの実家、サルデーニャ王家に身を寄せた。アルトワ伯は義父ヴィットーリオ・アメデオ三世のトリノ宮廷で、反革命の企てを開始した。

プロヴァンス伯のほうは一七九一年六月二十日、ルイ十六世の「ヴァレンヌ事件」のとき、一緒にパリを出た。別ルートを進んだ伯は、ナミュールの手前で兄王の逮捕を知らされたが、つきあうことなく亡命に踏み出した。オーストリア領で伯妃マリー・ジョゼフィーヌ・ドゥ・サヴォワと合流、ともに進んだブリュッセルでアルトワ伯に迎えられた。弟はトリノから来たわけだが、ちなみに兄弟の妃たちはサルデーニャ王家の王女姉妹である。

ブリュッセルからはコブレンツに移動した。モーゼル河とライン河の合流点にある要衝で、フランス王家が飛び地として有している領地だった。ここが反革命の一大拠点になるというのは、戦争が始まろうとしていたからだ。コブレンツは戦場となるフランス東部国境に近い。集合したフランスの亡命貴族たちは、ここから出陣、オーストリア軍なり、プロイセン軍なりの幕下に加わったのである。

序盤は連戦連勝で、そのまま革命を打倒できるかと思いきや、期待感は一七九二年九月二十日のヴァルミィの戦いで打ち砕かれる。プロヴァンス伯、アルトワ伯、ともに戦場まで来ていたが、オーストリア軍がフランス軍に撃破されると、早々に引き揚げた。フランス軍の大攻勢に、ほどなくコブレンツにさえいられなくなった。

ウェストファリアに落ち着けたのは、プロイセン王がハムの城館を提供してくれたからである。一七九三年一月、ここで兄王ルイ十六世の処刑を伝えられ、ルイ十七世の即位と自らの摂政就任、アルトワ伯の国王総代を発表したことは、前述の通りである。

一七九五年六月にルイ十七世が死ぬと、ヴェローナで「ルイ十八世」を宣言したが、このときルイは、ルイ十六世の死刑に賛成票を投じた議員たち、いわゆる「王殺し(régicide)」の断固処罰とアンシャン・レジームの復活を打ち上げた。取り巻きの亡命貴族たちは拍手喝采したが、これがフランス帰還を遠ざける結果になった。

それはジャコバン派の恐怖政治が終わり、フランスの政治体制が揺らいだ時期である。反動が生じた時期でもあり、なんと国民公会では王党派が多数を占めた。うまく機会を活かせれば、王として帰国できたかもしれないが、それは王党派といってもリベラルで、立憲王政を志向するグループだった。ルイたち国外亡命組は非妥協的だとなって、連携はなかなかうまく行かなかった。

アルトワ伯はといえば、このときイギリスに渡っていた。この国で亡命貴族たちと軍を組織、夏から秋にかけてフランス西部上陸作戦を試みたのだ。武力による反革命を狙ったわけだが、やはり挫折して引き揚げた。イギリスを新たな亡命先にしただけだった。

要するに二人とも失敗して、王政復古の可能性をふいにした。機会は再び訪れると考えたかもしれないが、この一七九五年を境に遠のく一方になってしまう。十月五日、王党派はパリで「葡萄月《ヴァンデミエール》の蜂起」を起こすが、これを容赦なく鎮圧した若き将軍は、その名をナポレオン・ボナパルトといったからだ。

一七九六年三月、ナポレオン・ボナパルトはイタリア方面軍司令官になる。歴史に残る快進撃の始まりである。一七九七年七月にはロンバルディアにチザルピナ共和国を建設、十月にはオーストリアとカンポ・フォルミオ条約を締結して、あれよという間に北イタリアを勢力圏に入れてしまった。ルイはヴェローナにいられなくなり、ロシア皇帝の保護を求めて、北に向かう羽目になる。

ナポレオンの勢いは止まらない。一七九八年にエジプトに遠征したと思うや、一七九九年にはフランスに帰り、十一月九日、いわゆる「霧月《ブリュメール》十八日のクー・デタ」で、フランスの政権を掌握した。十二月十三日に共和暦八年の憲法を発布、執政政府が成立すると、ナポレオン・ボナパルトは十二月二十五日、その第一執政に就任した。

つまりは国家元首の地位である。それは王国における王の地位に相当する。ルイにすれば、それは自分が座すべき椅子である。黙ってはいられないと、一八〇〇年二月、ナポレオン・ボナパルトに手紙を書いた。自分を君主として、王政復古を実現せよ。そなたのことは、大臣としてでも、将軍としてでも、お望み通りの地位で重用してさしあげる。

ルイなりに本気だったが、ナポレオン・ボナパルトは、にべもない。返事が、こうだ。

「もはや貴殿はフランス帰還を望むべきではありません。帰還するには恐らく、十万の屍《しかばね》の上を歩かなければならないでしょう」

第一執政は電撃的にイタリアに乗りこむと、六月十四日、マレンゴの戦いで再びオーストリア軍に勝利した。もはや手がつけられない。この成り上がり者を、もう誰も無視できない。ナポレオン・ボナパルトが寛容政策を取ったので、亡命貴族たちも続々と帰国に転じる。ルイは、じ

イタリア戦線のナポレオン
（アントワーヌ－ジャン・グロ画）

き居場所にも困るようになる。

ナポレオン・ボナパルトは、一八〇二年には終身執政になった。終身の国家元首となれば、いよいよフランス王の位に準じる。もはや看過ならないと、イギリスのアルトワ伯が動いた。イギリス首相ピットの資金援助を取りつけ、イギリスに亡命していた王党派の大物カドゥーダルと手を組み、ナポレオン・ボナパルトの暗殺を計画したが、それも一八〇四年の春、決行を間近に控えてフランス当局に摘発された。

狙われていると怖気づくより、ナポレオン・ボナパルトは逆に攻勢に出た。王党派の陰謀は許さないと、三月二十一日にはコンデ大公家のアンギャン公、つまりはブルボン朝につながる者を逮捕、フランスに対して武器を取り、またイギリスと内通していたとの罪で処刑した。のみならず、ただの終身執政だから侮られる、暗殺も企てられる、役人でいるかぎり際限ないだけだからと、五月十八日、フランス皇帝に即位してしまったのだ。

うらめしや、ナポレオン

フランス皇帝ナポレオン一世——フランスに君主政が復活した。かつての君主の血筋に連なる者にすれば、まったく許しがたい暴挙である。このときルイはプロイセン王の庇護を得て、当時その支配下にあったポーランドのワルシャワにいた。そこから、フランスの全ての王族はスウェーデンのカルマルに集結せよと触れを出したが、九月に海を渡ってきたのは、イギリスからのアルトワ伯と、その長子アングーレーム公だけだった。

この弟、さらに甥と会うのも十年ぶりだ。王族の身内で相談して、抗議声明を発表することにした。スウェーデン王に迷惑はかけられないと、なんとも哀しい気の遣いようで、地名を「バルト海上」としながら、ルイは革命を非難、ナポレオンの皇帝即位を否定、我こそ正統な君主であるフランス王たることを発表した。

プロイセン王に拒絶されたのでワルシャワには戻れず、このときルイはロシアの新皇帝アレクサンドルに縋《すが》りついて、ミッタウにいた。この北の僻地から十二月二日付で発表されたが、その声明はフランスでは話題にもならなかった。同じ十二月二日にはナポレオン一世が、パリのノートルダム大聖堂でド派手な戴冠式を挙行していた。

一八〇五年三月二十六日にはイタリア王にも即位した。ナポレオンという男は、いよいよもって腹に据えかねる。オーストリア、ロシア、イギリスが対フランス大同盟を結成したときは、ルイもアルトワ伯も小躍りするくらいだったろう。十月二十一日のトラファルガーの海戦で、ネルソン提督のイギリス艦隊が、フランスとスペインの連合艦隊を壊滅させたときは、狂喜乱舞したに違いない。が、その海にナポレオンはいなかった。

フランス皇帝が強いのは陸戦だった。十二月二日、アウステルリッツにオーストリア皇帝、ロシア皇帝とまみえると、これらを下して大勝利を挙げた。世にいう「アウステルリッツの三帝会戦」であるが、これでナポレオンの覇権は決定的になった。フランスにおけるのみならず、ヨーロッパにおける覇権だ。

一八〇六年三月、ナポレオンの兄ジョゼフがナポリ王になった。六月にオランダ王になったのは、弟のルイ・ボナパルトだった。七月にはナポレオンに保護されて、ドイツにライン連邦なるものができた。もうやりたい放題だが、異を唱えれば、オーストリアも、プロイセンも、ロシアも、ただ打ちのめされるだけである。国を失いたくないと思えば平身低頭、フランス皇帝に和を結んでもらうしかない。

それはルイの居場所がなくなるという意味でもあった。ナポレオンに睨まれるブルボンの血筋など、もうどこの国も面倒みたくないのである。受け入れてもらえるとすれば、弟アルトワ伯がいるイギリスくらいのものだ。ナポレオンに従わないので、一八〇六年十一月発の大陸封鎖令に苦しんでいたが、なお軍門に下るつもりはなかったのだ。

亡命を打診すると、偽名で暮らし、政治活動をしないならばと条件付で認められた。屈辱的だが、仕方がない。一八〇七年末、ルイはイギリスに渡った。そこから弟アルトワ伯と一緒に眺めさせられるのは、やはりといおうか、フランス皇帝ナポレオンがここぞと誇示する栄華だった。

一八〇八年六月、ナポリ王ジョゼフ・ボナパルトはスペイン王になり、かわりのナポリ王にはナポレオンの義弟ミュラが即位した。一八〇九年四月、イギリスとオーストリアが同盟して、フランスと戦争を始めたが、今度こそと興奮するも束の間で、皇帝のフランス軍は五月十三日、いとも簡単にウィーンを占領してしまう。

十月十四日にシェーンブルン条約が結ばれ、帝都は速やかに解放された。一八一〇年四月二日には、オーストリア皇女マリア・ルドヴィカが、離婚した皇帝ナポレオンに嫁ぐことになった。名門ハプスブルク家から妃を迎えて、もうルイ十六世と同格ということか。王弟にすぎない自分たちより、もはや格上ということなのか。一八一一年三月二十日には男子まで誕生して、ナポレオンは跡継ぎ問題も解決する。何故この男ばかり全て思い通りなのだと、ルイはといえばアルトワ伯と二人で臍を嚙んでいるしかなかった。

どれだけ悔しがろうと、どうしようもない——かと思いきや、風向きが変わり始めた。一八一二年六月、ナポレオンはロシア遠征を強行したが、これが大失敗に終わった。ここぞと諸国は報復に乗り出した。一八一三年九月、再び対フランス大同盟が結ばれて、プロイセン、ロシア、オーストリアまでが立ち上がった。十月十六日に迎えたライプツィヒの戦いは、十九日まで続いた激戦の末に、同盟軍の勝利となった。

フランスに逃げ帰るナポレオンを、今度は諸国が追いかける。続々とフランスに侵攻し、今や皇帝は必死の防戦に迫られる立場である。ここでルイは動いた。一八一四年一月一日、我こそ正統な君主であるフランス王たるとの、一八〇四年十二月二日の宣言を繰り返しながら、諸国のフランス侵攻に一枚嚙もうとした。その意向を伝えると、こたびはイギリス政府も許した。直ちに計画が立てられることになった。

もう五十八歳で、痛風病みの肥満体になっていたので、自分が動き回れるわけではない。フランス上陸作戦はアルトワ伯とその息子たちで行うことになった。すなわち、伯は東部フランスに、長男アングーレーム公ルイ・アントワーヌは南フランスに、次男ベリー公シャルル・フェルディナンはノルマンディに上陸、それぞれ現地で王党派を動員し、大々的な蜂起につなげる。一七九五年にも似たような作戦を立てて失敗しているが、今度はどうか。

ベリー公はノルマンディ上陸を果たすも、すぐさま計画実行は困難と判断して、イギリスに引き返した。南に向かったアングーレーム公が幸運だったのは、それまでスペインで戦っていたイギリス軍がピレネを越えて、南西フランスに侵攻してきたところだったからだ。中心の大都市ボルドーも、市内を現地の王党派である「信仰の騎士団」が制圧した。そこに三月十二日、アングーレーム公は「フランス王ルイ十八世」の名において、堂々の入城を果たすことができたのだ。

アルトワ伯も東部フランスに上陸、ロレーヌの都市ナンシーに進んだ。が、長男のアングーレーム公のような幸運はない。次男のベリー公と同じで、何もできない。が、そこに三月某日、さる貴族が訪ねてきた。いわく、フランスでは近くタレーランを首班とする臨時政府が樹立されると。そのタレーランは王政復古を計画していると。

タレーラン・ペリゴールは王国屈指の大貴族の生まれで、革命前は聖職の道に進み、オータン司教になっていた。ルイ十六世の名士会議にも呼ばれ、ヴェルサイユにも普通に出入りしていて、当時の王弟プロヴァンス伯やアルトワ伯とも懇意である。

全国三部会では聖職者代表議員となり、教会改革の立役者となったが、その後は暴走を始めた革命から逃れて、イギリス、アメリカと亡命した。「テルミドール九日の反動」の後にフランスに帰国して、外務大臣に就任、それからはナポレオン政権の大立者で鳴らしてきたのだ。

一八一三年はパリにいて、出陣する皇帝の留守を預かっていた。が、ナポレオンは敗色濃厚で、もはや浮かぶ瀬はない。見極めたタレーランは、さしあたりは臨時政府を樹立するとして、その次を考えなければならなかった。

タレーラン
（ジャン－フランソワ・ドゥ・ガルヌレー画）

ブルボン王族（1814年5月）
左から右へ、ルイ18世の弟アルトワ伯（のちのシャルル10世）、ルイ18世、ルイ18世の姪アングーレーム公妃（ルイ16世の娘）、アルトワ伯の2人の息子、アングーレーム公とベリー公

ただナポレオンを除けばよいというような、簡単な話ではなかった。攻めてきたのは、フランスに多くを奪われてきた国々なのであり、その報復とばかりに諸国でフランスが分割される可能性すらないでなかった。これを回避して、なおかつ諸国を納得させられる落としどころは、ブルボン朝を擁する王政復古しかないというのだ。

かかるタレーランの提案につき、アルトワ伯は急ぎイギリスに連絡した。弟の問い合わせを、ルイが拒絶するわけもなかった。

翌年三月三十一日には、同盟軍がパリに入城した。四月一日にはタレーランの臨時政府が樹立、四月六日には皇帝ナポレオン一世が退位した。四月十一日のフォンテーヌブロー条約で、イタリアのトスカナ沖に浮かぶエルバ島に流されることも決まった。

ナポレオンがいなくなったフランスに、ルイは帰った。四月二十四日にカレーに上陸して、それは二十一年十ヵ月ぶりの故国だった。それも、すでにして我が王国だ。パリ入城が五月三日で、ルイはルイ十八世に、つまり自称でない本物のフランス王になっていた。

ルイ十八世

王としての初仕事が、五月三十日のパリ条約に調印することだった。もちろんタレーランの御膳立てだが、この条約でフランスの国境は一七九二年のそれに戻されることになった。全てをフランス革命前に戻そうという「正統主義（Légitimisme）」こそ、タレーランが直後のウィーン会議に至るまで用いるロジックであり、ブルボン朝の再興もその一環というわけである。もちろん、ルイ十八世は異存ない。

六月四日には「憲章（Charte）」が発布された。王政復古といっても、計画されていたのは絶対王政の復古でなく立憲王政の再建だった。これについて、実はルイ十八世はごねた。王権は神授されるもので、憲法で定められるものではないというのだ。

二十年余の亡命を強いられながら、ルイ十八世は何も学ばず、革命前のままだった。変わらずにいたからこそ、二十年余もあきらめないでいられたのかもしれないが、憲法は嫌だというのには困った。国民が定める憲法でなく、王が国民に慈悲として与える憲章ならよいのではありませんかとタレーランに説得されて、ようやく了解したという運びである。

　妥協案として憲章になったとはいえ、法文に縛られることは変わりない。それでも条件は悪くなかった。もちろん執行権は王が有する、さらに立法権も代議院と貴族院からなる議会に加えて王にも与えられ、双方が分け持つことになったのだ。

　ルイ十六世の立憲王政より強い。存分に力を振るえる。とはいえ、フランスは問題山積、わけても財政は火の車だった。ナポレオンが戦争をやりすぎたからだが、終戦になっても軍隊はいなくならない。それどころか、どんどんフランスに復員してくる。

　王は支出削減を目論み、「半給士官」を増やした。将校を休職させて、その分の給与を払わないというのだ。そのくせ、きらびやかに着飾らせた近衛隊の再興は譲れない、戻ってきた亡命貴族たちに居場所を与えなければならないと来る。三色旗も廃止して、伝統的な王の色である白い旗を掲げることに決める。

　ルイ十八世の評判は、あっという間に悪くなった。皇帝ナポレオンに率いられ、三色旗を高く掲げ、ヨーロッパ全土を我が物顔で闊歩《かっぽ》したと自負ある将兵たちは、不満を覚えないではいられなかったのだ。

　待望論が噴出する。水面下の動きが加速する。ウィーン会議が開催中で、そちらに諸国の注意も逸れている。間隙を突いて、ナポレオンがエルバ島を脱出した。地中海に面するプロヴァンス、そのジュアン湾からフランス上陸を果たしたのは、一八一五年三月一日のことだった。

その報せはパリにも即座に届けられた。退位前のナポレオンが電信を整備したので、報告は遥か離れた南フランスからであっても、瞬時に伝えられるのだ。ルイ十八世にしてみれば、まるで悪夢に襲われた気分か。

いや、退位した皇帝ごときに何ができると、王は軍隊を送り出した。ナポレオンの下には護衛程度のものしかいないからだったが、奇妙にも逮捕したとの報告は上がってこない。遭遇した端からフランスの将兵は、次から次とナポレオンの配下についた。アルトワ伯を送り出した頃には、もう手に負えなくなっていた。

鷲の飛翔――そう呼ばれる勢いで、ナポレオンは三週間かからずにパリに着いた。ルイ十八世はリールに逃げ、さらに国境を越えてベルギーのヘントに到着してみると、あとにしたばかりのパリでは帝政が再興していた。三月二十日のことだった。

なんたることか。また亡命生活である。ようやっとフランス王になれたと思いきや、あの王座は幻にすぎなかったか。ルイ十八世は悔し泣きする思いだったに違いないが、皇帝ナポレオンの返り咲きは「百日天下」で終わる。六月十八日のワーテルローの戦いで、そのフランス軍は、イギリス軍とプロイセン軍の前に敗れたのだ。

ワーテルローの戦い
（19 世紀の版画）

六月二十二日にナポレオンは二度目の退位となった。七月八日、ルイ十八世も王としてパリに戻った。ナポレオンは七月十五日、イギリス海軍の軍艦でアフリカ沖の孤島、セント・ヘレナ島に配流された。

今度こそ帰ってこれまい。そう考えてホッとしたのか、緊張が解けて気が抜けたのか、あるいは全て使い果たして、燃え尽きたということなのかもしれないが、フランス王という念願の地位にあって、ルイ十八世がやるのは他人任せの寵臣政治だった。

首班兼外務大臣となったのは、リシュリュー公爵だった。ルイ十五世の時代に活躍した、あのリシュリュー公爵の孫息子である。革命が起きるや亡命して、二十五年もロシアで暮らしていたが、王政復古でフランスに帰国すると、そこは孫息子同士ということではあるまいが、ルイ十八世は祖父さながらに政治を丸投げしたのである。

それでもリシュリュー公爵は悪くなかった。わけても手腕を発揮したのが外交で、一八一五年十一月二十日に第二次パリ条約の締結に漕ぎつけた。ナポレオンの復位騒動のため、諸国に責められるフランスは、さらなる難局に追いこまれざるをえなかったが、それをフランスは国境を一七九〇年の状態に戻す、賠償金を払う等々、まずまず妥当な条件でまとめてきたのだ。一八一八年十月九日にはエクス・ラ・シャペル（アーヘン）会議に臨み、諸国に占領部隊のフランス撤退を呑ませることにも成功している。

手を焼かされたのが内政だった。一八一五年八月二十二日の総選挙で、圧勝したのが「超王党派《ウルトラ》」だったのだ。ルイ十八世のいう「またと見出しがたい議会」であるが、対応に苦慮したリシュリュー公爵は一八一八年十二月、ここで辞任を余儀なくされた。

セント・ヘレナ島で自叙伝を口述するナポレオン
（シャルル・オーギュスト・ステューバン）

一八一九年にはドゥカーズ内閣が発足した。ドゥカーズこそルイ十八世の寵臣中の寵臣である。実をいえば王は男色家であり、その意味でもお気に入りだったのだといわれるが、さておきドゥカーズは前のリシュリュー公爵と比べても、自由主義的な政策を推し進めた。が、そこで事件は起きた。

一八二〇年二月十三日、アルトワ伯の息子で、王位継承権者のひとり、ベリー公が暗殺された。オペラ座から出てきたところを短剣で一突きされ、ほとんど即死に近かった。まさに由々しき事態であるが、ただ王族が命を落としたというだけに留まらない。

触れたようにルイ十八世は男色家で、したがって子供がいない。王位継承者はいて、弟のアルトワ伯、その長男アングーレーム公と当面は困らない。が、アングーレーム公と公妃マリー・テレーズ、つまりはタンプル塔から出されたルイ十六世とマリー・アントワネットの王女の間には子がなかった。これから生まれるようにも思われず、してみると、ベリー公だけが最後の望みだったのだ。

これまで三人の子が産まれ、うち二人は幼くして亡くなったが、娘ひとりは成長した。これから男子を儲ける可能性はあり、実際ベリー公妃は暗殺事件のときに妊娠中だった。九月末には男子を出産する。後にボルドー公アンリとなる、いわゆる「奇跡の子」である。が、この時点ではわからない。王家は衝撃に襲われざるをえない。

なかんずくアルトワ伯は怒った。それに輪をかけて、「超王党派」が騒ぎ立てた。自由主義的な施政が悪かったというのだ。事件の責任を取る形で、最後はドゥカーズが解任された。ルイ十八世が喜ぶ話ではなかったが、それほど抵抗しなかった。気力体力が減退して、以前に増して全て丸投げになっていたらしい。

アルトワ伯の発言力が強まった。革命前から王権神授説を奉じて、守旧派で知られた王弟である。超王党派も勢いづく。反動政治が始まった。当座はリシュリュー公爵が政権運営に当たったが、一八二一年十二月にヴィレールが首班兼財務大臣に就任すると、いよいよ決定的になった。検閲の強化、カトリック教会による教育機関の監督、「革命」の弾圧と王家の支援によるスペイン介入等々が、強引に推し進められたのだ。

一八二四年三月の総選挙で、超王党派は再び圧勝した。「ふたたび見出された議会」であるが、ほどない九月十六日、ルイ十八世は崩御した。死因は糖尿病、そして高脂血症による全身動脈硬化と推定され、つまりは贅沢な飽食を常としてきた者にありがちな生活習慣病である。

享年は六十八歳と十ヵ月——人生のほとんどを亡命生活に費やすことになったとはいえ、フランス王として静かに死ねた結末から、まずまず報われた人生だったといえようか。

シャルル十世

ルイ十八世を継いだのは、アルトワ伯シャルルである。フランス王シャルル十世として晴れの即位がなったとき、王は強く拳を握りしめたに違いない。とうとう来た、と。終に出番がやってきた、と。フランス王の位に野心を抱こうと、到底かなうはずがないと思われた末の王子に、齢六十六にして御鉢が回ってきたのである。

若い頃から長身の痩せ型で、年齢を重ねてからもルイ十六世、ルイ十八世といった兄たちのようには太らなかった。生活習慣病の憂いもなく、若々しいシャルル十世に迷いはない。いや、若い頃からの守旧派は、ようやく理想の実現に邁進できると、年甲斐もない張り切りようだったかもしれない。

が、はっきりいえば、もはや時代錯誤でしかなかった。一八二五年五月二十九日、シャルル十世はシャンパーニュの大司教座都市ランスに赴き、そのノートル・ダム大聖堂で古式通りの戴冠式を挙行した。ルイ十八世は遠慮したにもかかわらず、である。

伝統的な「病を癒す王」の儀式も欠かさなかった。半世紀も前にルイ十六世がやったときで、もう反動的といわれた呪術的な儀式を大真面目に全うして、あるいはシャルル十世が志向するのは立憲王政ならざる絶対王政か。なるほど、その政治はルイ十八世時代の末に、すでに軌道に乗せられていた。内閣首班にヴィレールを据え置いて、新王は反動政治、強権政治に拍車をかけるのみなのだ。

一八二五年四月二十七日には、十億フラン法を成立させた。それだけの予算を充てて、亡命貴族たちに賠償を行う制度であり、要するに革命などという不幸については、国家が賠償するべきだと唱えたのだ。一八二七年に入っても、四月十七日には出版の自由を認めた法案を破棄する、二十九日には国民衛兵隊を解散する、等々とやりたい放題である。

まさに絶対君主の振る舞いだが、それを三十数年前のルイ十六世は許されなかった。シャルル十世に比べれば、遥かに穏健な態度に留めたが、それでも革命を起こされた。自分は亡命を余儀なくされたことを、もう王は忘れたのか。若いのは見た目だけで、やはり老害の憾《うら》みは免れないのか。あるいは何も学ばなかったところ、兄のルイ十八世そっくりなのか。

いうまでもなく、国民は歓迎しない。のみならず不安を感じ、不満を覚える。十一月に行われた代議院選挙では、自由派が勝利した。一八二八年一月三日、ヴィレール内閣は辞職に追いこまれ、五日にはマルティィニャックが内務大臣に就いた。事実上の首班として、組織したのが右派も、やや中道寄りの内閣だった。例えば七月十四日に成立させた新出版法では、事前検閲制の廃止を呑んでいる。

王は気に入らない。弱腰すぎると、一八二九年八月にマルティィニャックを解任、かわりに立てたのがポリニャック内閣だった。ジュール・ドゥ・ポリニャックは、王妃マリー・アントワネットの気に入りで知られた、あのポリニャック夫人の息子である。夫人とはアルトワ伯の頃に一緒に亡命した仲であり、当然その息子のことも知っている。

ポリニャックは反革命、反ナポレオンの権化のような男であり、これまで陰謀に加担すること数知れず、投獄まで経験している。他面で敬虔なカトリックであり、その信条に矛盾するといって、入閣するときも憲章に宣誓することを拒否した。この手合いが王権神授説の王と組んだのだ。政府の主要ポストを貴族で独占しながら、超王党派の政治を本格的に始動しようというのだ。

国民の望みではない。一八三〇年三月十八日、代議院は内閣不信任案を決議した。シャルル十世は執行権の長に与えられた権限で、五月十六日に議会を解散した。あからさまな対決の図式である。とはいえ、選挙の旗色は悪い。国民の支持を得なければならない。人気取りの妙手はないかと頭をひねり、王が始めたのがアルジェリア戦争だった。

ナポレオン時代に、あれだけフランスに鳴り響いた戦勝報告が、復古王政の時代に入るや、一度も聞こえてこなくなった。これが不人気の一因なのだと、シャルル十世は太陽王ルイ十四世よろしく、適当な戦争を探したのだ。アルジェ太守フセイン・スフン・パシャがフランス領事を侮辱した、謝罪を要求したが容れられなかったと、それで戦争を始めることにしたのだ。

これが奏功したとはいいがたく、ほどない六、七月の選挙では、やはり自由派が勝利した。それでもアルジェリア侵攻は始まり、七月五日にはフランス軍がアルジェの占領を遂げた。この戦勝報告がパリに届けられる前に、王と議会の対立は決定的な場面を迎えてしまったのだ。

七月二十五日、シャルル十世は七月勅令を発布した。議会の解散、出版の自由の停止、選挙法改正を定めて、かなり強気だ。アルジェリアの勝利が響けば、国民の熱狂的な支持が手に入るのだからと、一切の譲歩はなかったのだ。

当然ながら、議会は激怒した。そんなに頻々と議会を解散する法はない。出版の自由なくして、民主主義が実現するわけがない。選挙法改正というが、それは国民にとっては改悪でしかない。諸々の道理は議員にしか理解できないものではない。革命の経験で、フランスの国民は政治的に成熟している。ゆめゆめ馬鹿にできたものではない。

革命の都パリの空気が激してきた。七月二十七日、パレ・ロワイヤルで学生たちと印刷工が騒ぎ出した。政府が閉鎖の措置を取り、さらに新聞の差し押さえ、印刷機の没収、ジャーナリストの逮捕と弾圧に手をつけると、こちらの市民も迷わず武装を始めたのだ。

七月二十八日、パリの敷石が剝がされて、通りという通りにバリケードが築かれた。数百といわれる陣地に籠もると、鎮圧のために王が送る軍隊何するものぞと、徹底抗戦の構えを示す。実際、二十九日、三十日と市街戦も戦われた。歴史に「栄光の三日間」と呼ばれる、いわゆる「七月革命」の勃発だった。

出てきたのが、こちらも老いて、もう七十二歳になったラ・ファイエット侯爵だった。アメリカ独立戦争に義勇兵として参加した、あのラ・ファイエット。フランス革命では議員になり、国民衛兵隊の司令官になり、属するフイヤン派の退潮とジャコバン派の台頭で、一時はオーストリア亡命を余儀なくされたラ・ファイエット。フランスに帰国してからは、ルイ十八世やシャルル十世に劣らず、自分の出番を待ち続けていたラ・ファイエット。往年の英雄が再び表舞台に現れて、国民衛兵の司令官に就任したのだ。

シャルル十世は、ようやく長兄ルイ十六世の末路を思い出したようだ。俄に慌てて、七月三十日に七月勅令を撤回、ポリニャックも更迭した。あとに穏健なモンマール公爵をつけて、議会と国民に譲歩の姿勢を示したが、ときすでに遅しだった。

パリの議論は、とうに別な問題に向かっていた。このままラ・ファイエットを首班に、共和政を樹立するべきか。ひとつの選択肢ではあったが、それは恐ろしい選択肢でもあった。共和政、つまりは恐怖政治に走った時代の記憶は、未だ生々しい。ナポレオンを生み出し、結局は君主政になったという思いもある。

弁護士で著述家のティエールが、そこに声明を出した。オルレアン公ルイ・フィリップを王にしよう。革命の大義に身を捧げた親王だ。今度こそ立憲王政がなるはずだ。これが大きなうねりになった。

七月三十一日には、オルレアン公も前向きな態度を示した。取り急ぎ王国総代の地位についたものを、臨時パリ委員会はパリ市庁舎に迎え入れた。その身体をラ・ファイエットが三色旗で包みこむと、パリの民衆は大歓声を上げた。八月一日、ルイ・フィリップは新たに臨時政府の樹立を宣言、両院の召集を告げた。

いや、ちょっと待て。シャルル十世は健在である。ただパリからランブイエに引いただけだ。この期に及んで、なお自分が王でいられるとは考えていない。八月二日、王は自ら退位し、新たに孫のボルドー公アンリが、フランス王アンリ五世として即位すると発表した。というより、そちは摂政に就任せよ、その資格において朕の決定を布告せよと、オルレアン公に命令した。

八月三日、ブルボン宮に集合した両院議員は、シャルル十世の退位と憲章の見直しを公表した。それだけで、ボルドー公アンリも、フランス王アンリ五世も言葉にされない。八月九日、オルレアン公ルイ・フィリップは、同じブルボン宮の代議院で「フランス人民の王ルイ・フィリップ一世」に即位した。「フランス人民の王（Roi des Francais）」とは、ルイ十六世が革命と和解した後に用いた称号である。

それより前には、やはり戻りようがない。八月十六日、シャルル十世はノルマンディのシェルブール港を出て、イギリスに渡航した。さらにオーストリア領のゴリツィアに移り、そこで六年後の一八三六年十一月六日に死んだ。享年七十九歳、最後まで痩せて、すっきり若々しい男だったが、最後はコレラに命を奪われた。

ルイ・フィリップ

いわゆる「七月王政（Monarchie de Juillet）」の王になったルイ・フィリップは、その一八三〇年七月ないしは八月で五十六歳、じき五十七歳を数えんとしていた。生まれがオルレアン公家で、ルイ十四世の弟フィリップの末裔、ルイ十五世の摂政を務めたフィリップ二世の玄孫ということになる。ブルボン家の傍流だ。

その人生において大きかったのは、父である平等公フィリップの存在か。ルイ十六世のところでも触れたが、フィリップは王族でありながらも自由主義の思想を隠さず、革命前から啓蒙主義思想、自由主義思想の作家や活動家のパトロンであり、革命が勃発してからも有力な議員、しかも過激なジャコバン派の議員で鳴らした。

その息子として、ルイ・フィリップ自身も自由主義の感化において育てられた。革命が始まる一七八九年には十六歳、いうところの開明派貴族だった。一七九〇年にはジャコバン・クラブに入会を果たし、聖職者市民基本法を支持するなど政治活動も始めている。

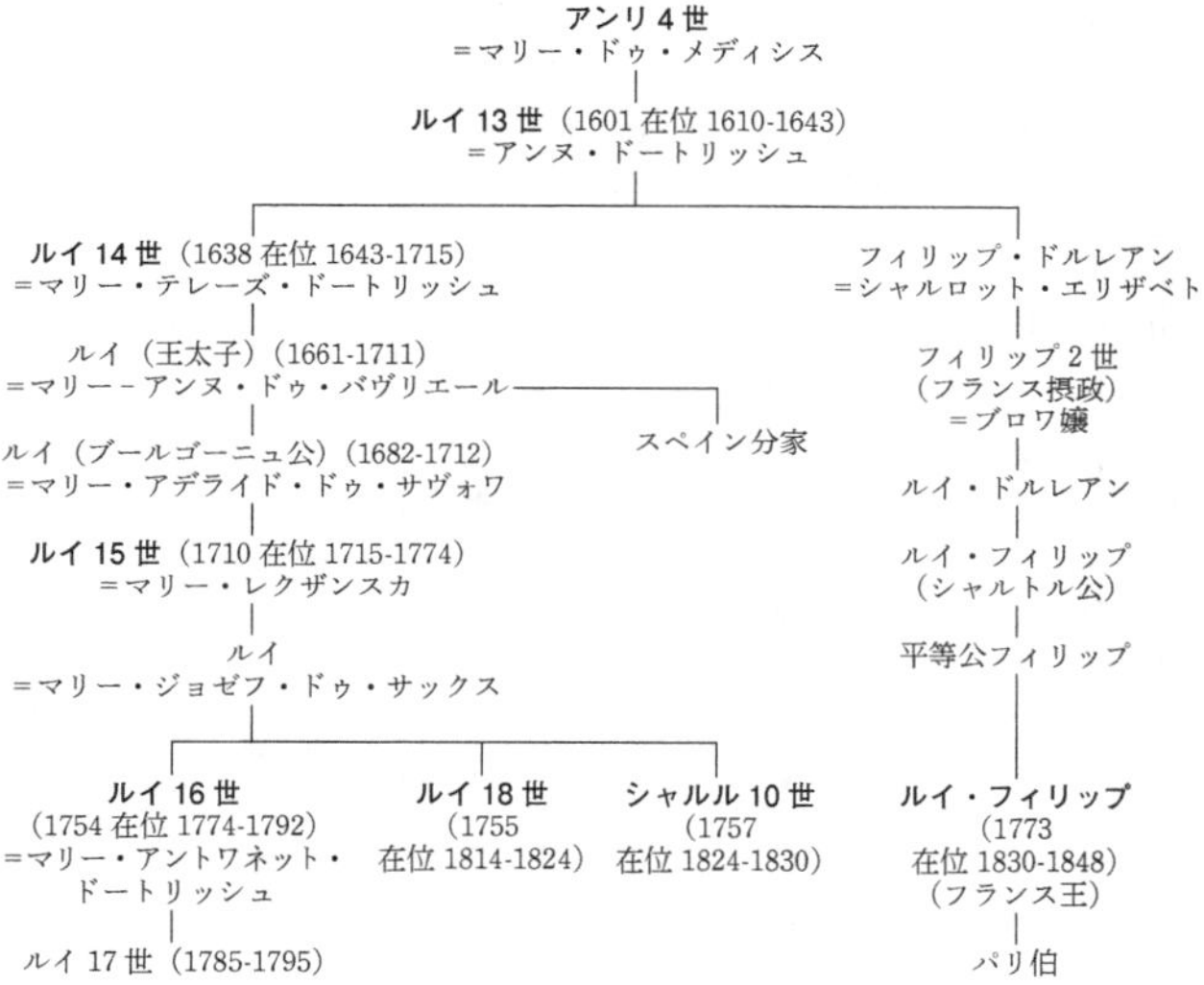

ブルボン王家とオルレアン家

ほどない一七九一年六月一日にはフランス軍に入隊、若き大佐として第十四竜騎兵連隊の指揮に当たることになった。革命戦争が始まると、中将の位を与えられ、一七九二年五月七日付で北部方面軍の幕僚長を拝命している。ヴァルミィの戦い、ジュマップの戦いにも参戦しているが、パリで八月の蜂起、共和政の樹立と起きたのは、その前後の話である。

父オルレアン公ルイ・フィリップは、貴族身分の廃止も受け入れ、その頃には「平等公フィリップ《フィリップ・エガリテ》」を称するようになっていた。議員として、ルイ十六世を改めた「ルイ・カペー」の裁判にも参加した。一七九三年一月十五日から二十日にかけて、その死刑に一票を投じた、「王殺し」のひとりだった。

息子のルイ・フィリップも革命の兵士として戦い続ける。一七九三年三月、ネールヴィンデンの戦いに臨むが、惜しくも敗退してしまう。が、より重大な事件は、その直後に起きた。三月二十七日から二十八日にかけて、上官のデュムーリエが革命政府にクー・デタを起こしたのだ。麾下の軍勢を反転させて、パリ進軍に向かわせたのだ。

ルイ・フィリップは加わらなかった。デュムーリエ自身が部下の将兵を掌握しきれず、パリ進軍を断念して引き返してきた。逮捕されたくないと思えば、不本意ながらも上官と一緒にオーストリア軍に投降、そのまま亡命の道を選択するしかなかった。

いざ亡命してみれば、同じ亡命貴族からは父の「王殺し」を理由に白眼視された。パリではその平等公フィリップが、自分の行動を理由にデュムーリエの共和国転覆の企てに加担していたのではないかと嫌疑をかけられ、十一月六日に処刑された。恐怖政治が敷かれ、粛清の嵐が吹き荒れる。そういう時代にかかっていた。

ルイ・フィリップは二十歳にして、オルレアン公の位を継承した。が、亡命貴族に疎んじられるのは同じであり、その互助にも与れない。革命政府にも変わらず追われる身の上である。なにひとつ救いがない。

スイスに亡命していたが、ルイ・フィリップは「シャボー・ラトゥール」の偽名を使いながら、グリソン州のライヒナウ学寮で、地理学、数学、近代文学の教師として働いた。王族に生まれた身にして、生活のために働くことになったのだ。

一七九六年にはドイツのハンブルク、九五年から九六年にかけてはスカンディナヴィア諸国を回り、九七年から九九年にかけてはアメリカに渡って、フィラデルフィアに在住した。一八〇〇年一月にイギリスに移ると、そのままロンドン郊外トゥイッケナムで、一八〇七年まで暮らした。

そのあとナポリ、シチリアに行ったが、そこはブルボン家の分家が支配する国だった。オルレアン公ルイ・フィリップは王族として迎えられ、一八〇九年には王女マリー・アメリー・ドゥ・ブルボンと結婚することになった。パレルモにオルレアン宮を与えられ、ようやく相応の暮らしを送れるようになった。

フランスに戻れたのは一八一四年、皇帝ナポレオンが失脚した後だった。オルレアン公家の宮殿であるパレ・ロワイヤルに、二十一年ぶりに戻ることができたが、それも束の間の話で、一八一五年には元皇帝のエルバ島脱出に肝を冷やす羽目になった。

この「百日天下」の間は、イギリスに渡って難を逃れた。ほどなくナポレオンは二度目の失脚を余儀なくされ、アフリカ沖のセント・ヘレナ島に流されることになった。が、そこは慎重な一面を窺わせるというか、あるいは一度で懲りる性格だったのかもしれないが、オルレアン公ルイ・フィリップは一八一七年まで帰国しなかった。もう絶対に大丈夫という頃になって、おずおずとフランスに戻ったのみなのである。

ある種の苦労人である。ルイ十八世やシャルル十世に比べても、苦労した感が強い。フランスに帰れたからといって、もう自分の天下と我物顔に振る舞えるわけでもなく、それどころか先代の「王殺し」があって、なおブルボンの嫡流とは冷ややかな関係だった。

元の亡命貴族たちとの関係も然りであり、オルレアン公ルイ・フィリップは、この時期ブルジョワたちとの親交を深めた。それが後に幸いする。いうまでもなく、七月革命のときである。

一八三〇年、ルイ・フィリップが王位に就いたとき、その称号は「フランス人民の王」だったことは前で触れた。国旗も白色旗から三色旗に戻し、手直しされた憲章にも当たり前のように宣誓した。立憲王政の王として、ことごとく弁えた振る舞いなのであり、ブルボン家の嫡流たちのように、ちぐはぐな真似はしなかった。

ティエールが請け合った通り、ひとつには元が革命に与した自由主義の親王だったことがある。余儀なくされた苦難や苦労に、多くを学んだということもあろう。さらにいえば、ブルボンの嫡流が絶えたわけでもない状況で、オルレアン家という傍系から王位に進んだわけであり、ルイ・フィリップの即位は王位継承順位に基づいていなかった。その正統性には血の原理ならざる別な原理が必要だったわけであり、それが人民の意思によるという建前を丁寧にアピールすることにつながったのだ。

その施政もティエールやギゾーといった学者出身の政治家、さらにラフィット、カジミール・ペリエら大ブルジョワに支えられ、ときに「事なかれ主義（Immobilisme）」と評されるほど穏健なものだった。それは産業革命が発展していく時期でもあり、ちょうどブルジョワを厚遇する政権が生まれたことは、フランスにとっても幸運だったといえる。

ルイ・フィリップと息子たち
（ヴェルネ画）

教育改革や鉄道網の整備などは特筆するべき事業となった。またシャルル十世のアルジェリア戦争を継承、北アフリカ、さらに南太平洋と植民地を拡大して、フランス帝国主義の礎を築いたのも、ルイ・フィリップの七月王政の時代である。

蜂起や陰謀の類には苦慮させられた。一八三二年にはブルボン正統主義の立場から、ベリー公妃が西部のヴァンデ地方で蜂起を試みている。同じく一八三二年、さらに三四年、三九年には、共和派が蜂起した。共和政を再興したいという運動だが、同じように帝政を再興したいという運動もあり、ボナパルト派も三六年、四〇年と蜂起を企てた。後の皇帝ナポレオン三世こと、ルイ・ナポレオンがブーローニュで蜂起して失敗、投獄されたというのは、その一八四〇年の話である。

反政府活動の鎮圧、弾圧については、ルイ・フィリップも容赦なかった。一八四八年二月も例外でない。七月王政は穏健無難な一方で、一部の人間による利権政治の様相もみせていた。好況のときはそれでもよかったが、一八四五年の凶作から景気は後退を始め、それと共に政治的な不満も高まるようになっていた。

求められたのが選挙法の改正だった。納税額による制限を緩和して、有権者を増やせと求めて、ティエールが改正案を提出したが、それを議会は一八四七年三月に否決した。政権にあったギゾーの「選挙権が欲しければ金持ちになることだ」という言葉は有名だ。

不満は高まる。しばしば行われるようになったのが、「改革宴会（La Campagne de Banquets）」である。政治集会の一種だが、一八四八年二月二十二日にシャンゼリゼ大通りで行われたそれは、たちまちデモ化してしまった。「改革ばんざい、ギゾー反対」の声とともにコンコルド広場まで行進したが、この手の動きに七月王政は容赦ないのだ。

解散命令を無視したデモに、軍隊が攻撃を開始した。が、今度ばかりは勝手が違う。大人しく負けていないのがパリ市民であり、すぐさま蜂起に発展させると、市街各地にバリケードの構築を始めた。あの七月革命の再現だ。

さすがのルイ・フィリップも慌てた。二十三日に首相のギゾーを更迭、しかし夜になって再び市民と軍隊が衝突し、多数の死者が出てしまった。収拾がつかない。後任の首相モレも解決の力はなく、ただティエールの意見を聞けと薦めるだけだ。実際、王はティエールを呼んだ。意見を求めると、議会の解散しかないと答えられた。が、そうして新たに選挙が行われれば、改革派が乗りこんでくるだけだ。

ルイ・フィリップは決断した。二月二十四日の十二時に退位を発表、あとの「フランス人民の王」には九歳になる孫のパリ伯フィリップをつけ、オルレアン公妃を摂政にするとした。長子のオルレアン公が亡くなっていたからだが、王家の事情など知らぬとばかり、樹立された臨時政府は同日に共和政の樹立を宣言した。

第二共和政の始まりである。以後、第二帝政が起こり、第三共和政に変わり、それが第四共和政、第五共和政になるが、フランスで王政が取られることは二度とない。

最後の王ルイ・フィリップは「スミス氏」の偽名で馬車に乗り、ノルマンディの港町ル・アーヴルに向かった。船でイギリスに渡り、ヴィクトリア女王から拝領したクレアモントの屋敷に落ち着き、そこで二年後の一八五〇年八月二十六日に死んだ。

享年七十六歳、なんだかつなぎに使われたような人生だった。王政から共和政への橋渡し、フランス人が自信をもって共和政を行えるまでの中継ぎ、あるいは一時避難というのが、当人の意図する意図しないにかかわらず、したがってルイ・フィリップのみならず、三王の復古王政に求められた役割だったのかもしれない。

おわりに　国家神格化の物語

王たちのデータ

ブルボン家のフランス王は、その中断を挟む二百三十六年余の歴史において、全部で八人を数える。ブルボン朝の王が二百三年余で五人、復古王政の王が三十三年余で三人で、実際に王位についたわけではないルイ十七世は除いて、全部で八人である。かかる王たちのデータ処理を試みると、どんな結果が現れるか。

まずフランス王に即位する年齢だが、八人の平均で三十二歳一ヵ月と出る。カペー朝の王たちは平均で二十三歳五ヵ月、ヴァロワ朝の王たちは平均で二十三歳八ヵ月なので、だいぶ年齢が上がっている。が、これには注意が必要で、内訳をみると十歳以下の即位が三人、十代で即位した王が一人、二十代で即位した王はなく、三十代で即位した王が一人、五十代で即位した王が二人、六十代で即位した王が一人となる。

中間の年齢が少なく、多いのが極端に若い即位か、反対に歳を経てからの即位だ。いわゆるブルボン朝と復古王政で分けてみると、はっきり特徴が分かれる。ブルボン朝の王たちは平均で十四歳十ヵ月の即位になるが、復古王政期の王たちは六十歳八ヵ月なのだ。ブルボン朝では遅い年齢での子供が継いだり、子供でなく、孫や曾孫が継いだりしたので、若くしての即位が多くなった。他方で復古王政では、フランス革命の勃発、ナポレオン帝政の勃興で、三人とも二十年からの亡命期間があり、ゆえに高齢での即位となった。

次は在位年数だが、こちらの平均は二十九年七ヵ月となる。カペー朝の平均在位年数が二十四年四ヵ月、ヴァロワ朝が二十年一ヵ月なので、ブルボン朝の時代は治世の期間が伸びたことになる。

最長がルイ十四世の七十二年と三ヵ月、次がルイ十五世の五十八年八ヵ月、ルイ十三世の三十三年ちょうどと続くが、いずれも四歳八ヵ月、五歳八ヵ月、八歳八ヵ月と幼くして王位についたことで稼げた。最短がシャルル十世の五年十ヵ月だが、これは最高齢での即位にして、七月革命で退位させられたことによる。ならばと再び革命前後で比べると、ブルボン朝が四十年七ヵ月、復古王政が十一年三ヵ月と、これまたはっきりと分かれる。

最後が没年齢だが、八人の平均で六十二歳九ヵ月と出る。最も長生きしたのがシャルル十世で、七十九歳一ヵ月まで生きている。最も短命だったのがルイ十六世で、三十八歳五ヵ月、いうまでもなく革命で処刑されるという、特殊な事情ゆえである。これはと革命前後で比べると、ブルボン朝が平均で五十五歳六ヵ月、復古王政が七十四歳十一ヵ月となり、この項目だけ長短が逆転する。しかも即位年齢、在位年数ほど、極端には開かない。カペー朝の平均没年齢をみれば四十七歳十ヵ月、ヴァロワ朝は四十三歳九ヵ月で、いずれの数字と比べてみても、ブルボン朝の王たちは概して長命だったといえる。ハプニング的な死亡をいっても、カペー朝の時代に戦死がひとり、ヴァロワ朝の時代に暗殺がひとりで、ブルボン朝の時代だけ暗殺がひとり、処刑がひとりと、平均年数を下げる要因が多くなっているにもかかわらずだ。ブルボン朝の王だけ明らかに長生きなのだ。即位年齢も、在位年数も、その特徴はほぼ全て寿命の長さに規定されるといえるほどだ。

当然といえば当然である。寿命というものは、時代を下れば下るほど長くなる。食べ物もよくなるし、医学も発達し、衛生状態もよくなるからだ。が、それにしてもブルボン朝の諸王には少し異様なものを感じる。最長命のシャルル十世の他にも、ルイ十四世の七十六歳十一ヵ月、ルイ十五世の六十四歳二ヵ月、ルイ十八世の六十八歳九ヵ月、ルイ・フィリップの七十六歳十ヵ月と数字が並ぶ。

ほとんど現代の数字かと思うほどだ。十七世紀から十八世紀にかけた話とは思われない。いや、どの時代にも、たまたま長生きという人間はいる。しかし、こんなには揃わないだろう。たまたま身体が丈夫で、たまたま長生きの家系だった可能性はある。それがブルボン朝の王なのだといわれると、例えばルイ十六世なども革命で断頭台に追われなければ、六十代、七十代まで生きていたような気がしてくる。が、それだけなのか。以前にカペー朝の諸王を論じたとき、「まさに等身大の人生」と私は評した。普通に生きていて、寿命が平均四十七歳十ヵ月、まさに人生五十年とはよくいったものである。比べるとヴァロワ朝の諸王は、平均で四十三歳九ヵ月、前の時代より短いのは奇妙で、これはやや普通でない生き方をしていたため、ストレスが多い人生を送ったためではないかと、それまた以前に論じている。

実際のところ、カペー朝の歴史は「個人商店の奮闘日記」くらいの感想だ。比べると、ヴァロワ朝の歴史は「中小企業の悪戦苦闘実録」といいたくなるほど、かなり印象がつらくなる。その王たちというのは、激務に追われる中小企業の社長のようなものであり、それゆえ短命だったと思われるのだ。が、そうしてみると、このブルボン朝の異様とも感じられる長命はなんなのか。

やはり普通でない。ヴァロワ朝とは反対の意味で普通ではない。つまり考えられるのは、ストレスが少ない、いや、段々そういうレベルでさえなくなり、もう楽すぎるくらいの生き方をしていたため、これだけ長寿だったのでないかということだ。風雨に曝される露天の花より、温室の花のほうが長持ちする。同じ種類の動物でも、野生下で生きるより飼育下で生きるほうが、ずっと長生きなのである。

あるいは犬に例えるなら、カペー朝の王たちはたまに番犬の役をするくらいの家犬だ。ヴァロワ朝の王たちは、いつも走り回らされている猟犬である。ブルボン朝の王たちは、毛艶、骨格、肉付きと完璧に整えて、あとは優雅に歩いていればよいだけのショードッグ、そのために最高の栄養と最高の休息と、まさに「憂《サン》い《・》ひ《ス》と《ー》つ《シ》ない」環境を与えられた、血統書付の生ける宝石なのである。だから、こんなに生きられたのだ。

ブルボン朝の功績

いや、ブルボン朝の王とて、最初は走り回らなければならなかった。カペー朝以来の天下統一は、アンリ四世自らがガスコーニュに残った最後の外様であっただけに、フランス王になると同時に遂げられた。が、それだけでは話にならない。領主では、どれだけ沢山の領地を集め、どんなに大きな領主になろうと、戦争ひとつ満足にはできないからだ。

国家改造を断行しなければならない。最後には必ず王家に収斂《しゅうれん》していくピラミッド型の制度を、全土に張り巡らせていかなければならない。が、かかる事業もヴァロワ朝は相当程度まで遂げていた。問題はその優れたシステムを切り取って、私物化する輩が後を絶たないことだった。新教、旧教、いずれを問わず、神とさえ唱えれば、もう自分の勝手にできると考えていたのだ。

アンリ四世は、それを端から取り戻していった。文字通り東奔西走、休みは取らない、手段は問わないの「中小企業の悪戦苦闘実録」を、まさに地で行く働きぶりだった。甲斐あって、なんとかフランスはひとつにまとめなおされたものの、この先どうなるものかと不安を覚えないではいられなかった。幸いにもブルボン朝は、リシュリュー、マザランと辣腕《らつわん》社員に恵まれた。なんとか大崩れすることなく、徐々に業績を回復していく。

アンタンダンという技術革新も大きかった。優れたシステムを常に王家と結びつけて、簡単には私物化させてなるものかと拡充すると、これが効果覿面《てきめん》だったのだ。いいぞ、いいぞと業績を拡大して、もはや押しも押されもせぬ大企業に成長したと胸を張るのは結構ながら、制度改革、制度拡充はヴァロワ路線の継承でしかない。それとして大いに進められるべきだが、それだけではヴァロワ朝の二の舞になる。また神にやられてしまう。

そこに来たのがルイ十四世で、人をうっとり恍惚とさせるのは、神だけではないと気づいた。大好きなバレエを踊っているうちに、自分には神に劣らず観客を魅了する力があることを発見したのだ。心がけたのはフランスの栄光を高めることだ。戦争に勝つことで、フランス人でよかったと思わせるのだ。文化を集め、高めることで、こんな素晴らしいものがあるフランスにいられて、なんて幸せ者なのだろうと呻《うめ》かせるのだ。

その感情がフランスの求心力になる。便利だから、有利だから、得をするから、フランスに寄るのではない。不便でも、不利でも、たとえ損をしようとも、もうフランスからは離れられない。離れれば、気が咎《とが》めるからである。そこはかとなく恐ろしい。端的に国を裏切るような人間には、罰が当たるのではないかと思う。

反対にフランスのことを思って、涙を流すこともできる。フランスのことを考えるだけで、胸が震える人間が増えていく。すなわち、フランスという国家の神格化である。ブルボン朝はそこに歩を踏み出したのである。

実際のところ、神を振りかざす輩が減った。もう神では商売にならないからだ。フランスでなければ売れない。フランスとさえ銘打てれば、もう引く手あまたに持て囃《はや》される。あくせく売りこむまでもなく、フランスなら飛ぶように売れていく。ヴェルサイユの絢爛豪華、宮廷生活の贅沢三昧は、それ自体が「大企業の華麗なるブランド展開」のようなものだったのだ。

社長である王は、同時にイメージ・リーダーである。ブランドは独り歩きしていくのだから、あくせく働く必要はない。ただ美しく、健やかで、豪華にして威風堂々、あまねく人間の憧憬の的となり、神さながらに崇められなければならない。そのために王は全てにおいて満たされ、ひとつの悩みもあってはならない。常に誰かに傅《かしず》かれ、何にも苦しんではならない。そうやって生きることを求められるなら、長生きしないほうがおかしい。

ブルボン朝の限界

かかるブルボン朝は強いといえるか。軍事大国であり、文化大国であり、その二つの顔において栄光に満ちているブルボン朝のフランスは、国家として盤石だったといえるのか。

カペー朝、ヴァロワ朝から前進したことは確かである。ブルボン朝は王政というものの、ひとつの究極形態だったといえるかもしれない。が、それは強さというより、むしろ弱さの裏返しである。ブランドであり、イメージであり、あるいはイリュージョン、はたまたスペクタクルであったとしても、ブルボン朝が振るいえたのは、つまるところは虚構の力だったのである。

現実には脆弱だ。例えば、アンタンダンである。強烈無比な制度のように書いたが、考えてみればおかしい。王家直属の委任官が、州総督、州財務官、方面軍司令官、その他もろもろの官僚を監督する、のみならず現場においては自ら実権を行使するというが、それなら不逞の腐敗官僚など、最初から排除すればよいではないか。

現代では、そうである。フランスの県知事ならびに副知事は内務省から派遣される。地方の行政官は、当たり前のように中央に直属するのである。知事（préfet）とは、そういうものだ。日本の県知事は選挙で選ばれるので、地方の代表というような感覚が強いが、これはアメリカの影響で戦後そうなっただけなのだ。

アメリカの州知事も地方で選ばれるからだが、その州知事とは英語ではgovernorになる。フランス語ではgouverneur、ずっと当ててきた訳語は総督である。州権主義のアメリカだから問題ないが、中央集権を進めたいフランスでは邪魔者であり、知事に置き換えるのが本当なのである。

これがブルボン朝にはできない。こんなことさえ、できない。弱い。バラバラになるのも無理はない。その弱さをフランスの栄光という虚構で覆い隠し、そのゆるやかな強制力で、なんとかひとつにまとめていたというのが、ブルボン朝なのである。離れ業といえば離れ業であり、やれた凄さがブルボン朝なのだともいえるが、その弱さを露呈することもある。

まずもって戦争は常に勝てるわけではない。現実の力が物をいう営みであるかぎり、弱ければ負けてしまう。栄光は手に入れられないことになる。それが文化であれば、あるいは常に栄光を共にできるのかもしれない。神にも等しい価値を与えてくれるのかもしれない。が、神は他にいないわけではない。

ブルボン朝はヴァロワ朝のように、キリスト教に振り回されはしなかった。が、キリスト教を克服したわけでもない。それは健在であり、なお価値であり続けた。無理に捨てさせられるなら、かわりにフランスを捨てるという人間もいる。ルイ十四世のカトリック強制で、プロテスタントに隣国に亡命されて、大きな損失を余儀なくされた通りである。

旧教とて影響力を振るい続ける。ローマ教皇も物をいうし、ヤンセン派、イエズス会と政治に口出しする勢力もいる。やはり迂闊《うかつ》に対立できなかったが、その価値を躍起に否定してくれた者たちもいる。啓蒙主義思想家たちである。

ブルボン朝は、それも保護した。ためらいもありながら、ポンパドール夫人の勧めでルイ十五世は断れなかった。いや、最高の文化を集めなければならないからには、ブルボン朝は断れないのだ。「ブランド展開」だけしていればよいといって、常に刷新していかなければ、そんなもの簡単に飽きられ、廃れてしまうのだ。

が、その啓蒙主義思想は、フランス革命を招いた。高められた文化は、民主主義という新たな神を生んだからだ。人権という新たな福音をもたらすとともに、共和主義という新たな信仰の形まで提示してしまったのだ。

それは王政の否定につながる。ブルボン朝が抗えば、文化と文化の対決に、いや、神と神の対決になる。フランス革命も「自由、平等、友愛」の標語で、人々を恍惚とさせる力を持つ。おいそれとは異を唱えられない、一種の宗教になるのである。

折り合えれば、よい。実際に立憲王政という形では折り合えたかもしれない。が、折り合えなければ、ブルボン朝は早晩敗れざるをえない。受動的であるよりも、能動的であるほうが強いからだ。ブルボン朝の文化でフランス人は高められたが、民主主義では自ら高まることができたのだ。

不逞不敗の州総督を廃して、新しく県知事を置いたのも、実はフランス革命である。フランス王は無理をできなかったが、フランス革命はできる。人民の意思を前面に出すことで、人民を動かすことができる。支配するのも支配されるのも、結局は主権者である国民だから、何も遠慮する必要がないのである。が、その国民とは、どこから来たのか。

自らの支配を強め、あるいは補うためであれ、フランス人という意識はフランス王が作ってきた。いや、フランス王ばかりでなく、フランス人との協同作業ではあったのだが、それでも考えてみてほしい。フランス王が自分が支配する国はここだと線を引かなければ、果たしてフランスはあったろうか。フランス人というものがいたろうか。革命が起きたとき、それがフランス革命になったろうか。

思うに答えは否である。フランス王家はフランス人という意識を高め、フランスという国を存在せしめた。わけてもフランスを神格化するまでに称揚したブルボン朝は、この文脈においで歴史の最たる功労者といえそうである。

主要参考文献

・飯塚信雄、『ポンパドゥール侯爵夫人』、文化出版局、一九八〇年
・鹿島茂、『太陽王ルイ14世』、角川書店、二〇一七年
・桐生操、『ルイ十七世の謎』、新書館、一九九五年
・桐生操、『王妃マルグリット・ド・ヴァロア』、ＰＨＰ文庫、二〇〇三年
・窪田般彌、『ヴェルサイユの苑——ルイ十五世をめぐる女たち』、白水社、一九八八年
・小島英熙、『ルーヴル・美と権力の物語』、丸善ライブラリー、一九九四年
・小島英記、『宰相リシュリュー』、講談社、二〇〇三年
・佐々木真、『図説 ルイ十四世』、河出書房新社、二〇一八年
・佐藤賢一、『カペー朝』、講談社現代新書、二〇〇九年
・佐藤賢一、『ヴァロワ朝』、講談社現代新書、二〇一四年
・佐藤賢一、『ダルタニャンの生涯——史実の「三銃士」』、岩波新書、二〇〇二年
・千葉治男、『ルイ14世——フランス絶対王政の虚実』、清水新書、一九八四年
・戸張規子、『ルイ十四世と悲恋の女たち』、人文書院、一九八七年
・中野京子、『名画で読み解くブルボン王朝12の物語』、光文社新書、二〇一〇年
・長谷川輝夫、『聖なる王権ブルボン家』、講談社選書メチエ、二〇〇二年
・長谷川輝夫、『図説 ブルボン王朝』、河出書房新社、二〇一四年
・長谷川輝夫、大久保桂子、土肥恒之、『ヨーロッパ近世の開花』、中央公論社、一九九七年

・林田伸一、『ルイ14世とリシュリュー』、山川出版社、二〇一六年
・八幡和郎、『愛と欲望のフランス王列伝』、集英社新書、二〇一〇年
・ノルベルト・エリアス、『宮廷社会』、法政大学出版局、一九八一年
・マーガレット・クロスランド、『侯爵夫人ポンパドゥール』、原書房、二〇〇一年
・ベルナール・ヴァンサン、『ルイ16世』、祥伝社、二〇一〇年
・ジョージ・ピーボディ・グーチ、『ルイ十五世』、中央公論社、一九九四年
・クロード・デュロン、『大世紀を支えた女たち』、白水社、一九九一年
・フランソワ・バイルー、『アンリ四世』、新評論、二〇〇〇年
・ピーター・バーク、『ルイ14世――作られる太陽王』、名古屋大学出版会、二〇〇四年
・ジャン＝クリスチャン・プティフィス、『ルイ十六世』(上下)、中央公論新社、二〇〇八年
・リュック・ブノワ、『ヴェルサイユの歴史』、白水社文庫クセジュ、一九九九年
・ロジャー・プライス編、河野肇訳『ケンブリッジ版世界各国史　フランスの歴史』、創土社、二〇〇八年
・イヴ＝マリー・ベルセ、『真実のルイ14世』、昭和堂、二〇〇八年
・マックス・フォン・ベーン、『ロココの世界』、三修社、二〇〇〇年
・ナンシー・ミットフォード、『ポンパドゥール侯爵夫人』、東京書籍、二〇〇三年
・ユベール・メチヴィエ、『ルイ十四世』、白水社文庫クセジュ、一九五五年
・ジョルジュ・リヴェ、『宗教戦争』、白水社文庫クセジュ、一九六八年
・J・M・ロバーツ著、鈴木董監修『図説世界の歴史6　近代ヨーロッパ文明の成立』、創元社、二〇〇三年

・同、見市雅俊監修、『図説世界の歴史7　革命の時代』、創元社、二〇〇三年

・Antoine,M.,*LouisXV*,Paris,1989.
・Babelon,J.-P.,*HenriIV*,Paris,1982.
・Beaurepaire,P.-Y.,*La France des lumières*, Paris,2011.
・Bercé,Y.-M.,*Le Roi absolu,idées reçues sur LouisXIV*, Paris,2013.
・Bluche,F.,*LouisXIV*,Paris,1986.
・Bois,J.-P.,*Les guerres en Europe1494-1792*,Paris,1993.
・Carmona,M.,*Marie de Médicis*,Paris,1981.
・Carmona,M.,*Richelieu*,Paris,1983.
・Chaussinand-Nogaret,G.,*LouisXVI*,Paris,2006.
・Chevallier,P.,*LouisXIII*,Paris,1979.
・Combeau,Y., *LouisXV*,Paris,2012.
・Corvisier,A.,*Louvois*, Paris,1983.
・Cuignet,J.-C.,*Dictionnaire HenriIV*,Paris,2007.
・Decker,M.de,*HenriIV,Les dames du Vert Galant*,Paris,1999.
・Drévillon,H.,*Les rois absolus*,Paris,2011.
・Emmanuelli,F.-X.,*État et pouvoirs dans la France des XVI*^{e}*-XVIII*^{e} *siècles*,Paris,1992.
・Erlanger,Ph.,*Richelieu*,Paris,1985.
・Faÿ,B.,*LouisXVI ou La fin d'un monde*, Paris,2010.

- Federn,C.,*Mazarin*,Paris,1978.
- Félix,J.,*LouisXVI et Marie-Antoinette*,Paris,2006.
- Garrisson,J.,*HenryIV*,Paris,1984.
- Garrisson,J.,*Marguerite de Valois*,Paris,1994.
- Henry,G.,*LouisXIII,Le Juste*,Paris,1998.
- Holt,M.P.,*The French Wars of Religion,1562-1629*,Cambridge,1995.
- Kermina,F.,*HenriIV, 《J'ai tellement envie de vous》 Lettres d'amour1585-1610*,Paris,2010.
- Le Figaro Histoire N°.42 *Dans L'engrenage des guerres de religion*,Paris,2019.
- Le Figaro Histoire N°.43 *1789-1795 La fabrique de la terreur*,Paris,2019.
- Le Roux, N.,*Les guerres de religion*,Paris,2009.
- Lever,E., *LouisXVI*,Paris,1985.
- Lever,E.,*LouisXIII*,Paris,1988.
- Lever,E.,*Madame de Pompadour*,Paris,2000.
- Levron,J.,*La cour de Versailles aux XVII*^{e} *et XVIII*^{e} *siècles*,Paris,2010.
- LouisXIV,*Memoires*,Paris,2001.
- LouisXIV,*Manière de montrer les jardins de Versailles*,Paris,2001.
- Maral,A.,*LouisXV,Le roi pacifique*,Rennes,2012.
- Maral,A.,*Le roi,La cour et Versailles,Le coup d'éclat permanent1682-1789*,Paris,2013.
- Mettra,C.,*Les Bourbons,t.1-2*,Lausanne,1968.
- Moine,M.-Ch.,*Les fêtes à la cour du Roi Soleil 1653-1715*,Paris,1984.

- Mousnier,R.,*Les institutions de la France sous la monarchie absolue, t.1-2*, Paris,1974.
- Murat,I.,*Colbert*, Paris,1980.
- Ozouf,M.,*Varennes,La mort de la royauté*,Paris,2005.
- Perez,S.,*La santé de LouisXIV*, Paris,2007.
- Petitfils,J.-Ch., *LouisXIV*,Paris,1997.
- Petitfils,J.-Ch.,*L'assassinat d'HenriIV*,Paris,2009.
- Phan,B.,*Rois et Reines de France*,Paris,2008.
- Philonenko,A.,*La mort de LouisXVI*,Paris,2000.
- Pitts,V.J.,*HenriIV of France,His reign and age*,Baltimore,2009.
- Poisson,G.,*Les Orléans,Une famille en quête d'un trône*,Paris,1999.
- Ranum,O.,*La Fronde*,Paris,1993.
- Retel,J.-S., *Mazarin,histoire d'une vérité*,Paris,2009.
- Saint-Victor,J.de,*Madame du Barry*, Paris,2002.
- Salles,C.,*LouisXV*,Paris,2006.
- Shennan,J.H.,*The Bourbons,The History of a Dynasty*,London,2007.
- Teyssier,A.,Louis-Philippe,*Le dernier roi des Français*, Paris,2010.
- Vignal Souleyreau,M.-C.,*Richelieu ou la quête d'Europe*, Paris,2008.
- Vincent,M.,*HenriIV et les femmes*, Bordeaux,2010.

講談社現代新書　2526

ブルボン朝《ちょう》——フランス王朝史《おうちょうし》3

二〇一九年六月二〇日第一刷発行　二〇二五年四月二日第三刷発行

著　者　佐藤賢一《さとうけんいち》　

発行者　篠木和久

発行所　株式会社講談社

東京都文京区音羽二丁目一二—二一　郵便番号一一二—八〇〇一

電　話　〇三—五三九五—三五二一　編集（現代新書）

〇三—五三九五—五八一七　販売

〇三—五三九五—三六一五　業務

装幀者　中島英樹

印刷所　株式会社ＫＰＳプロダクツ

製本所　株式会社ＫＰＳプロダクツ

定価はカバーに表示してあります　Printed in Japan

N.D.C. 235　449p　18cm

ISBN978-4-06-516433-4

「講談社現代新書」の刊行にあたって

教養は万人が身をもって養い創造すべきものであって、一部の専門家の占有物として、ただ一方的に人々の手もとに配布され伝達されうるものではありません。

しかし、不幸にしてわが国の現状では、教養の重要な養いとなるべき書物は、ほとんど講壇からの天下りや単なる解説に終始し、知識技術を真剣に希求する青少年・学生・一般民衆の根本的な疑問や興味は、けっして十分に答えられ、解きほぐされ、手引きされることがありません。万人の内奥から発した真正の教養への芽ばえが、こうして放置され、むなしく滅びさる運命にゆだねられているのです。

このことは、中・高校だけで教育をおわる人々の成長をはばんでいるだけでなく、大学に進んだり、インテリと目されたりする人々の精神力の健康さえもむしばみ、わが国の文化の実質をまことに脆弱なものにしています。単なる博識以上の根強い思索力・判断力、および確かな技術にささえられた教養を必要とする日本の将来にとって、これは真剣に憂慮されなければならない事態であるといわなければなりません。

わたしたちの「講談社現代新書」は、この事態の克服を意図して計画されたものです。これによってわたしたちは、講壇からの天下りでもなく、単なる解説書でもない、もっぱら万人の魂に生ずる初発的かつ根本的な問題をとらえ、掘り起こし、手引きし、しかも最新の知識への展望を万人に確立させる書物を、新しく世の中に送り出したいと念願しています。

わたしたちは、創業以来民衆を対象とする啓蒙の仕事に専心してきた講談社にとって、これこそもっともふさわしい課題であり、伝統ある出版社としての義務でもあると考えているのです。

一九六四年四月　野間省一

世界史I

834 ユダヤ人――上田和夫
930 フリーメイソン――吉村正和
934 大英帝国――長島伸一
968 ローマはなぜ滅んだか 弓削達
1017 ハプスブルク家――江村洋
1019 動物裁判――池上俊一
1076 デパートを発明した夫婦 鹿島茂
1080 ユダヤ人とドイツ――大澤武男
1088 ヨーロッパ「近代」の終焉――山本雅男
1097 オスマン帝国――鈴木董
1151 ハプスブルク家の女たち 江村洋
1249 ヒトラーとユダヤ人 大澤武男
1252 ロスチャイルド家 横山三四郎
1282 戦うハプスブルク家 菊池良生
1283 イギリス王室物語――小林章夫
1321 聖書vs.世界史――岡崎勝世
1442 メディチ家――森田義之
1470 中世シチリア王国――高山博
1486 エリザベスI世――青木道彦
1572 ユダヤ人とローマ帝国 大澤武男
1587 傭兵の二千年史――菊池良生
1664 新書ヨーロッパ史 中世篇 堀越孝一 編
1673 神聖ローマ帝国――菊池良生
1687 世界史とヨーロッパ 岡崎勝世
1705 魔女とカルトのドイツ史――浜本隆志
1712 宗教改革の真実――永田諒一
2005 カペー朝――佐藤賢一
2070 イギリス近代史講義――川北稔
2096 モーツァルトを「造った」男――小宮正安
2281 ヴァロワ朝――佐藤賢一
2316 ナチスの財宝――篠田航一
2318 ヒトラーとナチ・ドイツ 石田勇治
2442 ハプスブルク帝国――岩﨑周一

世界史Ⅱ

959 東インド会社――浅田實
971 文化大革命――矢吹晋
1085 アラブとイスラエル 高橋和夫
1099 「民族」で読むアメリカ 野村達朗
1231 キング牧師とマルコムX 上坂昇
1306 モンゴル帝国の興亡〈上〉――杉山正明
1307 モンゴル帝国の興亡〈下〉――杉山正明
1366 新書アフリカ史――宮本正興 松田素二 編
1588 現代アラブの社会思想 池内恵
1746 中国の大盗賊・完全版――高島俊男
1761 中国文明の歴史――岡田英弘
1769 まんが パレスチナ問題 山井教雄
1811 歴史を学ぶということ 入江昭
1932 都市計画の世界史――日端康雄
1966 〈満洲〉の歴史――小林英夫
2018 古代中国の虚像と実像 落合淳思
2025 まんが 現代史――山井教雄
2053 〈中東〉の考え方――酒井啓子
2120 居酒屋の世界史――下田淳
2182 おどろきの中国 橋爪大三郎 大澤真幸 宮台真司
2189 世界史の中のパレスチナ問題 臼杵陽
2257 歴史家が見る現代世界 入江昭
2301 高層建築物の世界史 大澤昭彦
2331 続 まんが パレスチナ問題 山井教雄
2338 世界史を変えた薬 佐藤健太郎
2345 鄧小平――エズラ・F・ヴォーゲル 聞き手＝橋爪大三郎
2386 〈情報〉帝国の興亡――玉木俊明
2409 〈軍〉の中国史――澁谷由里
2410 入門 東南アジア近現代史 岩崎育夫
2445 珈琲の世界史――旦部幸博
2457 世界神話学入門――後藤明
2459 9・11後の現代史 酒井啓子

日本史Ⅱ

2319 昭和陸軍全史3——川田稔
2328 タモリと戦後ニッポン 近藤正高
2330 弥生時代の歴史——藤尾慎一郎
2343 天下統一——黒嶋敏
2351 戦国の陣形——乃至政彦
2376 昭和の戦争——井上寿一
2380 刀の日本史——加来耕三
2382 田中角栄——服部龍二
2394 井伊直虎——夏目琢史
2398 日米開戦と情報戦——森山優
2401 愛と狂瀾のメリークリスマス 堀井憲一郎
2402 ジャニーズと日本——矢野利裕
2405 織田信長の城——加藤理文
2414 海の向こうから見た倭国 高田貫太
2417 ビートたけしと北野武 近藤正高
2428 戦争の日本古代史——倉本一宏
2438 飛行機の戦争 1914-1945——一ノ瀬俊也
2449 天皇家のお葬式——大角修
2451 不死身の特攻兵——鴻上尚史
2453 戦争調査会——井上寿一
2454 縄文の思想——瀬川拓郎
2460 自民党秘史——岡崎守恭
2462 王政復古——久住真也

哲学・思想Ⅰ

66 哲学のすすめ――岩崎武雄
159 弁証法はどういう科学か 三浦つとむ
501 ニーチェとの対話――西尾幹二
871 言葉と無意識――丸山圭三郎
898 はじめての構造主義 橋爪大三郎
916 哲学入門一歩前――廣松渉
921 現代思想を読む事典 今村仁司 編
977 哲学の歴史――新田義弘
989 ミシェル・フーコー 内田隆三
1001 今こそマルクスを読み返す 廣松渉
1286 哲学の謎――野矢茂樹
1293 「時間」を哲学する――中島義道
1315 じぶん・この不思議な存在――鷲田清一
1357 新しいヘーゲル――長谷川宏
1383 カントの人間学――中島義道
1401 これがニーチェだ――永井均
1420 無限論の教室――野矢茂樹
1466 ゲーデルの哲学――高橋昌一郎
1575 動物化するポストモダン 東浩紀
1582 ロボットの心――柴田正良
1600 ハイデガー＝存在神秘の哲学――古東哲明
1635 これが現象学だ――谷徹
1638 時間は実在するか 入不二基義
1675 ウィトゲンシュタインはこう考えた 鬼界彰夫
1783 スピノザの世界――上野修
1839 読む哲学事典――田島正樹
1948 理性の限界――高橋昌一郎
1957 リアルのゆくえ――大塚英志 東浩紀
1996 今こそアーレントを読み直す――仲正昌樹
2004 はじめての言語ゲーム――橋爪大三郎
2048 知性の限界――高橋昌一郎
2050 超解読！ はじめてのヘーゲル『精神現象学』 竹田青嗣 西研
2084 はじめての政治哲学 小川仁志
2099 超解読！ はじめてのカント『純粋理性批判』 竹田青嗣
2153 感性の限界――高橋昌一郎
2169 超解読！ はじめてのフッサール『現象学の理念』――竹田青嗣
2185 死別の悲しみに向き合う――坂口幸弘
2279 マックス・ウェーバーを読む――仲正昌樹

哲学・思想Ⅱ

13 論語——貝塚茂樹
285 正しく考えるために 岩崎武雄
324 美について——今道友信
1007 日本の風景・西欧の景観——オギュスタン・ベルク 篠田勝英 訳
1123 はじめてのインド哲学 立川武蔵
1150 「欲望」と資本主義——佐伯啓思
1163 「孫子」を読む——浅野裕一
1247 メタファー思考——瀬戸賢一
1248 20世紀言語学入門 加賀野井秀一
1278 ラカンの精神分析——新宮一成
1358 「教養」とは何か——阿部謹也
1436 古事記と日本書紀 神野志隆光
1439 〈意識〉とは何だろうか 下條信輔
1542 自由はどこまで可能か 森村進
1544 倫理という力——前田英樹
1560 神道の逆襲——菅野覚明
1741 武士道の逆襲——菅野覚明
1749 自由とは何か——佐伯啓思
1763 ソシュールと言語学——町田健
1849 系統樹思考の世界——三中信宏
1867 現代建築に関する16章 五十嵐太郎
2009 ニッポンの思想——佐々木敦
2014 分類思考の世界——三中信宏
2093 ウェブ×ソーシャル×アメリカ 池田純一
2114 いつだって大変な時代——堀井憲一郎
2134 いまを生きるための思想キーワード——仲正昌樹
2155 独立国家のつくりかた 坂口恭平
2167 新しい左翼入門——松尾匡
2168 社会を変えるには——小熊英二
2172 私とは何か——平野啓一郎
2177 わかりあえないことから 平田オリザ
2179 アメリカを動かす思想 小川仁志
2216 まんが 哲学入門——森岡正博 寺田にゃんこふ
2254 教育の力——苫野一徳
2274 現実脱出論——坂口恭平
2290 闘うための哲学書——小川仁志 萱野稔人
2341 ハイデガー哲学入門 仲正昌樹
2437 ハイデガー『存在と時間』入門——轟孝夫

世界の言語・文化・地理

958 英語の歴史――中尾俊夫
987 はじめての中国語――相原茂
1025 J・S・バッハ――礒山雅
1073 はじめてのドイツ語 福本義憲
1111 ヴェネツィア――陣内秀信
1183 はじめてのスペイン語 東谷穎人
1353 はじめてのラテン語 大西英文
1396 はじめてのイタリア語 郡史郎
1446 南イタリアへ!――陣内秀信
1701 はじめての言語学 黒田龍之助
1753 中国語はおもしろい 新井一二三
1949 見えないアメリカ――渡辺将人
2081 はじめてのポルトガル語 浜岡究
2086 英語と日本語のあいだ 菅原克也
2104 国際共通語としての英語 鳥飼玖美子
2107 野生哲学――管啓次郎 小池桂一
2158 一生モノの英文法――澤井康佑
2227 アメリカ・メディア・ウォーズ――大治朋子
2228 フランス文学と愛――野崎歓
2317 ふしぎなイギリス――笠原敏彦
2353 本物の英語力――鳥飼玖美子
2354 インド人の「力」――山下博司
2411 話すための英語力 鳥飼玖美子

F

宗教

27 禅のすすめ——佐藤幸治
135 日蓮——久保田正文
217 道元入門——秋月龍珉
606 「般若心経」を読む——紀野一義
667 生命《いのち》あるすべてのものに マザー・テレサ
698 神と仏——山折哲雄
997 空と無我——定方晟
1210 イスラームとは何か——小杉泰
1469 ヒンドゥー教 クシティ・モーハン・セーン 中川正生 訳
1609 一神教の誕生——加藤隆
1755 仏教発見!——西山厚
1988 入門 哲学としての仏教 竹村牧男
2100 ふしぎなキリスト教——橋爪大三郎 大澤真幸
2146 世界の陰謀論を読み解く——辻隆太朗
2159 古代オリエントの宗教 青木健
2220 仏教の真実——田上太秀
2241 科学vs.キリスト教——岡崎勝世
2293 善の根拠——南直哉
2333 輪廻転生——竹倉史人
2337 『臨済録』を読む——有馬頼底
2368 「日本人の神」入門——島田裕巳

趣味・芸術・スポーツ

620 時刻表ひとり旅——宮脇俊三
676 酒の話——小泉武夫
1025 J・S・バッハ——礒山雅
1287 写真美術館へようこそ——飯沢耕太郎
1404 踏みはずす美術史——森村泰昌
1422 演劇入門——平田オリザ
1454 スポーツとは何か——玉木正之
1510 最強のプロ野球論——二宮清純
1653 これがビートルズだ 中山康樹
1723 演技と演出——平田オリザ
1765 科学する麻雀——とつげき東北
1808 ジャズの名盤入門——中山康樹
1890 「天才」の育て方——五嶋節
1915 ベートーヴェンの交響曲——金聖響 玉木正之
1941 プロ野球の一流たち 二宮清純
1970 ビートルズの謎——中山康樹
1990 ロマン派の交響曲——金聖響 玉木正之
2007 落語論——堀井憲一郎
2045 マイケル・ジャクソン——西寺郷太
2055 世界の野菜を旅する 玉村豊男
2058 浮世絵は語る——浅野秀剛
2113 なぜ僕はドキュメンタリーを撮るのか——想田和弘
2132 マーラーの交響曲——金聖響 玉木正之
2210 騎手の一分——藤田伸二
2214 ツール・ド・フランス 山口和幸
2221 歌舞伎 家と血と藝 中川右介
2270 ロックの歴史——中山康樹
2282 ふしぎな国道——佐藤健太郎
2296 ニッポンの音楽——佐々木敦
2366 人が集まる建築——仙田満
2378 不屈の棋士——大川慎太郎
2381 138億年の音楽史 浦久俊彦
2389 ピアニストは語る ヴァレリー・アファナシエフ
2393 現代美術コレクター 高橋龍太郎
2399 ヒットの崩壊——柴那典
2404 本物の名湯ベスト100 石川理夫
2424 タロットの秘密——鏡リュウジ
2446 ピアノの名曲——イリーナ・メジューエワ

文学

2 光源氏の一生――池田弥三郎

180 美しい日本の私――川端康成 サイデンステッカー

1026 漢詩の名句・名吟――村上哲見

1208 王朝貴族物語――山口博

1501 アメリカ文学のレッスン――柴田元幸

1667 悪女入門――鹿島茂

1708 きむら式 童話のつくり方――木村裕一

1743 漱石と三人の読者――石原千秋

1841 知ってる古文の知らない魅力――鈴木健一

2029 決定版 一億人の俳句入門 長谷川櫂

2071 村上春樹を読みつくす 小山鉄郎

2209 今を生きるための現代詩 渡邊十絲子

2323 作家という病――校條剛

2356 ニッポンの文学――佐々木敦

2364 我が詩的自伝――吉増剛造

日本語・日本文化

105 タテ社会の人間関係 中根千枝
293 日本人の意識構造——会田雄次
444 出雲神話——松前健
1193 漢字の字源——阿辻哲次
1200 外国語としての日本語——佐々木瑞枝
1239 武士道とエロス——氏家幹人
1262 「世間」とは何か——阿部謹也
1432 江戸の性風俗——氏家幹人
1448 日本人のしつけは衰退したか——広田照幸
1738 大人のための文章教室 清水義範
1943 なぜ日本人は学ばなくなったのか——齋藤孝
1960 女装と日本人——三橋順子
2006 「空気」と「世間」——鴻上尚史
2013 日本語という外国語 荒川洋平
2067 日本料理の贅沢——神田裕行
2092 新書 沖縄読本——下川裕治 仲村清司 著・編
2127 ラーメンと愛国——速水健朗
2173 日本人のための日本語文法入門——原沢伊都夫
2200 漢字雑談——高島俊男
2233 ユーミンの罪——酒井順子
2304 アイヌ学入門——瀬川拓郎
2309 クール・ジャパン!? 鴻上尚史
2391 げんきな日本論——橋爪大三郎 大澤真幸
2419 京都のおねだん——大野裕之
2440 山本七平の思想——東谷暁

P

知的生活のヒント

78 大学でいかに学ぶか──増田四郎
86 愛に生きる──鈴木鎮一
240 生きることと考えること──森有正
297 本はどう読むか──清水幾太郎
327 考える技術・書く技術──板坂元
436 知的生活の方法──渡部昇一
553 創造の方法学──高根正昭
587 文章構成法──樺島忠夫
648 働くということ──黒井千次
722 「知」のソフトウェア──立花隆
1027 「からだ」と「ことば」のレッスン──竹内敏晴
1468 国語のできる子どもを育てる──工藤順一
1485 知の編集術──松岡正剛
1517 悪の対話術──福田和也
1563 悪の恋愛術──福田和也
1620 相手に「伝わる」話し方──池上彰
1627 インタビュー術!──永江朗
1679 子どもに教えたくなる算数──栗田哲也
1865 老いるということ──黒井千次
1940 調べる技術・書く技術──野村進
1979 回復力──畑村洋太郎
1981 日本語論理トレーニング──中井浩一
2003 わかりやすく〈伝える〉技術──池上彰
2021 新版 大学生のためのレポート・論文術──小笠原喜康
2027 地アタマを鍛える知的勉強法──齋藤孝
2046 大学生のための知的勉強術──松野弘
2054 〈わかりやすさ〉の勉強法──池上彰
2083 人を動かす文章術──齋藤孝
2103 アイデアを形にして伝える技術──原尻淳一
2124 デザインの教科書──柏木博
2165 エンディングノートのすすめ──本田桂子
2188 学び続ける力──池上彰
2201 野心のすすめ──林真理子
2298 試験に受かる「技術」──吉田たかよし
2332 「超」集中法──野口悠紀雄
2406 幸福の哲学──岸見一郎
2421 牙を研げ 会社を生き抜くための教養──佐藤優
2447 正しい本の読み方──橋爪大三郎